Princípios Estruturantes de Estado de Direito

Princípios Estruturantes de Estado de Direito

2022 • 2ª Edição

Jorge Reis Novais
Professor da Faculdade de Direito da Universidade de Lisboa

ALMEDINA

PRINCÍPIOS ESTRUTURANTES DE ESTADO DE DIREITO
AUTOR
Jorge Reis Novais

EDITOR
EDIÇÕES ALMEDINA, S.A.
Rua Fernandes Tomás, nºs 76-80
3000-167 Coimbra
Tel.: 239 851 904 · Fax: 239 851 901
www.almedina.net · editora@almedina.net

DESIGN DE CAPA
FBA.

PRÉ-IMPRESSÃO
EDIÇÕES ALMEDINA, S.A.

IMPRESSÃO E ACABAMENTO
ACD Print, S.A.
Janeiro, 2022

DEPÓSITO LEGAL
493354/21

ALMEDINA | GRUPOALMEDINA

BIBLIOTECA NACIONAL DE PORTUGAL – CATALOGAÇÃO NA PUBLICAÇÃO

NOVAIS, Jorge Reis

Princípios estruturantes de estado de direito. – 2ª ed. – (Manuais universitários)
ISBN 978-972-40-9863-0

CDU 342

ÍNDICE

Apresentação

Em 2004 publicámos *Os Princípios Constitucionais Estruturantes da República Portuguesa*, obra onde procedíamos a um estudo sistemático de vários princípios constitucionais (dignidade da pessoa humana, igualdade, proibição do excesso, protecção da confiança e socialidade), fornecendo para cada um deles um primeiro enquadramento teórico e, a seguir, uma apreciação crítica da forma como eram utilizados pela jurisprudência constitucional portuguesa. Por fim, apresentávamos para cada um desses princípios um acórdão do Tribunal Constitucional que, por alguma razão, considerávamos paradigmático no tratamento jurisprudencial do respectivo tema.

Decorridos quinze anos e sucessivas reimpressões, o livro foi, finalmente, objecto de reformulação e ampliação substanciais, não apenas porque fomos, ao longo do ensino universitário, aprofundando e modificando posições inicialmente defendidas sobre alguns daqueles temas, mas também porque pudemos entretanto beneficiar da valia de diferentes obras nacionais e estrangeiras entretanto publicadas sobre aqueles e outros princípios. A nova edição, de 2019, *perdeu* a referência directa à Constituição portuguesa e à jurisprudência nacional, assumindo a ambição tendencial destes princípios, independentemente das especificidades nacionais, enquanto elementos normativos estruturantes no constitucionalismo global de Estado de Direito, o que se reflectiu, desde logo, no próprio título que a obra passou a ter.

A nova edição que agora se publica, mantendo a estrutura existente, bem como os conteúdos fundamentais de cada um dos princípios tratados, procede a alterações, correcções e precisões pontuais, mas também a recomposições significativas na exposição de alguns conteúdos, o que sucede, designadamente, quanto ao princípio da proibição do excesso (proporcionalidade), e beneficiando, mais uma vez, da experiência pedagógica entretanto desenvolvida. Quanto a esta, importa referir a inestimável ajuda das equipas docentes que têm colaborado ao longo destes anos na leccionação da disciplina de Direitos Fundamentais e a quem agradeço na pessoa dos dois críticos mais irredutíveis, constantes e amigos, os Colegas Heloísa Oliveira e Tiago Fidalgo de Freitas.

Quanto à bibliografia e às notas de rodapé, cabem duas advertências. No final de cada capítulo indicamos algumas obras relevantes para o estudo da matéria em causa, mas exclusivamente de autores de língua portuguesa. A razão é simples e tem a ver, de um lado, com a natureza essencialmente didáctica que esta obra tem. A inclusão de obras em línguas estrangeiras sobre estes temas, atendendo à sua profusão verdadeiramente inabarcável, tornaria a listagem fastidiosa e sem grande proveito, uma vez que essas referências se encontram facilmente nos trabalhos académicos sobre os diferentes princípios. Algo de semelhante se diga quanto às notas de rodapé. Faz-se delas uma utilização muito limitada, pois, de outro modo, o texto seria afectado no carácter que apresenta desde a sua primeira publicação, em 2004. De qualquer modo, remissões e referências pormenorizadas à literatura mais utilizada podem ser encontradas nas obras e páginas do autor que vêm referidas no final de cada capítulo.

Setembro de 2021

Capítulo I
Estado de Direito, Direitos Fundamentais e Princípios Estruturantes

1. Dignidade da pessoa humana e princípios estruturantes de Estado de Direito

a) Independentemente de consagração constitucional expressa, os princípios estruturantes valem, como que por definição, em qualquer Estado de Direito enquanto Estado organizado e limitado juridicamente com vista à garantia dos direitos fundamentais. Quando, com o desenvolvimento do constitucionalismo no pós-II Guerra, os Estados passaram a estruturar-se juridicamente de acordo com um novo paradigma que faz da dignidade da pessoa humana o pilar da sua estruturação e do seu funcionamento, muda radicalmente a natureza e a forma de conceber as relações entre os poderes públicos e os cidadãos. O Estado não mais existe para o próprio engrandecimento ou para o cumprimento de qualquer destino mítico que lhe cumprisse prosseguir, mas para algo tão simples de perceber quanto tão complexo de realizar: o respeito, a protecção e a promoção dos direitos fundamentais das pessoas sob sua jurisdição.

Isto significa que, naquele relacionamento, a pessoa é o centro, o fim; o Estado e os poderes públicos são instrumentais. Como se dizia lapidarmente na Declaração dos Direitos da Revolução francesa, *só tem*

Constituição o país onde há separação de poderes e direitos fundamentais, mas, de acordo com aquela lógica, a separação de poderes, isto é, a distribuição de competências e a estruturação do Poder, é instrumental relativamente ao objectivo central do Estado de Direito, a salvaguarda e promoção dos direitos fundamentais.

Numa sociedade aberta construída sobre o princípio da liberdade, é a actuação do Estado que, de alguma forma, a afecte que carece de ser justificada e só pode sê-lo se essa actuação se desenvolver dentro dos limites impostos pelo respeito da dignidade da pessoa humana, o que significa, em última análise, que os poderes públicos estão limitados pelos direitos fundamentais em que a dignidade se desenvolve e que devem observância aos princípios jurídico-constitucionais que dela decorrem.

Nesse sentido, o princípio da dignidade da pessoa humana adquire um lugar especial, já que é, simultaneamente, um princípio constitucional susceptível de desenvolver efeitos normativos autónomos, mas também constitui, em última linha, a matriz genética de onde derivam, tanto os direitos fundamentais, quanto os princípios estruturantes de Estado de Direito que serão tema deste estudo.

Num relacionamento conformado pelo respeito do princípio constitucional da dignidade da pessoa humana, não basta ao Estado ser concebido como pessoa jurídica que actua na forma do Direito que ele próprio cria. Quando os indivíduos, o seu bem-estar, a sua autonomia e a sua dignidade são considerados o fim último de toda a actuação do Estado, este só se legitima enquanto Estado de Direito quando age como pessoa de bem que orienta e condiciona toda a sua actuação no respeito e em observância daqueles princípios.

Ou seja, um Estado de Direito fundado na dignidade da pessoa humana, para além de obrigado a garantir a todas as pessoas as condições mínimas de bem-estar e de desenvolvimento da personalidade e de possibilidade de exercício efectivo dos direitos fundamentais, observa necessariamente o princípio da igualdade, na medida em que está juridicamente vinculado a tratar todas as pessoas com igual consideração e respeito; sem o fazer, não estaria a reconhecer a cada indivíduo uma dignidade que decorre do simples facto de se ser pessoa.

Um Estado de Direito observa necessariamente o princípio da proibição do excesso, uma vez que, orientando, em última análise, o desempenho das suas funções pelo respeito da dignidade humana, não poderia afectar gratuita ou excessivamente as pessoas, tratá-las desvantajosamente de forma desproporcionada ou impor-lhes sacrifícios desnecessários ou desrazoáveis. Um tratamento desproporcionado ou uma afectação excessiva dos interesses e direitos individuais por parte do Estado seria, em última análise, uma desconsideração da dignidade da pessoa.

Em análoga medida, todas as demais garantias de Estado de Direito ficariam desprovidas de sentido útil se o Estado não proporcionasse a todas as pessoas um patamar mínimo de acesso efectivo às condições gerais de autonomia, de liberdade e de bem-estar próprias de uma sociedade democrática. Em conformidade, haverá ainda inconstitucionalidade se o Estado ficar, nesses domínios, aquém do patamar de protecção e de promoção a que está juridicamente obrigado pelo princípio da proibição do défice.

Da mesma forma, sendo o Estado de Direito concebido como pessoa jurídica que se relaciona com as restantes pessoas sob a égide do Direito, ele respeita necessariamente os compromissos que assume, valora as legítimas expectativas dos cidadãos no seu relacionamento com os poderes públicos e reconhece a cada pessoa a previsibilidade e a estabilidade que lhe permitam a conformação autónoma dos próprios planos de vida, garantindo-lhe, para tanto, a adequada segurança jurídica. Denegar essa possibilidade, seria recusar à pessoa a possibilidade prática de se realizar como sujeito responsável pela própria vida tal como vem exigido pela dignidade da pessoa humana.

Por fim, no domínio competencial e de separação de poderes, num Estado de Direito as principais decisões respeitantes às questões essenciais da vida em comunidade devem ser deliberadas com suficiente densidade normativa pelos representantes do povo em condições de pluralismo, publicidade e transparência (reserva de lei e determinabilidade).

No fundo, teríamos acabado de fornecer a enumeração e uma definição de cada um dos diferentes princípios estruturantes de que vamos tratar desenvolvidamente. Ou seja, qualquer Estado de Direito orientado, enquanto tal, à garantia dos direitos fundamentais, tem, sob pena de inconstitucionalidade, de respeitar, em toda a sua actuação, aquilo que, por isso mesmo, a doutrina portuguesa vem designando de *princípios estruturantes*, cabendo à jurisdição constitucional o papel ineliminável de assegurar a sua observância. A designação que se dá a cada um desses princípios pode variar, bem como as modalidades da sua (não) consagração expressa, mas o sentido último é o mesmo: não há Estado de Direito se os poderes públicos não estiverem juridicamente limitados e vinculados pela necessidade da sua observância.

b) Contudo, os princípios estruturantes não seriam, assim, adequadamente percebidos nem são susceptíveis da definição simples que acabámos de apresentar. Podemos, é verdade, dizer que a dignidade da pessoa humana ou a norma de dignidade significa que é proibida a instrumentalização da pessoa, que a norma de igualdade proíbe que o igual seja tratado desigualmente, que o princípio da proibição do excesso veda o tratamento desproporcional, que o princípio da protecção da confiança significa que os poderes públicos não podem frustrar as expectativas legítimas dos particulares, e assim sucessivamente para cada um dos princípios estruturantes, mas nem seria suficiente nem funcional. O que verdadeiramente importa não é afirmar simplesmente a necessidade de observância dos princípios estruturantes e destacar o sentido com que são correntemente utilizados na linguagem jurídica comum, mas, sobretudo, saber quando e porquê eles se podem considerar violados e de que forma, com que alcance e densidade pode o poder judicial de Estado de Direito controlar e identificar as suas eventuais violações.

Com efeito, limitarmo-nos àquela tentativa de definição, inevitavelmente redutora na sua simplicidade, seria inadequado, já que não é possível resumir numa fórmula a complexidade normativa e conceptual dos princípios estruturantes e, sobretudo, seria absolutamente inútil, pois mais não se faria do que reproduzir a impressão geral que aqueles termos induzem, não nos permitindo o mínimo progresso na formação, na crítica e na previsibilidade das decisões jurisdicionais fundamentadas nos princípios estruturantes.

Basta atender à indeterminação semântica que imediatamente se percebe naqueles enunciados (*igual consideração e respeito*, não ser *excessivo ou desrazoável*, respeitar as *expectativas legítimas*, garantir *condições mínimas de acesso*, *reservar* à lei as principais questões) para se intuir a extrema dificuldade em traçar as *fronteiras* entre o que está ou não vedado aos poderes públicos, o que equivale a dizer, uma vez que estamos perante comandos que resultam de normas constitucionais, expressas ou implícitas, a extrema dificuldade em determinar a existência ou inexistência de inconstitucionalidade.

O objectivo deste trabalho será o de, recorrendo a uma história de décadas de esforços doutrinários e jurisprudenciais no Direito comparado, procurar reconhecer em cada um destes princípios um conteúdo normativo tão objectivo quanto possível e que permita a sua invocação de forma transparente e intersubjectivamente acessível, ainda que com a consciência da inevitabilidade de subsistência de uma margem residual de indeterminação e, sobretudo, de um desacordo quanto ao sentido pontual e concreto da respectiva aplicação aos *casos difíceis* que os tribunais devam decidir.

Ou seja, devemos entender-nos previamente sobre o que significa, em abstracto, violar a dignidade da pessoa humana, desrespeitar a proporcionalidade ou a igualdade, ainda que saibamos antecipadamente que discordaremos, eventualmente, quando procurarmos decidir se a violação do parâmetro ocorreu ou não num dado caso concreto. Assentar em critérios e parâmetros gerais e abstractos objectivos não garante a sua aplicação consensual e pacífica, mas a inexistência de um acordo sobre os próprios parâmetros redundaria na maior insegurança e, pior, na possibilidade de manipulação arbitrária da respectiva utilização.

c) Em qualquer caso, e independentemente da indispensabilidade de um esforço de densificação do conteúdo normativo de cada princípio estruturante, vamos verificar que, em muitas situações, o que acaba por ser decisivo é a determinação da densidade do controlo jurisdicional que se considera aplicável à situação de eventual violação do princípio. De resto, veremos como a primeira instância, a da determinação do conteúdo normativo, acaba por ser invadida pelo teor das preocupações com a segunda, a da densidade do controlo. Ora, neste domínio, sendo possível maior ou menos deferência para com as opções dos poderes políticos, sendo possível maior ou menor contenção judicial, será pacífico que a densidade do controlo deve acompanhar a importância do interesse que está em causa e a gravidade da lesão ou ameaça que sobre ele impendem.

Neste sentido, a zona privilegiada de intervenção dos princípios estruturantes, pela sua sensibilidade intrínseca, será a dos direitos fundamentais e, especialmente, a das restrições aos direitos fundamentais.

Obviamente, apesar de falarmos em direitos fundamentais sem distinguir, a gravidade das afectações a que estão sujeitos e a importância dos bens lesados variam significativamente, pelo que deve variar, em conformidade, a densidade do respectivo controlo jurisdicional. Não assumem a mesma gravidade e relevância jusfundamental uma restrição ao direito de antena ou um *corte* substancial num salário ou numa pensão de sobrevivência, quando a primeira é relativamente inócua e a última pode pôr decisivamente em causa a autonomia individual e a capacidade de organizar a própria vida. Não tem a mesma gravidade e relevância jusfundamental uma restrição no subsídio de desemprego ou um impedimento ao acesso aos cuidados de saúde quando comparados com uma restrição ao direito à greve. Naturalmente, a maior intensidade do controlo jurisdicional que verifica a observância dos princípios estruturantes —seja o princípio da igualdade, o princípio da proporcionalidade ou o princípio da protecção da confiança— deveriam ser reservados e aplicados, nos exemplos dados, para as situações de *cortes* nos salários, na pensão, no subsídio de desemprego ou no acesso aos cuidados de saúde.

Note-se, no entanto e não sendo aqui o local para desenvolvermos a questão[1], que, se as afirmações atrás feitas são quase óbvias e de reconhecimento pacífico em quaisquer ordens constitucionais em que os direitos citados sejam reconhecidos como direitos fundamentais, em Portugal, embora seja caso único no Direito comparado, as conclusões da doutrina e da jurisprudência constitucionais *tradicionais* —todavia ainda persistentes— vão exactamente no sentido inverso, ou seja, nos exemplos dados, essas doutrina e jurisprudência consideram que a maior intensidade na utilização dos princípios estruturantes deve ser reservada à restrição do direito de antena ou do direito à greve, porque seriam *direitos, liberdades e garantias,* comparativamente à protecção que deveria ser conferida ao direito à pensão, ao salário ou à saúde que, como direitos sociais, seriam direitos menores...

2. Os princípios estruturantes e os direitos fundamentais

a) Na relação entre princípios estruturantes e direitos fundamentais, uma questão prévia que se pode colocar será a de saber se não há aqui

[1] Cf., para esse efeito, J. Reis Novais, *Uma Constituição, Dois Sistemas?*, Coimbra, 2020.

uma redundância, já que os próprios princípios estruturantes seriam, cada um deles, verdadeiros direitos fundamentais.

Sobretudo, quando alguém adopta uma concepção dos direitos fundamentais como sendo *comandos de optimização*, como é propugnado pela teoria dos direitos fundamentais como princípios, aquela identificação tende a ser favorecida, com base na ideia intuitiva, mas contestável, de que um direito é *mais* do que um *princípio*, pelo que, de acordo com uma perspectiva de maximização da efectividade dos direitos fundamentais, se deveria sustentar que as normas constitucionais que acolhem os princípios estruturantes consagram, simultaneamente, correspondentes direitos fundamentais. Ou seja, sustentar-se-ia a vantagem da dedução de direitos subjectivos fundamentais de cada um desses princípios, mesmo quando a Constituição não os acolhesse nessa qualidade, pelo que teríamos, assim, um direito fundamental à dignidade, à igualdade, à segurança jurídica, à legalidade ou à proporcionalidade.

Porém, nem haveria qualquer vantagem dogmática neste tipo de enquadramento, nem ele produziria qualquer efeito prático de reforço das posições individuais correspondentes. Ao invés, verificar-se-ia, de um lado, uma banalização e consequente desvalorização do próprio conceito de direito subjectivo fundamental —aplicado indiferentemente a qualquer posição individual de vantagem que de alguma forma se pudesse sustentar numa norma constitucional, por mais indirecta ou remota que fosse a respectiva associação— e, de outro, a pretensa jusfundamentalização e subjectivização de qualquer norma que impusesse um dever ao Estado poderia mesmo resultar em desvantagem individual comparativamente à protecção conferida pelos princípios estruturantes.

Com efeito, sabido como os direitos fundamentais podem, em geral e quando considerados como um todo, ceder perante outros direitos e interesses, então os ditos princípios estruturantes, concebidos enquanto direitos, perderiam, nessa qualidade, a sua vinculatividade absoluta — que resultaria, de outro modo, da sua natureza estruturante— e passariam, eles próprios, a ser caracterizados por uma vinculatividade relativa. Os poderes públicos deveriam observar a dignidade, a igualdade ou a proporcionalidade, mas só na medida em que não existisse, no caso concreto, uma vinculação contraposta de *peso* superior.

Ou seja, enquanto que o princípio da igualdade ou da proporcionalidade ou da legalidade apresentam uma força vinculativa inquestionável e definitivamente vinculativa, já os pretensos e correspondentes direitos à igualdade, à proporcionalidade ou à legalidade apresentariam, tendencialmente, uma natureza de garantias sujeitas a ponderação e a consequente cedência em função das circunstâncias de caso concreto. Esta *flexibilização* seria ainda mais problemática, naturalmente, quando aplicada ao próprio princípio da dignidade da pessoa humana.

b) Diferentemente, consideramos não haver lugar nem vantagem nesse tipo de juízo relativamente à aplicabilidade dos princípios estruturantes. Os princípios estruturantes *valem* sempre com uma natureza absoluta, têm sempre de ser observados e respeitados, sob pena de inconstitucionalidade. Podemos ter dúvidas sobre se foram ou não violados numa dada situação concreta, mas, se concluirmos que o foram, então há inconstitucionalidade. Se concluímos que uma dada norma restringiu excessivamente um direito fundamental, essa norma é inconstitucional, ou seja, não vamos ponderar a exigência de proporcionalidade com qualquer outra exigência ou qualquer outro princípio para apurarmos se deve prevalecer ou se deve ceder.

No entanto, a dificuldade residirá em saber quando, nas circunstâncias de caso concreto, os princípios estruturantes foram ou não observados, foram ou não respeitados e, nesse sentido, será necessário proceder à avaliação de todas as circunstâncias, ao *peso* dos bens relevantes, das alternativas disponíveis, da solução mais ajustada ao caso concreto. Donde que, apesar da sua relevância absoluta, nos casos verdadeiramente *difíceis*, a verificação de existência de eventual inconstitucionalidade por violação dos princípios estruturantes seja sempre complexa, indissociável de avaliações e de ponderações subjectivas que exigem uma fundamentação racional que permita a respectiva controlabilidade, crítica e falsificabilidade.

Neste âmbito, os princípios estruturantes funcionam, não propriamente enquanto direitos fundamentais, mas na qualidade de *limites aos limites*, ou seja, parâmetros constitucionais de controlo das acções estaduais restritivas de direitos fundamentais ou das omissões estatais que afectem os bens jusfundamentalmente protegidos, podendo dizer-se que, em grande parte das situações jurídicas complexas, é através da protecção conferida pelos princípios estruturantes que os direitos fundamentais adquirem efectividade em Estado de Direito.

2.1. Os princípios estruturantes enquanto *limites aos limites* dos direitos fundamentais

a) A necessidade de observância dos comandos normativos que se deduzem dos princípios estruturantes constitui um limite permanente à actuação ou à omissão dos poderes públicos em Estado de Direito, no sentido de que, qualquer que seja o domínio em causa ou a natureza do acto dos poderes públicos, haverá inconstitucionalidade sempre que os princípios estruturantes de Estado de Direito forem violados. Porém, é sobretudo na sua qualidade de *limites aos limites* dos direitos fundamentais que eles assumem a sua derradeira e decisiva relevância e é assim, desde logo, porque esse é o domínio mais sensível do ponto de vista do relacionamento entre o Estado e os particulares e aquele onde a densidade do controlo judicial mais se faz sentir. Pode-se dizer, com efeito, que sem a intervenção dos princípios estruturantes os direitos fundamentais não seriam, em boa parte dos casos, mais do que tópicos de ponderação ou do que apelos virtuosos à boa vontade dos poderes públicos.

Na realidade, e na medida em que, apesar de serem garantias constitucionais invocáveis contra os poderes públicos, os direitos fundamentais (com excepção dos que são já constitucionalizados de forma definitiva e absoluta, com natureza de *regra*) são intrinsecamente dotados de uma reserva geral imanente de ponderação, eles são susceptíveis de cedência perante a invocada necessidade de o Estado ter de prosseguir a realização de outros bens, interesses ou direitos igualmente dignos de protecção jurídica. Nesse sentido, e como cabe necessariamente ao legislador democrático, em primeira linha, avaliar da premência dessa protecção e da consequente necessidade de restrição, os direitos fundamentais correm o risco de *retornar*, por essa via, à disponibilidade da maioria política.

Ou seja, os direitos fundamentais teriam sido intencionalmente furtados à disponibilidade das maiorias conjunturalmente no poder através da sua constitucionalização, mas, na medida em que a sua realização necessita de ser compatibilizada com outros interesses dignos de protecção que exijam a eventual cedência das garantias jusfundamentais, a maioria política recuperaria, por facto da inevitabilidade dessa decisão, o controlo sobre os direitos fundamentais.

No entanto, em Estado de Direito com Constituição em sentido formal, esse risco pode e deve ser atalhado por duas vias[2]. Em primeiro lugar, através da sujeição das razões justificativas da pretendida restrição dos direitos fundamentais a um controlo judicial intensivo. Essa constituirá uma primeira fase de controlo. Em segundo lugar, numa derradeira fase de apreciação de constitucionalidade das restrições, através da sujeição das concretas medidas restritivas a um controlo, igualmente intensivo, da observância das garantias constitucionais corporizadas nos princípios estruturantes.

b) Assim, enquanto garantias constitucionais *fortes*, enquanto verdadeiros *trunfos* que os seus titulares podem *jogar* a seu favor contra a maioria, os direitos fundamentais só podem ceder perante razões justificativas igualmente fortes, perante interesses de realização premente que não contradigam a própria necessidade de garantia e de consequente consagração constitucional dos direitos fundamentais. Cabe a um poder judicial independente controlar a legitimidade e pertinência dessas razões justificativas, ou seja, a última palavra não é, aí, a da maioria política que pretende restringir, mas sim a do poder judicial que controla a legitimidade constitucional das restrições.

Diga-se que, nesta primeira fase, as violações mais ostensivas e evidentes dos direitos fundamentais *caem* sem necessidade de fundamentação complementar. Se uma Constituição garante a liberdade religiosa ou a liberdade de expressão do pensamento e se, sem qualquer outro apoio no texto constitucional, o Estado discrimina, impede ou proíbe o livre exercício desses direitos fundamentais, então aí a inconstitucionalidade é manifesta e o fundamento mais adequado a ser invocado é o da violação directa do direito fundamental em causa, ou, se se quiser, a violação do conteúdo essencial desse direito, sem necessidade de ulterior controlo. Essa não é, no entanto, a situação mais comum quando nos encontramos em Estado de Direito. Daí que, na generalidade das afectações negativas dos direitos fundamentais, se faça sentir a necessidade de outro tipo de controlos ou de *filtragem* da admissibilidade das restrições.

[2] Cf., com desenvolvimento, J. Reis Novais, *Limites dos Direitos Fundamentais*, Coimbra, 2021, págs. 213 e segs.

2.2. O controlo prévio da legitimidade dos fins prosseguidos e dos meios restritivos escolhidos

a) Desde logo, nesta primeira fase de controlo de constitucionalidade das razões invocáveis para restringir um direito fundamental, suscita-se a necessidade de apreciação da legitimidade do meio restritivo utilizado e do fim prosseguido com a restrição[3]. Este controlo assume a maior relevância prática já que, verificando-se a existência de uma afectação desvantajosa de um direito fundamental, a primeira pergunta que se deve colocar para efeitos de controlo de constitucionalidade respeita, precisamente, à justificação da restrição, às razões invocadas ou objectivamente susceptíveis de serem invocadas como fundamento da restrição que se pretende prosseguir.

Porém, mesmo antes da apreciação dessas razões, ou seja, dos fins em vista com a restrição, pode colocar-se a questão da admissibilidade do meio restritivo escolhido para os prosseguir. Num exemplo fácil: mesmo que a tortura exercida pela autoridade policial sobre um detido se destinasse a prosseguir um fim do maior relevo, por exemplo, a segurança do Estado e da comunidade, tratando-se, todavia, de um meio constitucionalmente inadmissível, o acto seria, pura e simplesmente, inconstitucional. Ou seja, comprovando-se a existência de tortura, não haveria sequer necessidade de passar aos controlos ulteriores, incluindo os da observância dos princípios estruturantes.

[3] Assinale-se que, para algumas posições doutrinárias, o controlo prévio da constitucionalidade dos fins e dos meios utilizados surge inscrito no controlo de proibição do excesso ou de proporcionalidade, mais ou menos associado, ao controlo de aptidão dos meios ou mesmo perspectivado como *teste* autónomo dentro do controlo de proporcionalidade em sentido lato. A nosso ver, não faz sentido ou só faz sentido para as posições doutrinárias que concentram toda a dogmática dos direitos fundamentais na ponderação/proporcionalidade. Como, para essa visão, tudo deve ser tratado no âmbito do controlo da proporcionalidade, então a questão da legitimidade constitucional dos fins e dos meios passa também a integrar esse controlo. Mas, em rigor, não se trata aqui de uma questão de proporcionalidade, de excesso, mas de admissibilidade constitucional que se coloca previamente à aplicação de controlo posterior feito sob a égide de qualquer um dos princípios estruturantes. Ou seja, se nesta primeira fase se conclui pela inadmissibilidade constitucional de fins ou de meios, não há sequer necessidade de recorrer a controlos ulteriores referentes à igualdade, à proporcionalidade, à segurança jurídica ou a quaisquer dos princípios estruturantes; no plano jurídico, a questão fica aqui decidida.

E o mesmo se dirá quanto à legitimidade dos fins. Porém, uma tal filtragem pode ser relativamente fácil quando o parâmetro constitucional é uma norma-*regra* (o exemplo referido da proibição de tortura), mas já será mais complexa nas situações em que é duvidoso se a restrição em causa, tendo em conta o direito fundamental afectado e os interesses em disputa, é ou não constitucionalmente admissível. Nessa altura, a *filtragem* só pode ser feita com recurso a uma teoria de direitos fundamentais constitucionalmente adequada que permita *isolar* todo um conjunto de razões para restringir um direito fundamental que são inadmissíveis num Estado de Direito[4].

b) Então, pode-se dizer que só após a *passagem* desse primeiro requisito, respeitante à legitimidade constitucional de fins e de meios, se deve, a seguir, proceder ao controlo de observância dos diferentes princípios estruturantes por parte do acto ou da omissão em causa.

Mesmo quando as razões justificativas da restrição não sejam inadmissíveis ou liminarmente afastadas, mesmo que a restrição de direito fundamental seja, à partida, autorizada, as concretas medidas restritivas que vierem a ser adoptadas pelos poderes públicos têm de observar as garantias constitucionais e, para o que aqui especialmente nos importa, têm de respeitar as exigências, condicionamentos e limitações impostos pelos princípios estruturantes.

Na maior parte dos casos, pressupondo que os fins da restrição não são ilegítimos e as razões invocadas não contradizem a própria natureza do direito fundamental em causa e da respectiva norma de protecção, os tribunais tendem a exercer um controlo contido naquela primeira fase de controlo de constitucionalidade —a fase em que se sindicam as razões justificativas da restrição. Então, no plano da apreciação da constitucionalidade das restrições, boa parte das questões jurídicas de maior complexidade que se desenvolvem neste domínio acaba por ser remetido para essa segunda fase de controlo jurisdicional, a da observância dos princípios estruturantes.

Nesse sentido, são estes princípios que, geralmente, asseguram a prevalência dos direitos fundamentais, podendo dizer-se que, no con-

[4] Cf., com desenvolvimento, J. Reis Novais, *Limites dos Direitos Fundamentais*, cit, págs. 234 e segs.

fronto com interesses de sentido contrário, são os princípios estruturantes que formam os *dentes* dos direitos fundamentais, que lhes garantem uma efectividade que vai para além de um mero apelo à ponderação, à boa vontade dos agentes políticos.

Ou seja, num *mundo*, o dos direitos fundamentais, muito pressionado pela flexibilidade imposta pela necessária compatibilização entre valores e interesses de sentido divergente e pelo consequente subjectivismo de apreciação —tudo o que, no limite, pressiona no sentido da deferência judicial para com as opções do legislador democrático— , acabam por adquirir relevância decisiva todos os elementos e instâncias que propiciam juízos de maior objectividade e de racionalização intersubjectivamente partilhável, como são as estruturas e parâmetros de controlo fornecidos pelos princípios estruturantes.

Daí, em última análise, a importância em destacar nos princípios estruturantes as instâncias, elementos ou subprincípios que proporcionem essa maior objectividade, superando a tendência para os reduzir ou identificar com a própria metodologia da ponderação de bens. Há, em todo o caso, que ter a consciência de que, na maior parte das situações de aplicação dos princípios estruturantes, é impossível a eliminação ou a não utilização de dimensões e máximas em que estão presentes elementos de subjectividade, de avaliação contextualmente condicionada, de ponderação dos interesses subjacentes.

c) Cabe, por último, destacar o lugar especial que cabe ao princípio da dignidade da pessoa humana enquanto instrumento de controlo da legitimidade das razões invocadas para restringir os direitos fundamentais. É que, em boa parte das situações em que as restrições a direitos fundamentais são liminarmente consideradas inconstitucionais, o fundamento da inconstitucionalidade reside ou é acompanhado da violação directa da dignidade da pessoa humana considerada enquanto princípio em que assenta o Estado de Direito.

Ora, se tal não dispensa o estudo aprofundado do conteúdo deste princípio —o que se fará imediatamente a seguir—, pois só após a determinação desse conteúdo a violação da dignidade pode ser apurada de forma intersubjectivamente comprovável, esse lugar especial determina que o princípio da dignidade da pessoa humana não seja, simplesmente, um princípio estruturante situado no mesmo plano dos restantes.

Ou seja, verificada uma violação da dignidade da pessoa humana nesta primeira fase do controlo, a da verificação da legitimidade de fins e meios, não há sequer necessidade de prosseguir para a fase de verificação da conformidade da restrição relativamente aos restantes princípios estruturantes. A gravidade e a irremissibilidade da lesão decide o caso nesta primeira instância de controlo. Veremos, todavia, como e porquê essa alegação deve ser reservada para as restrições mais graves e consensualmente repudiáveis —por exemplo, o caso referido da tortura seria liminarmente afastado por constituir lesão directa da dignidade—, mas, independentemente da excepcionalidade da situação, justifica-se a diferenciação do lugar da dignidade da pessoa humana dentre os diferentes princípios estruturantes de Estado de Direito.

BIBLIOGRAFIA GERAL SOBRE OS PRINCÍPIOS ESTRUTURANTES

J. Reis Novais, *As Restrições aos Direitos Fundamentais não Expressamente Autorizadas pela Constituição*, 3ª ed., Lisboa, 2021 (2003)

C. Blanco de Morais, *Curso de Direito Constitucional*, II, Coimbra, 2018

J. Melo Alexandrino, *Lições de Direito Constitucional*, II, 2ª ed., Lisboa, 2017

Vitalino Canas, *O Princípio da Proibição do Excesso na Conformação e no Controlo de Atos Legislativos*, Coimbra, 2017

Jorge Miranda, *Direitos Fundamentais*, Coimbra, 2017

Humberto Ávila, *Teoria dos Princípios*, 17ª ed., São Paulo, 2016

M. Lúcia Amaral, *A Forma da República*, Coimbra, 2005

Rebelo de Sousa/Salgado de Matos, *Direito Administrativo Geral*, t. I, Lisboa, 2004

J. Gomes Canotilho, *Direito Constitucional e Teoria da Constituição*, Coimbra, 2003

Capítulo II
Princípio da Dignidade da Pessoa Humana

Depois de ter feito um percurso de séculos, desde a Antiguidade clássica, pelos caminhos da reflexão filosófica, da ética, da crença religiosa e das ideias políticas, a dignidade da pessoa humana só chegou ao Direito Constitucional, com o sentido que hoje lhe damos, a partir da II Guerra Mundial, quando, em paralelo com o que ocorreu, na época, em documentos fundacionais do Direito Internacional dos direitos humanos, algumas Constituições a acolheram na qualidade de princípio fundamental em que assentam os Estados de Direito.

A partir daí, ou seja, a partir do seu reconhecimento como princípio jurídico-constitucional, a história da dignidade da pessoa humana no domínio do Direito Constitucional e dos Direitos Fundamentais é a de um sucesso avassalador. De um lado, a dignidade humana passa a ser expressamente reconhecida como pilar ou fundamento do Estado de Direito nas novas Constituições dos Estados que, em diferentes vagas, chegam à democracia ao longo da segunda metade do século XX, o que pretende assinalar, desde logo, uma *viragem* na forma de conceber as relações entre o poder estatal e o indivíduo. Por outro lado, as diferentes jurisdições constitucionais, tanto dos países em que a Constituição reconhece explicitamente o princípio, como naqueles em que os respectivos textos constitucionais nada dizem, recorrem frequentemente à dignidade da pessoa humana como norma jurídica e, logo, como fundamento directo de decisões judiciais.

Com efeito, sobretudo ao longo do século XXI, Tribunais Constitucionais e Supremos Tribunais familiarizaram-se com a utilização de um princípio que, não obstante a indefinição que o viu nascer, se transformou em *argumento* e fundamento de uso corrente na jurisprudência constitucional. Muitas vezes, é certo, a dignidade da pessoa humana funciona como instrumento de apoio a decisões que, na realidade, têm o verdadeiro e principal fundamento noutras normas constitucionais (direitos fundamentais ou outros princípios estruturantes) e, frequentemente, é utilizada como simples artifício retórico de reforço das posições defendidas. Mas, não raras vezes, e em todas as latitudes, a dignidade da pessoa humana vem igualmente invocada como fundamento principal ou até exclusivo de decisões de constitucionalidade do maior relevo, em domínios de grande sensibilidade social e que suscitam grande controvérsia, como sejam, os da biotecnologia e bioética, pesquisa em células estaminais embrionárias, procriação auxiliada clinicamente e gestação de substituição, casamento entre pessoas do mesmo sexo, eutanásia e auxílio ao suicídio, discriminação racial, étnica, de género ou de orientação sexual, processo penal, direito a um mínimo para uma existência condigna e, finalmente, direitos sociais em geral, sobretudo nas ordens constitucionais em que estes não são considerados direitos fundamentais.

Porém, apesar da sua actualidade e de todas as solicitações que lhe são dirigidas, o conteúdo normativo do princípio da dignidade da pessoa humana persiste envolto em incerteza, em controvérsia e até mesmo em contestação que leva alguns autores a pôr em causa o interesse da sua consideração como princípio jurídico.

1. A dignidade da pessoa humana e os direitos fundamentais

a) Em qualquer caso, e até de alguma forma potenciado por essa indefinição de partida, o princípio da dignidade da pessoa humana apresenta-se na ordem jurídica num largo espectro de possibilidades de aplicação e com diferentes dimensões normativas. Assim, para além do papel que desempenha enquanto fundamento dos direitos fundamentais constitucionalmente consagrados e, como vimos, dos restantes princípios estruturantes, a dignidade da pessoa humana produz efeitos normativos próprios e directamente invocáveis enquanto parâmetros de controlo da actuação e das omissões dos poderes públicos.

No plano da associação entre dignidade e direitos fundamentais, é comum a caracterização da dignidade humana como fundamento da própria existência e indivisibilidade material dos direitos fundamentais. Todavia, não estando substancialmente errada, essa dedução só pode corresponder a uma reconstrução teórica do processo natural de formação dos direitos fundamentais já que, historicamente, estes surgiram no plano constitucional muito antes do reconhecimento da dignidade como princípio jurídico, o que, de resto, aconteceu igualmente com alguns dos outros princípios estruturantes que, também eles, foram juridicamente reconhecidos muito antes da dignidade. No fundo, acaba por ser a comum recondução de todos —princípios estruturantes e direitos fundamentais— ao sentido de justiça desenvolvido numa comunidade que justifica e permite a referida reconstrução.

b) Mas, para além de fundamento, o princípio da dignidade da pessoa humana desenvolve, no domínio dos direitos fundamentais, diferentes outras funções:

- *(i)* como auxiliar hermenêutico na fixação do sentido normativo dos direitos fundamentais e como parâmetro orientador da solução de colisões e das ponderações que se desenvolvem necessariamente na sua concretização;
- *(ii)* como *fonte* de descoberta e critério de reconhecimento constitucional de novos direitos fundamentais, no âmbito da habilitação fornecida pelas chamadas *cláusulas abertas* de recepção de direitos não enumerados no texto constitucional;
- *(iii)* como razão justificativa da imposição de restrições a direitos fundamentais;
- *(iv)* como *limite aos limites* dos direitos fundamentais, ou seja, enquanto requisito cuja estrita observância condiciona materialmente qualquer limitação de direitos fundamentais;
- *(v)* como constituindo o *conteúdo essencial* de cada direito fundamental e, por fim,
- *(vi)* a dignidade pode, ela própria, ser considerada como um direito fundamental, o *direito à dignidade*.

c) Em geral, podemos dizer que nestas múltiplas potenciais aplicações, a dignidade da pessoa humana tanto se apresenta *ao lado* dos direitos fundamentais, porventura a hipótese mais *natural*, como surge *contra* os direitos fundamentais, no que constitui a sua utilização mais controversa.

Ao lado dos direitos fundamentais, portanto, em sua defesa, protegendo a liberdade, a autonomia e o bem-estar individuais contra eventuais afectações negativas ou desvantajosas que sobre eles incidam, a dignidade da pessoa humana desempenha duas principais funções, para além das que foram atrás genericamente referidas.

Em primeiro lugar, serve para filtrar e excluir razões potencialmente invocáveis como fundamento para restringir direitos fundamentais. Desde logo, num Estado fundado na dignidade da pessoa humana, não podem constituir argumentos aceitáveis para restringir direitos fundamentais a simples invocação da vontade da maioria, a intenção de desfavorecer ou discriminar um grupo ou pessoas em função da sua nacionalidade, território de origem, língua, género, orientação sexual, ideologia, confissão religiosa, a imposição unilateral de visões do mundo ou formas de vida a quem deles não compartilha. Da mesma forma, são liminarmente rejeitadas as restrições actuadas através de meios ilegítimos, designadamente os que violam directamente a dignidade, como a tortura ou os tratamentos degradantes e ultrajantes.

Em segundo lugar, mesmo quando as razões invocadas para restringir um direito fundamental ou os meios utilizados não são, à partida, inadmissíveis, a forma, a medida e o alcance das concretas medidas restritivas adoptadas não podem, em si mesmas, afectar a dignidade da pessoa humana.

Por sua vez, quando é invocada *contra* os direitos fundamentais, ou seja, como fundamento de imposição de restrições aos direitos fundamentais, a dignidade da pessoa humana pode surgir tendo como justificação a necessidade de proteger um direito fundamental ameaçado (a não restrição de um direito fundamental traduzir-se-ia em lesão da dignidade do titular de um outro direito fundamental), mas também, num contexto de maior controvérsia, pode ser invocada com uma dimensão objectiva, com um conteúdo valorativo próprio que se invoca como razão para limitar a autonomia e os interesses individuais protegidos por direitos fundamentais.

d) De qualquer forma, seja quando a dignidade é utilizada como *limite aos limites*, portanto, *ao lado* dos direitos fundamentais, seja, sobretudo, quando é invocada como fundamento material de justificação de restrições a direitos fundamentais, as suas funções só podem ser cabalmente desempenhadas no pressuposto de que o princípio tem um conteúdo próprio diverso do sentido normativo que apresentam os direitos fundamentais em causa.

Se esse sentido normativo não pudesse ser determinado, a dignidade acabaria a ser pura e simplesmente identificada com o conteúdo dos próprios direitos fundamentais, pelo que lhe ficaria reservada uma utilização meramente retórica, já que, havendo normas constitucionais que protegem especificamente um dado bem, isto é, as próprias normas dos direitos fundamentais em causa, deveriam ser elas, em primeira linha, a ser invocadas e aplicadas; a dignidade seria mero recurso argumentativo de apoio sem relevância jurídica autónoma.

É certo que é frequente ver-se referida a norma constitucional da dignidade da pessoa humana como visando garantir a liberdade e a autonomia individuais, a igualdade entre os cidadãos e os pressupostos materiais de uma vida digna. No entanto, em rigor, aquilo que garante especificamente a liberdade, a igualdade, a autonomia e o bem-estar ou, pelo menos, aquilo que foi criado para esse efeito e que aspira a realizar esse objectivo na ordem jurídica são os direitos fundamentais.

São os direitos fundamentais e as normas que os consagram, enquanto direitos de liberdade, direitos de igualdade, de participação e direitos sociais, que assumem esse programa e que existem constitucionalmente para esse fim. As normas de direitos fundamentais delimitam e garantem as áreas materialmente diferenciadas e específicas de acesso juridicamente protegido à liberdade, à autonomia e ao bem-estar que o Estado fica obrigado a respeitar, proteger e promover, pelo que, em caso de violação dessas obrigações constitucionais, a inconstitucionalidade deriva directamente, em princípio, da violação das correspondentes normas de direitos fundamentais.

e) Donde que, não sendo errado, não há, todavia, grande préstimo numa conformação do conteúdo normativo da dignidade da pessoa humana em sobreposição ao conteúdo dos próprios direitos fundamentais. De resto, a não identificação entre os dois termos é imediatamente verificável quando, na realidade da vida jurídica dos Estados de Direito, nos deparamos frequentemente com lesões de direitos fundamentais que não deveríamos qualificar de lesões concomitantes da dignidade — ou, quando muito, só remotamente tal associação existiria—, enquanto que é possível representar situações adequadamente configuráveis como violação da dignidade humana sem que haja lesão específica de qualquer direito fundamental a título principal.

Por último, a excessiva abrangência de conteúdo normativo atribuída à dignidade, que viria implicado na sua identificação com os direitos fundamentais, redundaria em enfraquecimento do princípio, já que seria inevitável ter de admitir possibilidades de cedência dessa *dignidade* nas zonas marginais ou menos relevantes da protecção jusfundamental.

Ora, essa eventual cedência do princípio da dignidade da pessoa humana (ou do direito fundamental à dignidade, se fosse assim qualificado) perante outros valores ou bens igualmente dignos de protecção jurídica seria dificilmente compatível com a importância decisiva que lhe é conferida quando se qualifica a dignidade humana como base em que assentam os nossos Estados de Direito. Se a dignidade é a base em que assenta o Estado de Direito, não se vê como se pode sustentar a possibilidade da sua cedência ou da sua subordinação pontual a outros valores, bens ou interesses.

Já seria mais plausível a proposta de identificação da dignidade, não com os direitos fundamentais em toda a sua potencial extensão, mas apenas com o conteúdo essencial dos direitos fundamentais. Ou seja, garantida pela dignidade humana não seria qualquer manifestação de liberdade, de autonomia ou de bem-estar individuais, mas apenas a essência desses valores, os núcleos essenciais da liberdade, da autonomia e do bem-estar.

Todavia, sendo essa proposta, à partida, dogmaticamente plausível, tudo redundará, então, em saber o que ela significa em termos normativos, como se determina a *essência* da liberdade, da autonomia e do bem-estar individuais, quais as consequências jurídicas da protecção constitucional que lhe é garantida, o que, no fundo, remete para a delimitação de um conteúdo normativo próprio para o princípio da dignidade da pessoa humana.

2. Como determinar um conteúdo normativo constitucionalmente adequado para a dignidade da pessoa humana?

a) Cada pessoa tem a sua própria ideia do que deverá ser uma vida digna ou de quais são as exigências que decorrem do respeito pela dignidade humana. Mas, facilmente se intui que essas concepções divergem significativamente e estão intimamente associadas às concepções mais gerais do grupo, família, confissão religiosa ou filosófica em que cada um se integra ou à visão do mundo, experiência cultural ou histórica de que compartilha.

Para alguns de entre nós, fazer uma transfusão de sangue é um acto indigno, violador do que se considera de mais sagrado, tal como, para outros, o será o acto de comer carne de porco ou de comer carne de vaca ou simplesmente de comer em determinados dias. Para uns, a actividade de prostituição ou a de actor ou actriz de filmes pornográficos são indignas enquanto que, para muitos dos próprios envolvidos, podem ser vistas como formas de ganhar a vida e sustentar a família que em nada beliscam a sua ideia de dignidade e de vida digna.

Sendo cada uma destas formas de conceber e sentir a dignidade merecedoras do respeito que devemos às convicções mais genuínas de cada um, quando passamos da esfera e da sensibilidade individuais para a moral e a esfera públicas e, sobretudo, para o que aqui nos importa, para a determinação de quais os comandos normativos que se retiram do princípio constitucional da dignidade da pessoa humana, já não aceitaríamos que cada um daqueles participantes na discussão pública pudesse impor aos restantes a sua própria concepção de dignidade como padrão de comportamento a ser seguido por todos. Tão pouco aceitaríamos, em Estado de Direito que assenta na dignidade da pessoa humana, que a própria maioria pudesse, pelo simples facto de ser maioria, recorrer ao aparelho coercivo do Estado para impor o seu modelo do que deva ser uma vida digna a toda a sociedade.

Se cada um tem garantida a faculdade juridicamente protegida de conduzir e determinar a sua vida pelos próprios padrões morais e se, para mim, ter a possibilidade de ser sujeito a uma transfusão de sangue ou de comer carne de porco é um acto médico ou social eticamente aceitável ou neutro que em nada afecta a minha dignidade ou a dos outros e que me pode beneficiar ou até salvar a vida, a que título é que uma maioria social, política ou religiosa me poderia impor uma concepção de dignidade de que discordo radicalmente?

b) Bastam esses exemplos para se perceber que a *captura* sectária do princípio, que decorreria de uma qualquer imposição unilateral de um pretenso conteúdo da dignidade da pessoa humana, impedi-lo-ia de desempenhar adequadamente as funções próprias da natureza de um princípio constitucional estruturante de um Estado de Direito democrático, secular, pluralista e inclusivo.

Com efeito, tendo em conta a contundência singular do princípio, e sob pena de introdução de um factor disruptivo do funcionamento de um Estado constitucional, o conteúdo de dignidade que venha a ser apurado neste contexto não pode ficar aberto a uma apropriação conflitual ou fracturante, pois, nessa altura, o princípio constitucional ficaria perigosamente sujeito a todas as tentações de manipulação partidária, fraccional, e a ser essencialmente utilizado como *conceito de combate*, como arma de luta política e instrumento de exclusão.

Rejeitado, por exigência de Estado de Direito, esse tipo de preenchimento do conceito de dignidade da pessoa humana, continua aberta, todavia, a necessidade de apurar o respectivo conteúdo normativo, sem o que o princípio não poderia desempenhar a sua função de princípio estruturante. Para tanto, propomos, a seguir, uma estratégia capaz de produzir um resultado constitucionalmente adequado à natureza de um Estado de Direito, secular, plural, inclusivo e aberto. Essa estratégia assenta nas seguintes notas: consenso na definição do conteúdo do princípio, delimitação restritiva desse conteúdo e sua determinação pela *negativa*.

2.1. Uma delimitação tendencialmente consensual do conteúdo da dignidade da pessoa humana no espaço de um pluralismo razoável

a) Como diz Rawls, numa sociedade democrática e aberta, a simples vivência da liberdade de consciência determina que pessoas racionais, razoáveis, sinceramente empenhadas na cooperação social e numa coexistência baseada no respeito mútuo, divirjam significativamente e de forma irreconciliável sobre o bem, sobre o sentido de uma *vida boa*; mais, esse desacordo não é algo que surja acidentalmente e de forma pontual ou transitória, mas é perene, no sentido de que não é superável, pelo menos num futuro previsível.

Então, tendo em conta essa diversidade estrutural no domínio das concepções sobre dignidade, não seria admissível procurar reconduzir o sentido do conceito constitucional, isto é, do princípio estruturante de Estado de Direito, aos pressupostos próprios e particulares de uma única doutrina compreensiva, seja ela a cristã, a *kantiana*, a utilitarista ou uma qualquer outra. Tal tentativa não poderia produzir mais que perspectivas pessoais ou grupais, tão legítimas umas quanto as outras, do ponto de vista dos seus defensores, mas que, na sua unilateralidade e parcialidade, seriam absolutamente incapazes de gerar um conteúdo adequado para um princípio jurídico em que se pretende fazer assentar todo o edifício do Estado de Direito.

Podendo cada um de nós desenvolver uma ideia, uma concepção, uma teoria ou um ideal de *dignidade humana* (no sentido de um preenchimento valorativo do conceito em termos do que cada um considera os valores substantivos que identificam uma vida digna), não é essa busca que nos deve orientar quando nos colocamos do ponto de vista do apuramento dos contornos de um princípio jurídico-constitucional em Estado de Direito. Nos quadros de uma sociedade aberta, plural, inclusiva, tolerante, qualquer princípio jurídico só pode desenvolver as suas virtualidades como princípio estruturante quando for dotado de um conteúdo em que, tendencialmente, todos se possam, à partida, reconhecer.

b) É verdade que haverá sempre, qualquer que seja o conteúdo normativo atribuído ao princípio da dignidade, um desacordo natural e inevitável aquando da sua aplicação judicial —nos casos *difíceis* haverá sempre, quase que por definição, uma parte *vencedora* e uma *vencida* sobre a questão de saber se a dignidade humana foi ou não violada—, tal como, de resto, acontece com a aplicação de qualquer outro princípio constitucional ou de qualquer direito fundamental. *Casos difíceis* são insusceptíveis de gerar a unanimidade dos juízes encarregados da sua resolução; por isso mesmo eles são designados como *difíceis*. Mesmo concordando na definição abstracta do conteúdo normativo do princípio, num caso de vida complexo haverá sempre quem considere estar aí o princípio a ser ou a não ser violado, divergindo substancialmente de outras opiniões sobre a decisão do mesmo caso.

Portanto, quando a seguir vamos propor uma determinação tendencialmente consensual do conteúdo normativo da dignidade da pessoa humana, a tentativa e a estratégia que desenvolvemos não visam, nem tal seria minimamente realizável, alcançar consensos em torno da resolução judicial desses *casos difíceis* de invocação e de aplicação do princípio constitucional da dignidade da pessoa humana, mas visam alcançar, tão somente, uma definição constitucionalmente adequada dos parâmetros normativos que consideramos decorrerem, à partida, do princípio constitucional e com que *todos* possamos concordar.

Por exemplo, *todos* concordaremos com a ideia de que o poder público deve tratar todas as pessoas com igual consideração e respeito e que essa exigência decorre, desde logo, do pressuposto da igual dignidade de todas as pessoas; o consenso formado em torno destas ideias e da sua fundamentalidade permitiria, então, considerá-las como integrando o conteúdo normativo do princípio constitucional da dignidade da pessoa humana. Será, sem dúvida, um passo importante na determinação do conteúdo do princípio, ainda que saibamos antecipadamente e estejamos conscientes de que esse acordo não evitará que, quando vamos analisar se uma norma que proíbe o casamento entre pessoas do mesmo sexo está ou não a tratar todas as pessoas com igual consideração e respeito, já tendamos a discordar. Ou seja, podemos aceitar o parâmetro de controlo, considerá-lo como devendo integrar o conteúdo do princípio, mas divergir quanto a saber se esse princípio está ou não a ser violado no caso concreto. O acordo quanto ao primeiro passo é indispensável, a persistência do desacordo no segundo é inevitável.

Então, a utilização da dignidade da pessoa humana no Direito constitucional de um Estado de Direito democrático exige a prévia delimitação do seu conteúdo normativo de forma intersubjectivamente generalizável, o que pressupõe, pelo menos, o acordo em torno dos critérios normativos de identificação das eventuais violações do princípio, isto é, um acordo formado em torno dos parâmetros normativos de controlo, tanto no plano geral e abstracto, quanto no da estruturação de modalidades típicas da sua aplicação previsível. Nada diferente, de resto, daquilo que se passa com todos os princípios estruturantes.

Por exemplo, relativamente ao princípio da proporcionalidade, todos estaremos de acordo quanto ao seguinte critério: se o Estado puder alcançar um fim legítimo recorrendo a um meio menos gravoso, deve fazê-lo, sob pena de violar o chamado subprincípio da necessidade ou da indispensabilidade. O facto de na resolução de um caso concreto divergirmos quanto à apreciação do grau de gravidade de dois meios alternativos e, consequentemente, não chegarmos a acordo quanto à questão da inconstitucionalidade, não invalida o acordo de princípio sobre o conteúdo normativo daquela dimensão da proporcionalidade. O mesmo se deveria passar com o princípio da dignidade da pessoa humana: deveríamos poder chegar a um conteúdo normativo em que todos nos reconhecêssemos, independentemente de um natural desacordo na aplicação concreta desse parâmetro.

Com efeito, o princípio jurídico-constitucional da dignidade da pessoa humana só poderá desenvolver uma função consentânea com a sua posição de princípio basilar da ordem jurídica de Estado de Direito quando nele possa ser reconhecido um conteúdo normativo acolhido por todas as correntes e concepções próprias de um *pluralismo razoável.* Tal como isso é, de há muito, possível e realizável quanto a princípios constitucionais estruturantes de Estado de Direito, como o princípio da igualdade, da proporcionalidade ou da protecção da confiança, não deverá ser de outro modo, e por maioria de razão, no que se refere à sua matriz principal, a dignidade da pessoa humana.

c) A utilização e adaptação desta ideia *rawlsiana* de *pluralismo razoável,* no contexto de uma estratégia de definição constitucionalmente adequada do conceito de dignidade da pessoa humana em Estado de Direito (para fins de chegar a uma definição *tendencialmente consensual*), carece, pela sua natural indeterminação, de clarificação.

Dificilmente seria possível uma definição constitucional operativa de dignidade humana em que se pudessem simultaneamente rever um defensor do Estado de Direito democrático, um activista do *Ku Klux Klan*, um militante nazi ou um fundamentalista do chamado *Estado islâmico*; não apenas um *consenso sobreposto* das respectivas posições seria impossível, como até um mínimo denominador comum se traduziria na anulação de qualquer hipótese de encontrar um sentido normativo para o conceito com uma réstia de utilidade.

A proposta de limitação da busca de um consenso, não de todas, mas de um espectro de concepções já construtivamente confinadas nos limites de um *pluralismo razoável é,* portanto, uma primeira filtragem, mas que exige clarificação sobre esse ponto nodal: o que integra ou não esse círculo, o que é, para esse efeito, uma concepção ou uma doutrina razoável ou desrazoável?

No fundo, acaba por ser o próprio princípio da dignidade da pessoa humana a fornecer o critério de delimitação. Assim, na medida em que o princípio constitucional assenta, como que por definição, no postulado da igual dignidade entre todas as pessoas, o critério do reconhecimento de reciprocidade é uma condição mínima de inclusão. Assim, não integra esse círculo de razoabilidade e, portanto, não conta para o consenso requerido, quem, por exemplo, não reconheça as pessoas, todas as pessoas, como livres e iguais em dignidade. Doutrinas compreensivas que reivindicam, para si, para os seus aderentes ou para um grupo particular, posições de vantagem, prerrogativas ou direitos que não reconhecem reciprocamente a todos os outros não integram o espaço do referido *pluralismo razoável.*

O círculo de um *pluralismo razoável* não inclui as ideias de alguém que rejeite intrinsecamente o princípio de liberdade, de igualdade entre todos os cidadãos, alguém que sustente para a esfera pública ideias de exclusividade ou de verdade religiosa imperativa ou de superioridade racial, de género ou de orientação sexual. Por definição, tais ideias não satisfariam o critério da reciprocidade e, enquanto tal, seriam estruturalmente incompatíveis com o princípio de igual dignidade de todas as pessoas tal como foi constitucionalmente acolhido.

d) Em segundo lugar, num Estado de Direito secular e neutral perante as várias doutrinas compreensivas, a justificação para a selecção dos parâmetros normativos constituídos pela dignidade da pessoa humana tem de assentar em razões em que todos, dentro do referido pluralismo, se possam rever, que possam aceitar ou que não possam razoavelmente rejeitar.

Ora, uma justificação ou uma proposta de delimitação assentes nos pressupostos de uma única doutrina compreensiva, por exemplo, a cristã, não poderiam ser razoavelmente aceites por quem perfilha outra ou nenhuma religião. Se um princípio constitucional ou um seu conteúdo particular são justificados sobre razões que só podem motivar a adesão de quem segue uma determinada doutrina compreensiva, então todos os demais ficariam sujeitos ao conteúdo de um princípio constitucional insusceptível de gerar a sua adesão consciente e voluntária.

A ser esse o conteúdo vigente numa dada ordem jurídica, portanto, um conteúdo sustentado numa única doutrina compreensiva, então todos os demais que não se reconhecessem nessa doutrina seriam coercivamente forçados, em aspectos decisivos da sua vida e da sua integração comunitária, a professar algo que intrinsecamente rejeitam ou a que não aderem, com o que, no limite, não seria respeitado o critério da reciprocidade no reconhecimento da igual dignidade de todas as pessoas.

Ou seja, uma tal justificação não respeitaria o critério da reciprocidade, no sentido de que os direitos que os aderentes de uma dada doutrina compreensiva hegemónica se arrogam para si, mesmo que por decisão democrática maioritária, não seriam reciprocamente assegurados a todos os que não se revêem nessa doutrina.

e) Por exemplo, podemo-nos reconhecer na ideia de que todas as pessoas têm uma igual dignidade, mas o consenso já estaria muito longe de se verificar se pretendêssemos alargar esse pressuposto, não apenas a todas as pessoas nascidas, mas a qualquer forma de vida humana embrionária.

Há, seguramente, alguns de nós que consideram ter o zigoto, mesmo quando for seguro que não dispõe da mínima hipótese de viabilidade, exactamente a mesma dignidade, o mesmo estatuto e o mesmo valor de qualquer pessoa nascida e, consequentemente, que o Estado teria exactamente os mesmos deveres para com um zigoto inviável que aqueles que tem para com uma pessoa nascida. Mas, nunca seria possível, no âmbito de um pluralismo razoável, chegar a um acordo de princípio sobre esse pressuposto. Logo, ele não poderia figurar no conteúdo normativo de um princípio estruturante em que todos nos reconhecêssemos. Eventualmente, já seria possível chegar a um acordo tendencialmente consensual relativamente à ideia de que o Estado tem deveres relativamente a qualquer forma de vida humana, considerando precisamente essa sua natureza humana, independentemente de se tratar ou não de pessoa nascida.

2.2. Uma concepção restritiva de utilização do princípio da dignidade da pessoa humana e uma conformação do seu conteúdo pela negativa

a) Assente a ideia da delimitação tendencialmente consensual, interessará, a seguir, indagar qual a melhor estratégia para chegar a esse resultado: um preenchimento mais ambicioso, inevitavelmente sujeito a potencial maior controvérsia, ou um programa menos ambicioso, mas susceptível de um acordo focado nos âmbitos nucleares? Uma tentativa de construir positivamente o conteúdo normativo da dignidade da pessoa humana, de chegar a uma definição material, ou, em alternativa, uma estratégia orientada pela delimitação negativa do conteúdo, ou seja, que procure chegar a um acordo apenas em torno da identificação de situações em que se considera existir uma violação do princípio?

Nesta alternativa metodológica, optamos pela via menos ambiciosa, mas mais promissora, da concepção restritiva e da delimitação negativa do conteúdo normativo da dignidade da pessoa humana.

b) A primeira grande dificuldade que se nos coloca na construção de um conteúdo normativo autónomo da dignidade humana é a de que não podemos partir da existência de um bem de protecção que, de uma forma evidente, possa ser apresentado como sendo exclusiva e especificamente garantido pela dignidade. Se isso fosse possível, seria em torno desse bem protegido que se deveriam focar os nossos esforços. Há, é certo, diferentes elementos histórica e consensualmente reconhecíveis como associados à ideia de dignidade humana (igual dignidade, autonomia individual, liberdade, mínimo de bem-estar ou mínimo para uma sobrevivência condigna), mas todos estes bens são também protegidos por direitos fundamentais específicos ou por outros princípios constitucionais.

Porventura, perante essa dificuldade, a autonomia do sentido jurídico da dignidade da pessoa humana deveria ser procurada, não tanto no lado do bem protegido, quanto no da natureza ou da densidade da protecção conferida, no sentido de que, havendo dimensões de bens e interesses individuais que são igualmente juridicamente protegidos por direitos fundamentais ou por outros princípios, eles encontram, todavia, na garantia proporcionada pela dignidade da pessoa humana a sua protecção derradeira e absoluta.

Portanto, o bem ou a posição jurídica em causa são funcionalmente protegidos por outro princípio ou por um direito fundamental, mas a garantia por estes conferida ou não é suficientemente apta ou não é adequada para fornecer a protecção qualificada exigida pela situação; isto é, há casos em que só a aplicação da dignidade da pessoa humana fulmina definitivamente a violação ou a ameaça, identificando a gravidade do acto e assinalando prospectivamente a relevância do ilícito e a necessidade da sua absoluta proscrição e erradicação. Designaríamos este tipo de aplicação do princípio da dignidade da pessoa humana como *incremental*.

Já uma outra modalidade de aplicação, mais rara, que designaríamos de aplicação *subsidiária*, ocorre quando há situações objectivas ou posições individuais carentes de protecção jurídica, e muitas vezes de uma protecção jurídica *forte*, imprescindível, mas para cuja defesa só dispomos da dignidade da pessoa humana, no sentido de que, no caso, não há sequer outros princípios ou direitos aplicáveis.

Isto significa que o conteúdo normativo autónomo da dignidade da pessoa humana é convocável e se desenvolve, relativamente à protecção visada pelo programa normativo dos direitos fundamentais, em situações onde a invocação de um direito fundamental particular não é possível ou não seria ajustada, seja porque não há, no caso, um direito fundamental especialmente afectado, seja porque a violação da autonomia individual, da liberdade ou do bem-estar é tão grave e extrema que justifica a convocação das garantias derradeiras de Estado de Direito.

Portanto, optar-se-á por uma utilização restrita, contida, do princípio da dignidade da pessoa humana. O conteúdo normativo do princípio deve adequar-se ou à sua aplicação a situações extremas, a situações que careçam, pela gravidade do que está em causa, de uma fundamentação demolidora, ou àqueles casos em que a argumentação jusfundamental típica é deficitária —por exemplo, por não haver um direito fundamental específico plenamente aplicável ao caso— ou em que a alegação de violação de um direito fundamental não é suficientemente expressiva da inaceitabilidade do acto ou da omissão impugnados.

c) Favorecendo, portanto, uma aplicação contida do princípio, uma utilização reservada para as situações mais graves ou mais carecidas de uma protecção definitiva, propugnamos também, no plano da conformação do seu conteúdo normativo, uma delimitação de natureza *negativa*.

Do carácter de princípio constitucional em que assenta a República, decorre a obrigação jurídica de o Estado respeitar, proteger e promover a dignidade da pessoa humana. Saber quando os correspondentes deveres estatais são violados é o problema central que nos ocupa quando tratamos a dignidade da pessoa humana enquanto princípio jurídico-constitucional.

Em conformidade, na busca de um sentido jurídico autónomo para a dignidade da pessoa humana, orientamo-nos por uma perspectiva de delimitação negativa do conceito, ou seja, a preocupação central não será a de apurar quais são os elementos ou os atributos que preenchem o conceito de dignidade, não procuramos uma definição pela positiva, mas sim quais são as situações, os actos ou as omissões que identificamos como violações da dignidade da pessoa humana. O objectivo não será o de procurar construir ou determinar positivamente o conteúdo do *valor-dignidade*, mas o de identificar as situações típicas de violação do princípio jurídico-constitucional da dignidade da pessoa humana.

Com efeito, como cada um tem uma posição própria e diferente sobre o que é *ser digno*, do que é uma vida digna, a possibilidade de elaboração tendencialmente consensual do conteúdo normativo do princípio parece frustrada, à partida. No entanto, pesem embora aquelas diferenças, já teremos muito mais possibilidades de convergência na identificação do que seja uma atitude indigna, uma violação da dignidade, mesmo que sejam diversas as razões por que a qualificamos como tal.

d) Note-se, porém, que esta estratégia *negativa* só tem interesse prático efectivo se não for erigida em panaceia, uma vez que, em sentido lógico-formal, só podemos determinar a existência de uma violação se pressupusermos a prévia existência de um conteúdo; porém, pelas razões apontadas, as possibilidades de alcançarmos um acordo quanto àquela não dependem da prévia existência de um acordo quanto à integralidade do conteúdo.

Independentemente de sabermos o que significa e qual o conteúdo normativo da dignidade da pessoa humana —algo relativamente a que nunca chegaremos a um entendimento consensual—, concordamos sem grande dificuldade que matar alguém para lhe extrair órgãos vitais a utilizar em transplante para salvar a vida a outras pessoas viola a dignidade da pessoa humana. A seguir, há todo um caminho a percorrer relativamente a determinar o porquê da violação, mas, desde logo intuitivamente, não experimentamos dificuldades em construir, ainda que pela negativa, essa base de partida.

Logo, o apuramento do sentido autónomo do princípio da dignidade da pessoa humana deve ser estratégica e preferencialmente orientado para um preenchimento negativo do conceito, no sentido do estabelecimento de limites ou contornos de conteúdo funcionalmente capazes de proporcionar a identificação das respectivas violações.

Uma delimitação *negativa* potencia as possibilidades de convergência de todas as correntes de um pluralismo razoável de Estado de Direito. Para cada uma dessas correntes haverá, é certo, em função das diferentes teorias compreensivas que perfilham, várias outras situações igualmente caracterizáveis como de violação da dignidade da pessoa humana —correspondentes à violação ou não realização positiva de um ideal particular de dignidade—, mas todas e cada uma delas reconhecerão, também, um conjunto comum de situações típicas configuráveis como violação da dignidade, ainda que a justificação seja diversa e, como é natural, divirjam posteriormente na concretização normativa e na aplicação daqueles padrões e pautas de controlo aos casos particulares.

Consequentemente, procuraremos, a seguir, identificar quais são, em nosso entender, as violações-tipo da dignidade da pessoa humana, em ordem a permitir ao princípio o desenvolvimento de um sentido normativo tendencialmente consensual nas situações em que a argumentação jusfundamental padronizada é inadequada ou não é suficientemente efectiva, portanto, o problema de saber quando a dignidade da pessoa humana é considerada afectada/violada, independentemente da violação dos direitos fundamentais particulares. Sobretudo, confrontaremos o problema de saber quando, mesmo sendo possível invocar também a violação de outras normas constitucionais, se justifica apelar à força jurídica da dignidade da pessoa humana na sua qualidade de pilar fundamental do Estado de Direito.

e) Concebida nestes termos contidos e orientados para uma utilização de último recurso, a ideia de dignidade da pessoa humana que desenvolvemos em nada equivale a uma qualquer *pretensa verdade* perfilhada por um certo pensamento ou uma certa mundividência ideológica que se pretenda impor ao resto da sociedade, num modelo de afirmação tão parcial, unilateral ou particular como os que recusámos por instrumentalizarem a dignidade da pessoa humana e a procurarem *capturar* para uma missão ao serviço de uma *cartilha* filosófica ou moral normalmente de fundo religioso.

Se fosse assim concebida, tal concepção não teria mais nem menos validade, em Estado de Direito, do que uma qualquer outra. Seria sempre um princípio jurídico intrinsecamente *falhado* em Estado de Direito democrático, já que assentaria exclusivamente numa *pretensa verdade* coercivamente imposta, não apenas aos seus *crentes* e seguidores, mas a toda a sociedade e a todos os que a não reconhecessem como modelo a seguir.

A concepção que defendemos procura, sobretudo, corresponder, no plano normativo, às exigências de um sentido de justiça mínimo e basilar de que comungam todas as concepções e mundividências próprias de um pluralismo razoável (não será é, já, o conceito de dignidade em que se possam rever os cultores de um pensamento racista ou de um fundamentalismo religioso ou ideológico desqualificador ou denegridor do *outro*, do que tem diferente cor de pele, diferente religião ou ideologia). Nessa medida, deve corresponder e constituir, não apenas um pressuposto de regulação da convivência social numa sociedade aberta do nosso tempo, mas também um princípio material reconhecido, nessa qualidade e com esse alcance, como base de toda a construção jurídica do Estado de Direito.

3. Conteúdo normativo do princípio constitucional da dignidade da pessoa humana

a) A primeira e mais natural tentativa de definição do conteúdo normativo da dignidade da pessoa humana deve partir do reconhecimento da *humanidade* presente em cada pessoa e, vindo associada ao necessário respeito do estatuto qualificado que daí deriva, traduz-se normativamente na garantia da capacidade especificamente humana de autodeterminação e de programação da própria vida.

Frustrar essa capacidade específica e exclusivamente humana de regular, conformar e programar a própria existência seria não reconhecer nos humanos (*sapiens*) a mais importante consequência daquilo que mais profundamente os distingue das restantes espécies e seres vivos, a capacidade de pensamento abstracto, a capacidade de pensar, de se autodeterminar e de cooperar em função, como diz YUVAL HARARI, do que não existe, de construções ficcionadas, sociais, culturais, religiosas, económicas ou jurídicas que, dependendo do assentimento e da adesão que concitem, passam a ter existência real, fáctica e normativa.

No entanto, o reconhecimento do estatuto qualificado da pessoa humana não deriva estrita e exclusivamente da presença de determinadas características intrínsecas ou adquiridas que a habilitam a ser sujeito responsável pela própria vida, já que tal estatuto se atribui a qualquer pessoa independentemente das capacidades concretas de que disponha.

Com efeito, o estatuto próprio de pessoa humana não se esgota nessa associação à capacidade de autonomia, à capacidade de ser *sujeito* da própria vida. Prova disso é que atribuímos dignidade humana a quem não possui os requisitos de racionalidade que lhe permitam a autodeterminação responsável ou a quem se encontre numa situação de limitação legal ou fáctica em que perca a capacidade de autodeterminação individual (por exemplo, os menores, os incapazes, os doentes mentais profundos ou as pessoas momentaneamente privadas de exercício de capacidades racionais e volitivas). Logo, há necessariamente outras dimensões de humanidade que não se resumem à capacidade de autonomia e que integram igualmente o estatuto qualificado que reconhecemos à pessoa humana.

Assim, a concepção de dignidade da pessoa humana que se expressa contemporaneamente nos textos constitucionais e nas declarações de direitos humanos resulta de uma construção racional e civilizacional que assenta no sentido de justiça dominante nas nossas sociedades e que, para além do reconhecimento da pessoa como sujeito, se traduz também, independentemente das características e atributos concretos de cada pessoa, no reconhecimento da humanidade intrínseca e no comando de respeito da igual dignidade e da igual consideração dos interesses de cada pessoa e na garantia das condições mínimas da possibilidade de desenvolvimento das potencialidades próprias.

Humanidade intrínseca, autonomia e igualdade são, portanto, as dimensões essenciais da consagração constitucional da dignidade da pessoa humana que têm a sua fonte normativa sustentada no sentido de justiça do nosso tempo e não tanto na presença pontual de características ou atributos concreta e diferentemente presentes em cada pessoa. Perante alguém que nunca vimos, cujas capacidades desconhecemos ou de quem não temos qualquer informação, não temos dúvidas em reconhecer-lhe e atribuir-lhe, como algo que lhe é *a priori* devido, um estatuto de dignidade igual ao de qualquer outra pessoa.

É o sentido de justiça que obriga a atribuir a qualquer pessoa humana, e pelo simples facto de o ser, um igual valor, uma igual dignidade e um igual direito à consideração dos seus interesses por parte do Estado e dos poderes públicos.

b) Da mesma forma, em Estado de Direito, a pessoa pode ver-se justamente privada do exercício dos seus direitos fundamentais no curso de processo penal relacionado com a prática de actos considerados puníveis por decisão do legislador democrático, podendo perder, por tal facto, a capacidade de conformação autónoma da própria vida, mas, ainda assim, não perde, em circunstância alguma, a sua dignidade como pessoa humana e o consequente dever de ser respeitada enquanto tal.

Assim, e independentemente da prestação de cada pessoa individualmente considerada e do reconhecimento diferenciado, positivo ou negativo, que lhe é legitimamente atribuído pelos outros, a ordem jurídica de Estado de Direito deve estar conformada em ordem a reconhecer-lhe e garantir-lhe, em cada momento e situação, um estatuto que lhe confere um direito absoluto a ver respeitada a sua condição humana e um direito a uma igual consideração dos seus interesses na vida social, em geral, e a um tratamento igual nas relações que estabelece com os poderes públicos.

Há, portanto, em cada pessoa individualmente considerada, mas independentemente dos seus atributos e capacidades particulares, uma dimensão irredutível de *humanidade* que apela ao respeito intransigente da parte de todos os outros e, particularmente, dos poderes públicos a quem impõe, ainda, especiais deveres de protecção e de promoção. O mesmo sentido de justiça que reconhece a todos igual dignidade implica, pelas mesmas razões, o reconhecimento jurídico da possibilidade de cada um poder prosperar e desenvolver as suas capacidades, próprias ou adquiridas, num ambiente que não contradiga o pressuposto de reciprocidade ínsito naquele mesmo sentido de justiça.

Por isso nos parece adequado, no sentido de corresponder aos requisitos para a construção de um conteúdo normativo autónomo da dignidade da pessoa humana próprio de uma Constituição de Estado de Direito democrático, sintetizar as situações de comportamentos ou de omissões potencialmente violadores da dignidade da seguinte forma: há inconstitucionalidade por violação da dignidade da pessoa humana quando se desrespeita o estatuto das pessoas na sua integridade humana ou quando não se reconhece a igual dignidade de todas as pessoas.

Distinguimos nesse sentido, ainda que só para efeitos de sistematização e de compreensão do conteúdo normativo do princípio, entre dignidade como integridade e dignidade como igualdade.

3.1. Dignidade como integridade

O respeito devido à integridade humana manifesta-se em diferentes dimensões: há violação da dignidade humana quando a pessoa ou a condição humana são intrinsecamente desrespeitadas, quando não é reconhecida à pessoa a integralidade da sua natureza de sujeito, quando é colocada ou é abandonada numa situação ou num estado em que não dispõe de condições mínimas para desenvolver as suas capacidades de realização humana. Essas são as dimensões da dignidade como integridade que a seguir consideramos, ou seja, a dignidade como humanidade intrínseca, a dignidade enquanto sujeito e a dignidade como capacitação para se poder ser sujeito da própria vida.

3.1.1. *Dignidade como respeito da humanidade intrínseca da pessoa*

a) Independentemente do contexto ou da situação em que a pessoa se encontra, dos seus atributos ou das suas qualidades, há situações de tratamento de pessoas que o sentido de justiça do nosso tempo reconhece, de forma tendencialmente consensual dentro de um pluralismo razoável, como ultrajantes, humilhantes, indignas, impróprias da consideração devida à pessoa humana enquanto tal.

Assim, em primeiro lugar, haverá violação da dignidade da pessoa humana quando alguém, independentemente das suas capacidades, das suas opções ou dos seus actos, é desrespeitado na sua humanidade, ou seja, é tratado em termos que, de acordo com o sentido de justiça próprio do nosso tempo, evidenciam um não reconhecimento ou um desrespeito que denigrem a sua qualidade especificamente humana ou o seu valor de pessoa, ou lhe infligem uma humilhação objectiva e potencialmente destrutiva do auto-respeito, mesmo que a própria vítima não disponha de condições de racionalidade, de experiência ou de cultura que lhe permitam ter consciência do facto.

b) Porém, atendendo à pronunciada indeterminação deste critério, ele só pode adequar-se, tanto às exigências de adesão consensual, como a uma concepção restritiva do âmbito protegido pela dignidade da pessoa humana, se respeitar a lesões tão intoleráveis que sejam imediatamente reconhecíveis como atentatórias dos valores de humanidade comummente aceites.

Nessas situações extremas e graves, como foram aquelas que mais ostensivamente se evidenciaram nos exemplos históricos de crimes contra a humanidade, pode-se dizer que, para além da violação da dignidade da pessoa ou das pessoas individualmente consideradas em si mesmas, há ainda violação de uma dimensão objectiva da dignidade humana.

Tratamos aqui, no fundo, daquele tipo de desrespeito extremo consensualmente identificado como violador da dignidade humana à luz de qualquer perspectiva razoável, mas que, podendo ocorrer, ainda que excepcionalmente, em situações de vida quotidiana, poderia por vezes constituir, se não recorrêssemos ao princípio jurídico da dignidade da pessoa humana, um verdadeiro *caso difícil* ou um caso não adequadamente resolvido em função da gravidade do que está em causa se fosse exclusivamente tratado enquanto afectação de direitos fundamentais específicos.

Porventura, não havendo, eventualmente, direitos fundamentais especificamente convocáveis numa situação concreta daquele tipo —por exemplo, por haver consentimento informado e esclarecido da vítima—, só a convocação do princípio da dignidade permitirá a sua adequada resolução jurídica. O caso judicial do *canibal de Rotenburg*, na Alemanha em 2004, constitui um exemplo paradigmático deste tipo de situações.

c) No entanto, este tipo de violação da dignidade como integridade humana não ocorre exclusivamente nessas situações absolutamente raras e quase inimagináveis. Situações típicas em que o princípio da dignidade da pessoa humana pode e deve ser convocado nesta dimensão são, também, os casos frequentemente relatados de escravatura humana, de tráfico de pessoas, ainda que, nesses casos, a dimensão de dignidade como garantia da integridade contra violações da irredutível *humanidade* dos afectados surja normalmente subalternizada relativamente à mais frequente invocação da simultânea violação da autonomia e da livre autodeterminação pessoais.

Exemplos não menos chocantes de potencial apelo e invocação desta dimensão do princípio, e aí de forma mais premente porque não há uma clara e concomitante violação da autodeterminação pessoal, uma vez que as pessoas afectadas têm a respectiva capacidade diminuída ou até inexistente, são as situações em que particulares ou instituições tratam doentes mentais profundos com absoluto desprezo da sua humanidade, mantendo-os, por exemplo, *enjaulados* ou acorrentados com frontal desrespeito da sua condição humana.

Da mesma forma, e independentemente de a lei penal resolver adequadamente a prevenção e a repressão de situações análogas, é também este o tipo de violação da dignidade que assoma nos chamados crimes hediondos, em que o agente actua sem a mínima consideração da humanidade das suas vítimas. De outro lado, padece de vício análogo o tratamento que alguns Estados dão aos detidos sob sua guarda ou, não obstante as dificuldades reais alegadas na superação do problema, a situação humanamente degradante das próprias condições objectivas da detenção, como acontece, por exemplo, na situação de boa parte do sistema prisional brasileiro.

É também esse o tipo de violação da dignidade da pessoa humana que, a nosso ver, pode ser imputada às práticas policiais de poderes públicos de alguns Estados europeus, como a Hungria, no tratamento denegridor e humilhante dos refugiados e migrantes que tentaram aceder a países da União Europeia em 2015, ou, em situação análoga, nos Estados Unidos da América de Trump, em 2018, com a separação compulsiva de crianças e dos seus progenitores imigrantes.

Por mais impensável que pudesse parecer, foi também um tipo de situação que ocorreu, entre nós, nos dias de hoje, com o tratamento indigno e criminoso de estrangeiros por parte de autoridades policiais portuguesas no aeroporto de Lisboa.

Em quaisquer dessas situações, o impacto absolutamente chocante que algumas das imagens reveladoras desse tratamento produzem nas nossas consciências deve-se, precisamente, à violentação que o nosso sentido de justiça percebe no não reconhecimento da humanidade intrínseca das vítimas demonstrado pelos poderes públicos, independentemente de quais sejam as justificações políticas alegadas.

3.1.2. *Dignidade da pessoa como* sujeito

Para além do reconhecimento e consideração devidos ao estatuto e valor próprio de humanidade intrínseca, a cada pessoa tem ainda de ser reconhecida e materialmente garantida a autonomia, a liberdade e as condições materiais mínimas que lhe assegurem a possibilidade de se assumir como sujeito da própria vida. O desrespeito ou a não garantia culposa destas dimensões configuram outras tantas violações do princípio da dignidade da pessoa humana.

3.1.2.1. *Dignidade como autonomia*

a) Associada à consciência que cada pessoa tem de si enquanto ser com uma identidade e com um passado, mas também com a potencialidade de um futuro que pode ser programado e livremente prosseguido, vem a inerente capacidade de autodeterminação e autonomia, a capacidade de projectar e de fazer planos e escolhas de vida, a capacidade de estabelecer relações sociais, relações familiares e relações íntimas, de experimentar, desenvolver, consciencializar e canalizar emoções e sentimentos, mas também a capacidade de empatia e de reciprocidade, de avaliação das consequências que os actos próprios têm sobre os outros e a capacidade de autocontrolo, com a consequente responsabilização moral.

Ser pessoa, na plenitude da acepção objectiva e independentemente da presença pontual em cada indivíduo e em cada momento, significa a capacidade de escolha moral e de reflexão crítica sobre a programação da própria vida, a capacidade de fazer opções racionais, implicando, relativamente a cada ser humano, o reconhecimento e a atribuição de uma essencial responsabilidade pessoal nos planos e decisões fundamentais sobre a condução da sua vida de acordo com os próprios valores.

A partir da capacidade de *prestação* e de *representação* da própria dignidade, não são admissíveis, em princípio, outras interferências estatais na autodeterminação individual acerca do sentido e dos planos que cada um projecta e desenvolve para a própria vida que não sejam as estritamente derivadas da necessidade de garantir a reciprocidade do respeito pela igual dignidade de todos e pelo estatuto de humanidade imprescindível da pessoa.

Eventuais excepções ou limitações que a própria ideia de dignidade humana pode colocar a esta capacidade de autonomia individual terão de ser sempre excepcionais e terão de se fundar estritamente na necessidade que uma civilização e uma sociedade democráticas têm de preservar o estatuto elevado e qualificado consensualmente reconhecido à humanidade intrínseca em cada pessoa e, já no interesse vital do próprio, a necessidade de, sem restrição significativa e desrazoável da sua capacidade de decisão, lhe preservar as condições essenciais de uma livre autodeterminação actual e futura.

O simples reconhecimento de uma igual dignidade a cada pessoa significa que é a essa mesma pessoa que cabe decidir da sua vida e que reconhecer-lhe essa capacidade e respeitar as suas opções é uma consequência jurídica imediatamente decorrente do princípio da dignidade da pessoa humana.

Daí que, nesta dimensão da dignidade como integridade, se essas são as principais características que distinguem e identificam a pessoa humana, então haverá, em geral, violação da sua dignidade sempre que, sem uma razão justificativa grave e séria, uma pessoa é proibida ou impedida de decidir, livre e autonomamente, sobre todas as questões mais relevantes da sua vida, ou quando não lhe é dada oportunidade, dentro das possibilidades e disponibilidades existentes, para desenvolver as capacidades de autodeterminação.

b) No mesmo sentido, e no plano da inserção comunitária do indivíduo, há violação da dignidade como integridade quando se nega à pessoa a possibilidade de participar na vida pública, especialmente na tomada de decisões que a afectam, designadamente o impedimento ou a exclusão desqualificantes e inferiorizantes no exercício efectivo das liberdades políticas, da escolha dos governantes e da avaliação das respectivas políticas.

Tendo em conta a relevância decisiva com que a acção política dos governantes e as escolhas públicas se reflectem, necessariamente, nas possibilidades de desenvolvimento da pessoa enquanto tal, constituiria séria afectação da dignidade como integridade humana privar alguém da possibilidade recíproca, real e efectiva, de participar, como igual e com um direito igual, na respectiva definição e escolha colectivas.

3.1.2.2. *Dignidade como proibição de coisificação —a fórmula do objecto*

a) Da concepção da pessoa como sujeito da sua própria vida decorre a obrigação de se ser reconhecido e tratado com respeito e com igualdade de consideração dos interesses próprios, mas, para o que agora nos ocupa, e como reverso daquela primeira acepção, dela decorre também a proibição de a pessoa ser tratada, desde logo pelos poderes públicos e pelo Estado, tão só como mero objecto, como coisa ou como simples meio para alcançar fins que lhe são estranhos. Se alguém tem direito a ser reconhecido como *sujeito*, não pode ser tratado como se fosse *objecto, coisa.*

Foi a partir desta *inversão* que, sob influência doutrinária de DÜRIG e posterior acolhimento pelo Tribunal Constitucional alemão, se desenvolveu e se deu como adquirido este critério de verificação da eventual violação da dignidade, porventura, o de reconhecimento mais generalizado: a proibição de a pessoa ser coisificada, ser degradada à condição de apenas mero objecto. Tal critério viria a ser vulgarizado sob a designação de "fórmula do objecto" e converteu-se no parâmetro de controlo mais invocado no preenchimento do conteúdo normativo do princípio da dignidade.

A *fórmula do objecto* inscreve-se assumidamente na continuidade de uma linhagem kantiana, mas procura assumir esse legado através de uma acepção adequada à natureza jurídico-constitucional do princípio. Isso significa que, quando se ajusta o conceito ao objectivo estratégico de identificar e erradicar violações ao princípio jurídico da dignidade humana, não se coloca o interesse principal da indagação sobre o que é constitucionalmente exigido para tratar uma pessoa como *fim em si mesma*, como *sujeito*, mas muito mais na delimitação das situações em que se infringe esta exigência. É que a inconstitucionalidade advém do facto de a pessoa ser utilizada *só como meio* e, por isso, a atenção passa a incidir sobre a definição do que é um tratamento juridicamente censurável da pessoa como *meio*, como *objecto*, sobre saber quando existirá essa *coisificação* ou essa *instrumentalização*.

b) Parte-se, assim, de uma clara inspiração kantiana que identifica, essencialmente, dignidade com autonomia ética da pessoa, no sentido do reconhecimento da independência e valor intrínseco da pessoa como ser com autonomia moral, com capacidade de se dotar da sua própria lei e, por isso, como fim em si mesma, como algo que não é substituível ou sujeito a um preço.

A partir daí, defende-se que a dignidade será violada quando a pessoa —mas, agora, qualquer pessoa e já não, como era em Kant, apenas aquela que é capaz de autodeterminação moral— for degradada ao nível de mero objecto do actuar estatal. A dignidade humana não estará a ser respeitada quando, num processo de intencional ou de negligente *coisificação*, a pessoa deixe de ser considerada como sujeito autónomo e fim em si e seja degradada à condição de algo fungível, tão só instrumento ou simples meio de realização de fins alheios.

c) Porém, a "fórmula do objecto" não pode reivindicar uma aplicação mecânica ou meramente subsuntiva, sem atender à necessidade de contextualização e à subjectividade dos envolvidos. O comando *kantiano* de não tratar a pessoa *só como meio* não é inequívoco nem a *instrumentalização* é suficiente para se concluir pela existência de violação do princípio constitucional.

De facto, para além da dificuldade em determinar o que significa utilizar alguém como *simples meio*, há que ter em conta que uma pessoa pode ser tratada só como meio, como instrumento, sem que haja violação da dignidade; em contrapartida, pode ser tratada atendendo também à sua condição de pessoa e, ainda assim, haver violação do princípio.

Recorrendo a exemplos conhecidos, se, num dia de temporal, alguém se coloca atrás de uma fila de pessoas que aguardam na paragem de autocarro e, assim, evita a água e a lama projectadas pelos carros que passam, está a utilizar aquelas pessoas que estão à sua frente *só como meio*, só como *guarda-lamas*, isto é, não pensa nelas a não ser por essa utilidade instrumental e circunstancial, mas não está a violar a dignidade dessas pessoas, nem está, consequentemente, a violar a dignidade da pessoa humana. Ao invés, se, num dia de frio extremo, um *dono* de escravos se preocupa em fornecer-lhes uma manta para se protegerem, não está, nesse aspecto particular, *só* a utilizá-los *como meio*, já que manifesta alguma preocupação com a sua condição de pessoas, mas, o facto de não os tratar *só como meio* não evita que viole a sua dignidade, na medida em que se relaciona com eles na condição de *dono* que provê e que os mantém como escravos, ou seja, uma situação estruturalmente impeditiva do florescimento de alguém como pessoa, com auto-respeito e auto-estima.

d) Na realidade quotidiana, as necessidades da convivência social, da integração comunitária e da compatibilização de valores e interesses em tensão sempre hão-de determinar que, em algumas circunstâncias, todavia plenamente justificadas, o indivíduo seja instrumentalizado ou tenha de sofrer imposições em cuja legitimidade ou em cujo fim não se reconheça, mas que sejam ordenadas pelo interesse geral ou pela natureza das coisas tal como são apreciados pela maioria democrática.

Se um Estado convoca jovens para o serviço militar obrigatório legalmente instituído —partindo do princípio de que, nas nossas sociedades, um serviço militar desse tipo não é inconstitucional— e lhes impõe a presença numa guerra com que não concordam e onde muitos perderão a vida, parece indiscutível que, em termos objectivos, há um tratamento de pessoas como instrumentos de realização de fins alheios ou de fins que os afectados podem repudiar, mas já mais dificilmente se poderá dizer que há, segundo os parâmetros de justiça das nossas sociedades actuais, violação da dignidade da pessoa humana (partindo do princípio de que o serviço militar obrigatório não foi considerado inconstitucional). Já se, numa situação em que, fruto de convicções pessoais profundas e genuínas, alguém é objector de consciência a participar em acções armadas e esse seu direito à objecção é simplesmente rejeitado, tal poderia ser configurado como uma violação da dignidade, na medida em que constituiria ofensa sensível e vital ao direito à autodeterminação pessoal.

Portanto, se é certo que em qualquer instrumentalização, em qualquer utilização como meio, sem que esteja subjacente um consentimento livre daquele que é *utilizado*, há sempre algo de negativo, de *suspeito* ou, pelo menos, algo visto com algum incómodo, só por si tal não determina a existência de violação da dignidade, a cujo apuramento preside sempre, necessariamente, a natureza de ofensa grave e inadmissível. A *objectivização* proscrita pela *fórmula do objecto* só releva, para efeito de significar violação da dignidade, quando nela está decisivamente presente um elemento de *coisificação, desvalorização, desprezo, humilhação* ou *degradação* da pessoa. Só nessa altura se pode falar, com propriedade, em *instrumentalização* relevante para efeitos de violação do princípio constitucional da dignidade da pessoa humana.

Se, no exercício das funções, um polícia dá a um subordinado a ordem de se ajoelhar para que um seu colega o utilize como *escada* para aceder a uma janela de outra forma inacessível, há utilização daquela pessoa como meio, como objecto, há de certa forma uma coisificação pontual, mas não há violação da dignidade da pessoa humana. É que a uma tal factualidade falta o elemento desrespeitador da pessoa e da individualidade do subordinado que, a existir, determinaria a *coisificação/degradação*. Já se, por exemplo, esse tipo de ordem fosse sistemática ou intencionalmente dirigido a alguém cuja cor de pele é distinta da dos restantes elementos do grupo, o elemento degradação/humilhação que viria envolvido nessa discriminação transformaria o mesmo acto/ordem em violação da dignidade da pessoa humana. Chamar a casa um canalizador para reparar um entupimento numa casa de banho que a deixou inundada de dejectos não constitui violação da dignidade da pessoa humana; reservar socialmente a limpeza de fossas higiénicas a uma etnia ou a uma casta particulares viola a dignidade da pessoa humana.

Portanto, uma *instrumentalização* desqualificante tanto pode resultar objectivamente do contexto da situação, por exemplo, da natureza da acção *coisificadora*, como pode vir inscrita na específica intenção desrespeitadora que esteve na sua origem ou, no mínimo, numa desatenção negligente da possibilidade de coisificação desqualificadora. Em qualquer caso, não é possível chegar a essa conclusão sem ter em conta tanto a intenção subjacente ao acto quanto o contexto, as razões invocadas e os fins em vista; não se pode brandir pura e simplesmente a *instrumentalização* como bandeira para daí pretender identificar uma violação da dignidade da pessoa humana, pura e simplesmente, em todo o tipo de acto de que se discorde por razões religiosas, filosóficas ou ideológicas.

e) Pode-se suscitar a questão de saber se, independentemente do contexto, da intenção, das circunstâncias do caso ou de um eventual consentimento, não haverá ainda certo tipo de actos intrinsecamente *coisificadores* e em que a *coisificação* seja, tomada em si mesma, incompatível com a observância do comando de respeito da dignidade da pessoa humana.

Ainda que não haja muitos exemplos de tipos de actos configuráveis, em abstracto, nesta qualidade, aquele que é mais comummente considerado como elegível para este efeito pode ser o da prática de tortura.

Se um polícia tortura alguém, por mais *nobre* que seja o fim da tortura (obter a confissão de um crime horrendo ou a informação sobre um acto terrorista em preparação) e por mais ausente que esteja qualquer intenção de denegrir ou coisificar o detido, não será o próprio acto de torturar um ser humano —que visa provocar uma dor intolerável e inibir ou impedir, por essa forma, a livre autodeterminação do torturado— identificável, em si mesmo, com degradação, desprezo e coisificação do sujeito tornado objecto da tortura?

De facto, na tortura não há só uma simples, ainda que grave, intencional supressão ou redução significativa da autonomia, mas há ainda a *despersonalização* que decorre da privação temporária e traumatizante da "capacidade para a autonomia" e da sujeição absoluta e involuntária da pessoa ao torturador.

Designadamente, na dimensão da dignidade associada à autonomia individual, a tortura priva a pessoa da escolha sobre o que pretende ou não revelar —no que constitui uma violação da dignidade análoga à que se verificaria com a inoculação não consentida de um *soro da verdade*—, mas fazendo ainda acompanhar essa privação de *capacidade de autonomia* também do sofrimento que advém da inflicção traumática, voluntária e planeada, de dor física ou mental extremas. Ou seja, pela confluência dessas diferentes razões, o acto de tortura seria, em si, constitutivo de desrespeito da dignidade.

3.1.2.3. *Dignidade como controlo sobre a identidade, a reserva da esfera íntima e a apresentação da pessoa*

a) Há uma outra modalidade de afectação relevante da dignidade enquanto integridade humana e que é convocável quando é afectado o núcleo essencial dos chamados direitos de personalidade.

Deve relevar-se, em primeiro lugar, que, no universo dos direitos fundamentais, os chamados direitos de personalidade apresentam uma ligação material mais estreita com a dignidade da pessoa humana, na medida em que tanto a dignidade quanto os direitos de personalidade respeitam, no plano jurídico-constitucional, à salvaguarda das possibilidades de expressão, desenvolvimento e protecção das dimensões existenciais da pessoa humana considerada enquanto tal. Por sua vez, a dignidade vem frequentemente associada ao conteúdo ou núcleo essencial dos direitos fundamentais, no sentido de que aquilo que em cada direito seria considerado e valorizado como irredutível e intocável seria, precisamente, aquele conteúdo que fosse considerado uma exigência da própria dignidade.

Ora, de uma e outra associação decorre que os direitos fundamentais onde a afectação do núcleo essencial é mais problemática serão, precisamente, os direitos de personalidade, na medida em que estará a ser afectada a *essência* da pessoa considerada como tal, ou seja, aquele núcleo de interesses pessoalíssimos cuja protecção é exigida pela dignidade da pessoa humana.

Percorrendo os domínios específicos dos diferentes direitos de personalidade, podemos dizer que quanto ao direito à vida, por natureza, não há lugar para distinguir entre núcleo essencial e periferia do direito; a violação do conteúdo protegido afecta o direito em toda a sua extensão. Por sua vez, relativamente ao direito à integridade física e psíquica e à liberdade geral de acção, o sentido das eventuais violações da dignidade respeitam, sobretudo, às dimensões da dignidade como proibição de coisificação e de dignidade como autonomia.

Resta, então, na área tradicionalmente coberta pelos direitos de personalidade, considerar o direito à identidade pessoal e o chamado direito à privacidade ou à reserva da intimidade da vida privada, domínio onde as exigências da dignidade se projectam sobre a necessidade de controlo próprio e de protecção qualificada da identidade pessoal e de uma esfera de intimidade absolutamente reservada.

Diremos, então, que nesse domínio há violação da dignidade quando a pessoa é impedida de conhecer e de ter domínio sobre a sua identidade, designadamente quanto à sua apresentação pública. Na dimensão de privacidade, há violação da dignidade quando a pessoa fica decisivamente privada do controlo sobre a conformação, preservação e reserva do que pode ser designado como o seu *reino interior*: sobre a definição e delimitação do *eu* na relação com a sociedade, sobre o que, de si própria, pretende ou aceita revelar aos outros e sobre a imagem de si que quer dar ou deixar publicamente.

b) Uma dimensão essencial da dignidade humana é não apenas a possibilidade de ter, conservar e desenvolver uma identidade, mas também a garantia de um controlo pessoal sobre a sua apresentação pública com uma identidade própria, bem como de ver reconhecida, nos limites da lei, a respectiva história e origem como instância relevantíssima no processo de construção da sua personalidade. Tal não exige, porém, ao contrário do que frequentemente se defende, a existência de um direito definitivo e ilimitado a conhecer a identidade dos progenitores, uma vez que esse será um elemento integrante do direito à identidade, mas não do conteúdo essencial desse direito, como se comprova, de resto, pela admissibilidade de restrições a um tal direito na generalidade dos Estados de Direito.

c) Como diz Pinker, a "dignidade é um fenómeno de percepção", em que para cada um é relevante a imagem que os outros fazem de si, em que cada um, como sujeito, é livre de determinar a própria personalidade e a imagem social que pretende construir, o que pretende ou aceita revelar de si e da sua intimidade perante os outros. Não apenas a pessoa tem direito a um nome e a conhecer as suas origens e os elementos decisivos de formação da sua identidade, como tem direito a desenvolvê-la, a adequar a apresentação pública à sua verdade pessoal e a construir, simultaneamente, os limites do seu acesso e conhecimento públicos.

A determinação de existência de violação da dignidade neste domínio está, assim, intimamente associada a subjectividade, no sentido de que cada um, à medida que conforma a sua identidade também constrói o sentido que pretende atribuir à própria dignidade e deve ser reconhecido como sujeito capaz de a produzir e de a preservar.

Por isso, a violação do princípio da dignidade da pessoa humana não pode ser exclusivamente determinável de forma objectiva e independente da sensibilidade e subjectividade do afectado. O mesmo acto, que para alguém pode constituir uma afectação tolerável da sua privacidade, pode significar, para outro, uma desqualificação extrema que iniba ou prejudique decisivamente a construção e preservação de uma identidade, a sua autonomia pessoal, a reserva mais íntima da sua privacidade, o alcance e a extensão daquilo a que não quer que os outros possam aceder.

3.1.3. *Dignidade como capacitação da pessoa para ser sujeito*

a) No estatuto de pessoa assume importância capital e primária, como se viu, o reconhecimento da sua qualidade de sujeito, o que exige um pleno reconhecimento do direito à autodeterminação, mas não se esgota nessa dimensão. Na afirmação da pessoa como sujeito, tão importante quanto a garantia de autodeterminação individual, é a capacidade real de desenvolvimento dos atributos que distinguem o ser humano e lhe permitem a possibilidade de ser sujeito da própria vida.

No plano jurídico, uma comunidade que assenta no princípio constitucional da dignidade da pessoa humana deve, sob pena de inconstitucionalidade, assegurar aquelas oportunidades de realização humana, pelo menos, num patamar mínimo, objectivamente determinável no contexto a que se refere, tendo em conta as disponibilidades e recursos existentes, e de acordo com as diferentes possibilidades, limitações e carências de cada pessoa considerada como fim em si mesma.

b) Para a integridade humana e para a plena afirmação como sujeito, tão importante quanto a possibilidade meramente teórica e abstracta de exercício dos atributos básicos da espécie, é a forma como a comunidade permite e assegura as oportunidades reais de cada pessoa, em função das suas escolhas autónomas, exprimir, desenvolver e realizar os recursos de que dispõe.

Neste sentido, há violação da dignidade da pessoa humana, por preterição essencial da sua condição de sujeito, quando, sem uma justificação comummente aceite —que poderia ser, por exemplo, a condenação a pena de prisão determinada segundo os requisitos e garantias próprios de Estado de Direito—, a pessoa é involuntariamente colocada em condições de ausência de capacidade ou possibilidade de autodeterminação e de responsabilização individual pela própria vida.

Uma afectação desse tipo ocorre, desde logo, quando a pessoa fique sem possibilidades de acesso à educação e ao conhecimento que lhe permitam uma rentabilização adequada das suas capacidades inatas numa sociedade complexa. Sem uma educação e domínio mínimo dos instrumentos de comunicação e de acesso ao conhecimento, ninguém tem condições reais de ser sujeito da própria vida.

Há, também, afectação da dignidade quando, na perspectiva das condições materiais pressupostas para a condução de uma vida digna, a pessoa é colocada, mantida ou abandonada numa situação involuntária de penúria, materialmente privada de qualquer possibilidade de autodeterminação real, bem como quando, havendo disponibilidade pública dos meios necessários, se negam à pessoa ou não se lhe prestam as ajudas mínimas para uma sobrevivência condigna.

Assim, a privação extrema de condições materiais mínimas para o exercício e desenvolvimento das capacidades naturais e para uma sobrevivência condigna constitui-se em dimensão relevante de determinação de eventual violação do princípio da dignidade da pessoa humana em dois planos: por um lado, porque a condição da pessoa colocada ou mantida involuntariamente nessa situação é objectivamente degradante ou incompatível com a imagem civilizacionalmente construída do que é uma pessoa, mas também porque, em tal situação, se reduzem e desaparecem progressivamente, eventualmente sem retorno, quaisquer possibilidades de verdadeira autodeterminação pessoal.

3.2. Dignidade como igualdade

a) Para além das hipóteses atrás discriminadas de violação da *dignidade como integridade*, há um outro conjunto de situações em que é posta em causa a outra dimensão do estatuto da pessoa que o nosso sentido de justiça considera intocável, o da igual dignidade. A violação verifica-se, genericamente, em todas as situações-tipo em que alguém é humilhado ou estigmatizado como ser pretensamente inferior.

De acordo com a ideia pacificamente associada à actual concepção da dignidade humana, e segundo a qual cada pessoa, pelo simples facto de o ser, tem uma igual dignidade (o que a Constituição portuguesa assume na fórmula: "todos os cidadãos têm a mesma dignidade social..." —artigo 13º, nº 1), toda a pessoa tem, nas fórmulas popularizadas por Dworkin, não apenas direito a um tratamento equitativo, mas, fundamentalmente, o direito a ser tratada como *um igual* (*as equal*), o direito a beneficiar de uma igual consideração e respeito por parte do Estado e da comunidade política (*equal concern*), ou, como defende Singer, o direito a uma igual consideração dos interesses de cada um.

Com base nesses pressupostos, a eventual violação da dignidade da pessoa humana neste domínio irrompe quando o tratamento inigualitário é especialmente desqualificante, no sentido de colocar decisiva e drasticamente em causa a imagem e o reconhecimento da pessoa *como igual*.

b) Haverá sempre, de algum modo, afectação indirecta da dignidade da pessoa humana quando a pessoa é injustificadamente discriminada ou tratada desigualmente, ainda que, na generalidade dessas situações, a inconstitucionalidade seja verificada e adequadamente atalhada através do recurso aos critérios e parâmetros dogmaticamente desenvolvidos no âmbito do princípio constitucional da igualdade. De resto, como se viu, o princípio da igualdade é, em última análise, uma concretização do reconhecimento constitucional da igual dignidade.

Mas, para além daquelas situações de diferenciação injustificada adequadamente qualificáveis como violações do princípio da igualdade e resolvidas juridicamente como tal, haverá, ainda, violação autónoma da dignidade quando o tratamento desigual que a pessoa sofre é especialmente denegridor, quando a desigualdade de tratamento desqualifica objectivamente ou pretende desqualificar quem a sofre, induzindo ou *normalizando* objectivamente a recusa prática da ideia de igual dignidade.

Assim, há violação específica e directa da dignidade de ser humano quando a pessoa é publicamente humilhada ou discriminada de forma estigmatizante, aviltante, tratada como *inferior* ou como intrinsecamente digna de menor consideração e respeito e, designadamente, quando esse tratamento se fundamenta simplesmente naquilo que a vítima é, no que *pensa* ou como *vive*.

Um tratamento desigual de uma empresa no acesso a um concurso público é inconstitucional por violação do princípio da igualdade, tal como são essencialmente violações deste princípio as diferenciações arbitrárias ou não suficientemente fundadas. Mas se, noutro caso, o tratamento desigual vem acompanhado do referido efeito estigmatizante (por exemplo, discriminação em função da raça), será mais do que mera violação da igualdade, é também, e sobretudo, consideração de uma pessoa, por aquilo que ela é, como ser inferior, como não digna da mesma consideração, respeito e valoração dos interesses por parte das restantes pessoas e, logo, sendo essa discriminação, pela sua gravidade e natureza, também violação da dignidade da pessoa humana, deve ser primariamente tratada como tal.

Ou seja, há violação da dignidade da pessoa humana, em primeiro lugar, quando o tratamento inigualitário (no sentido de não reconhecimento de igual respeito e igual consideração dos seus interesses, naturalmente diferentes entre si e, por isso mesmo, susceptíveis de tratamento diferenciado ou mesmo de exigência de diferenciação) visa ou tem como efeito a discriminação desqualificante ou humilhante e é justificado em função do *ser*, da presença de características independentes da vontade e responsabilidade do próprio, como os atributos ou incapacidades físicas ou mentais, a raça, a etnia, a cor da pele, o território de origem, o sexo ou a orientação sexual. Assim, a pessoa é publicamente tratada como ser inferior ou como ser *errado em si mesmo*, por aquilo que é, sem remissão.

c) Há igualmente violação do estatuto de igual dignidade quando a discriminação estigmatizante é motivada por uma intenção desqualificante das escolhas íntimas, nucleares e constitucionalmente protegidas da pessoa, como a religião que se quer ou não quer professar, a ideologia ou concepção do mundo que se perfilha ou o plano de vida que se escolhe.

No fundo, para além da discriminação objectiva daquelas ideologia, religião, concepção do mundo ou forma de vida, há ali a mesma desqualificação da pessoa como inferior, já que, diferentemente daquilo que se reconhece aos outros, não se considera a pessoa em causa como capaz de fazer escolhas, de pensar e decidir por si. Nesse sentido, o carácter pretensamente errado das suas opções identificá-la-ia também, em si mesma, como ser *errado, inferior, até mentalmente perturbado.*

O internamento psiquiátrico coercivo que os regimes totalitários reservavam aos dissidentes políticos constitui o exemplo paradigmático: se há pessoas que criticam o Poder, que discordam da ideologia oficial, só pode ser porque são doentes do foro mental e não por fazerem uma escolha responsável. Por essa razão, em caso algum um dissidente podia ser visto e tratado como um igual. O seu envio para um hospital psiquiátrico ou para um *campo de reeducação* era simultaneamente um estigma de perturbação mental ou moral com que se marcava a dissidência ideológica, a exposição pública do carácter *errado* da adesão a ideologias alternativas, mas também a evidência da suposta superioridade moral de um regime que distinguia *virtuosamente* entre os criminosos comuns, enviados para a prisão, e os *doentes e incapacitados*, que se procuravam recuperar pelo tratamento psiquiátrico ou pelo trabalho coercivos.

d) Há ainda violação autónoma da dignidade da pessoa humana quando ocorre discriminação fundada em critérios arbitrários e essa discriminação não é puramente ocasional, acidental ou indiferenciada —casos em que se reduziria a simples violação do princípio da igualdade—, mas tem um efeito estigmatizante ou humilhante ou assenta no preconceito social dirigido contra grupos ou categorias definidos em função da pertença ou integração num conjunto, numa classe ou numa categoria social particulares, por exemplo, em função da ascendência, da origem territorial ou da língua.

3.3. Síntese conclusiva sobre o conteúdo normativo da dignidade da pessoa humana

Na dimensão de dignidade enquanto integridade, **há violação da dignidade humana quando a pessoa é desrespeitada na sua humanidade, quando não lhe é reconhecida a sua natureza de sujeito e quando é colocada ou é abandonada numa situação ou num estado em que não dispõe de condições mínimas para exercer ou desenvolver as suas capacidades de realização humana.**

Na outra dimensão, enquanto igual dignidade, **há violação da dignidade humana quando a pessoa é humilhada ou é estigmatizada como ser pretensamente inferior.**

Por sua vez, analisando cada uma daquelas duas dimensões do conteúdo normativo do princípio, há, em nosso entender, violação da dignidade da pessoa humana nas situações especialmente qualificadas ou gravosas de:

(i) **desrespeito**: alguém ou a vida humana são desrespeitados na sua humanidade intrínseca;

(ii) **subjugação** ou de **exclusão**: alguém, com condições subjectivas e objectivas de genuína autodeterminação e sem responsabilidade sua, é activa e decisivamente impedido de prosseguir os seus próprios desígnios e as suas escolhas ou planos de vida em domínios essenciais para a sua independência ética —e tal impedimento se deve a razões não exclusivamente decorrentes da necessidade de protecção dos direitos fundamentais dos outros— ou é impedido de participar, directa ou indirectamente, na tomada das decisões colectivas da comunidade;

(iii) **degradação**: alguém é substancialmente coisificado de forma denegridora ou é degradado, em situações relevantes da sua vida, à condição de mero objecto ou instrumento de realização de fins que lhe são estranhos;

(iv) **alienação identitária**: alguém é impedido de ter e de se apresentar com uma identidade pessoal ou é privado do acesso ao conhecimento das suas origens e da sua história ou do controlo sobre a sua identidade;

(v) **devassa** e de **humilhação**: alguém é devassado na esfera de intimidade que pretende preservar do conhecimento dos outros ou é humilhado com desconsideração da imagem de si que o próprio pretende construir e apresentar publicamente, sem que a devassa ou a humilhação objectivamente resultantes sejam meio estritamente necessário para a protecção de direitos e interesses legítimos dos outros ou efeito necessário dessa protecção;

(vi) **descapacitação** ou de **incapacitação**: alguém é privado de recursos mínimos para uma existência condigna ou é involuntariamente colocado, mantido ou abandonado numa situação de penúria material ou num estado de falta de oportunidades de educação que não lhe permitem uma sobrevivência em condições não degradantes ou com condições mínimas de autodeter-

minação pessoal, num contexto real em que o Estado ou a sociedade dispõem de recursos bastantes para o evitar;

(vii) **estigmatização**: alguém é discriminado de forma estigmatizante ou é tratado com desrespeito e desigual consideração de interesses e de forma a sugerir socialmente, objectiva ou intencionalmente, dever ser-lhe atribuída uma natureza ou um estatuto de inferior ou de digno de menor consideração e respeito.

3.3.1. *A relevância do consentimento*

Nestas várias situações há um factor que pode assumir a maior relevância para efeitos de apuramento de existência de inconstitucionalidade por violação da dignidade humana: o do consentimento da potencial vítima. Com efeito, há inúmeros actos que, sem o consentimento do afectado, constituem inequívocas violações da dignidade, mas que, havendo consentimento, ou perdem liminarmente esse carácter ou, pelo menos, situam-se numa zona de dúvida jurídica cujo esclarecimento carece de maior aprofundamento.

Basta, por exemplo, pensar numa intervenção cirúrgica que, feita com oposição do interessado constitui violação da sua dignidade e que, com o seu consentimento, não apenas deixa de ser ilícita como passa a ser desejada ou até exigível. Um ensaio médico potencialmente perigoso ou danoso feito sem consentimento viola a dignidade dos afectados; com consentimento, e se os potenciais afectados forem igualmente os potenciais beneficiários, pode, dependendo das circunstâncias, ser ou não ilícito.

Resta, portanto, considerar o que acontece, em termos de consequências jurídicas, quando a acção ou a omissão consideradas inconstitucionais por violação da dignidade da pessoa humana mereceram a concordância, o assentimento ou o consentimento, livres, informados e esclarecidos, dos interessados.

Em princípio, atendendo à dimensão essencial da dignidade da pessoa humana como autonomia, o consentimento livre, informado, esclarecido e actual da potencial vítima retira-lhe o carácter de violação da dignidade da pessoa humana, ainda que se admita a existência excepcional de contextos e situações de especial sensibilidade em que o consentimento não deva relevar em toda a sua extensão.

Ou seja, haverá situações em que o próprio *consente*, no sentido de que aceita ou promove agressões em bens e direitos vitais da sua esfera pessoal e, ainda assim, esse consentimento livremente estabelecido não é juridicamente reconhecido por força do necessário respeito da dignidade da pessoa humana. Por exemplo, dificilmente se admitirá que, no conhecido *caso* do *canibal de Rotenburg*, o consentimento *salve* a prática de canibalismo da imputação de violação da dignidade da pessoa humana.

Logo, apesar de, na generalidade das situações, a dimensão de dignidade que se expressa na consideração da pessoa como *sujeito* da sua própria vida nos obrigar a atribuir plena relevância jurídica, com todas as consequências, ao seu consentimento livre e esclarecido, há, no entanto, situações excepcionais em que a extrema gravidade do que está em causa obriga a colocar limites à autonomia individual, desde que esses limites sejam derivados da necessidade de respeito ou de protecção da dignidade da pessoa humana.

Assim, haverá ainda violação da dignidade quando, sem que tal seja impreterivelmente ditado por razões de consciência, de independência ética ou de sobrevivência, e independentemente de haver consentimento do próprio,

(i) alguém é colocado ou se coloca numa situação ultrajante, objectivamente denegridora da humanidade intrínseca da pessoa; ou
(ii) quando, sem razão objectiva atendível do ponto de vista do interesse real e da vontade genuína do próprio, ficam anuladas ou irremediavelmente afectadas capacidades significativas da sua autodeterminação actual ou futura.

BIBLIOGRAFIA SOBRE DIGNIDADE DA PESSOA HUMANA

J. Reis Novais, *A Dignidade da Pessoa Humana*, vol. I, *Dignidade e Direitos Fundamentais,* 2ª ed., Coimbra, 2018

J. Reis Novais, *A Dignidade da Pessoa Humana*, vol. II, *Dignidade e Inconstitucionalidade,* 2ª ed., Coimbra, 2018

J. Reis Novais/Tiago F. Freitas (orgs.), *A Dignidade da Pessoa Humana na Justiça Constitucional*, Coimbra, 2018

Daniel Sarmento, *Dignidade da Pessoa Humana*, Belo Horizonte, 2016

Ingo W. Sarlet, *Dignidade (da Pessoa) Humana e Direitos Fundamentais*, 10ª ed, Porto Alegre, 2015

Luís R. Barroso, *A Dignidade da Pessoa Humana no Direito Constitucional Contemporâneo*, Belo Horizonte, 2012

Capítulo III
Princípio da Igualdade

1. A igualdade na história do Estado de Direito (do Estado liberal ao Estado social e democrático)

a) O princípio da igualdade é, porventura, de entre os princípios estruturantes do Estado de Direito, o de presença mais constante e mais antiga nos textos constitucionais, mas também é, mesmo em consequência dessa *longevidade* constitucional, o que tem experimentado uma evolução mais pronunciada e multifacetada. Entre a igualdade perante a lei dos primeiros tempos do constitucionalismo e a actual admissibilidade de políticas intencionalmente diferenciadoras visando a produção de uma igualdade fáctica, há, sob a égide do mesmo princípio constitucional da igualdade, dois séculos de evolução e de controvérsias doutrinárias que reflectem as transformações sofridas pelo Estado de Direito enquanto tipo histórico de Estado.

Conservando, no essencial, a mesma ligação à ideia de justiça, à luta contra os privilégios e à dignidade da pessoa humana —que, do ponto de vista substancial, presidiam já ao seu acolhimento nos primórdios do Estado de Direito—, o princípio da igualdade, tal como é actualmente entendido na generalidade dos Estados democráticos, reúne, por um lado, as diferentes dimensões que foram sendo apuradas ao longo dessa evolução secular, mas, por outro, abre-se a novas e discutíveis utilizações que fazem dele um princípio sempre aberto, controverso e de compreensão não tão linear quanto essa evolução apurada ao longo de duzentos anos poderia fazer crer.

Por exemplo, quando hoje nos interrogamos sobre a legitimidade constitucional das chamadas "políticas de quotas", é a própria natureza do princípio da igualdade que confrontamos. Assim, se já no Estado de Direito democrático e social, em nome do princípio da igualdade, se havia concluído pela proibição de quaisquer discriminações em função da raça ou do sexo (por vezes, como acontece entre nós, com consagração constitucional expressa dessa proibição), como compreender que, invocando razões de igualdade, se admitam, hoje, práticas discriminatórias entre pessoas, precisamente por facto da respectiva raça, sexo ou género, favorecendo, por exemplo, a participação das mulheres na vida política ou a entrada de negros nas universidades?

Não se deve aceitar a explicação, por vezes ensaiada, segundo a qual outrora seriam as discriminações *negativas* que eram proibidas, enquanto que hoje se trataria, no caso, de discriminações positivas e só essas seriam constitucionalmente admitidas ou até impostas. A resposta não é satisfatória porque, havendo, é certo, diferenciações positivas que não se reflectem negativamente na esfera jurídica de outrem, já se, no acesso a posições ou bens escassos, há alguém que é positivamente discriminado por causa da sua raça ou género, há outro alguém que reflexamente, por facto de ter outra raça ou género, pode estar a ser discriminado negativamente.

Significam estas dúvidas que o princípio da igualdade não pode ser visto como algo de perfeitamente estabilizado e indiscutido e que a jurisprudência constitucional sobre o tema, por mais generalizada ou consensual que aparente ser, não deverá nunca deixar de ser criticamente avaliada e testada.

b) Com isso se alude, de resto, a um outro subtema da maior relevância para uma compreensão do princípio da igualdade, qual seja o da distinção entre as exigências constitucionais da igualdade e as possibilidades de controlo da actuação das entidades públicas nesse domínio. Porque uma coisa é reconhecer que todas as entidades públicas estão directamente vinculadas à observância dos comandos constitucionais de igualdade e outra coisa é determinar até onde pode o juiz, designadamente o juiz constitucional, ir no controlo dessa observância.

Não se trata, como por vezes se pretende, de existência de duas normas de igualdade uma suposta *norma de acção* e uma outra, diferente, *norma de controlo*, a primeira vinculando o legislador e a segunda vinculando o juiz quando procedesse ao controlo da actuação do legislador. Essa é uma forma equivocada de perceber o sentido das imposições constitucionais. Quando consagra o princípio da igualdade e vincula o Estado à sua observância, a Constituição coloca limites (negativos e positivos) ao legislador e aos restantes poderes públicos. Se a norma constitucional proíbe a desigualdade de tratamento, essa limitação abrange todos os poderes estatais: do legislador ao juiz, nenhum deles pode tratar os cidadãos de forma inigualitária. Chamado a verificar a existência de inconstitucionalidade, o Tribunal Constitucional tem de apurar se a norma constitucional, que vincula todos os poderes públicos, foi ou não violada. Porém, quando o faz, como o Tribunal Constitucional deve observar igualmente a separação de poderes e os limites funcionais que esse princípio lhe impõe, surge o problema da adequação da densidade ou da intensidade do controlo jurisdicional, devendo o Tribunal Constitucional relevar as diferentes margens de avaliação e de decisão que cabem aos restantes poderes.

c) Historicamente, com o advento do Estado de Direito liberal, o princípio da igualdade significava, sobretudo, igualdade na aplicação da lei. O lema "todos são iguais perante a lei" traduzia uma reivindicação de igualdade que, no fundo, complementava ou, até, se identificava com a expressão mais simples do princípio da legalidade.

Asseguradas que estavam, pelo menos na visão do optimismo liberal oitocentista, a justiça e a liberdade imanentes à lei emanada da vontade geral representada no Parlamento, tudo o que havia a garantir era, em primeiro lugar, que os restantes órgãos do Estado, particularmente a Administração, se submetessem a tal lei (princípio da legalidade da administração) —não atentando contra os seus ditames e só actuando no seu quadro— e, para o que agora nos importa, que a lei fosse aplicada a todos os seus destinatários por igual, *sem olhar a quem*, sem distinguir em função da posição social, de títulos ou de convicções. A lei é igual para todos, todos são iguais perante a lei, significando, portanto, que a estrita aplicação da lei, de acordo com o princípio da legalidade, assegurava a igualdade.

Ao contrário do que por vezes se pensa, esta dimensão da igualdade não perdeu razão de ser. Se bem que as circunstâncias particulares das pessoas e da situação concreta a que a lei vai ser aplicada se imponham, hoje, com maior premência e complexidade, tanto à Administração quanto ao juiz —e possam, nesse sentido, constituir fundamento de contestação da validade de uma lei que, podendo até não ser inconstitucional em abstracto, poderia ser fonte de instituição, criação ou manutenção de desigualdades no caso concreto—, a igualdade perante a lei continua a ser um mínimo que qualquer Estado de Direito deve garantir.

Aquilo que se alterou profundamente foi, sobretudo, a atitude para com o momento anterior, o de criação da lei, isto é, o problema da igualdade no conteúdo da lei. No Estado de Direito liberal, as exigências de igualdade satisfaziam-se em primeiro lugar, nesse plano, com a participação igual na formação da *vontade geral* (admitindo, sem conceder, que se pudesse verdadeiramente falar em igualdade de participação num *povo* constituído, apenas, pelos proprietários, os letrados, os homens ou os brancos, pelo que só com o advento do Estado social e a progressiva instituição do sufrágio universal se pode falar em igualdade de participação democrática). Em segundo lugar, as exigências de igualdade traduziam-se nas garantias de generalidade e abstracção das leis, tidas como requisito suficiente para assegurar a justiça e a própria liberdade.

Já no Estado social, desvaneceu-se o optimismo e a confiança nesse tipo de garantias. Mesmo quando a lei conferia os mesmos direitos e deveres a todos (o que nem sempre acontecia, seja devido à concepção *particular* de cidadão, seja porque se discriminava em função de categorias de pessoas, como os negros, as mulheres, os que professavam certa religião), a generalidade da lei não raras vezes encobria ou era ela própria fonte das maiores injustiças, já que, impedindo-se de proceder a diferenciações jurídicas justificadas pelas diferenças materiais, tratando exactamente da mesma forma aquilo que, à partida, era substancialmente distinto, a lei geral e abstracta legitimava, mantinha ou até aprofundava as situações de injustiça e de desigualdade, deixando os mais fracos à inteira mercê da *mão invisível*, dos desígnios da (pouca) sorte e dos abusos dos poderosos.

Foi assim que, à medida que se foi tomando consciência das falsas expectativas sobre a *justiça* imanente na lei geral e se foram reconhecendo os abusos cometidos pelo próprio legislador democrático, as preocupações e anseios de igualdade —que até então se concentravam nos perigos provindos de uma aplicação inigualitária da lei— foram-se transferindo para o próprio plano da criação da lei e do seu conteúdo, no sentido de que também o legislador se deveria sujeitar materialmente ao comando constitucional da igualdade.

d) O legislador democrático do Estado social está intrinsecamente limitado e condicionado pelas exigências da igualdade, tanto quando impõe sacrifícios, como quando distribui benefícios e, em quaisquer desses planos, sente-se já, não apenas autorizado, mas também obrigado a atender às diferenças reais entre as pessoas, a preocupar-se não tanto com a forma, mas sobretudo com os resultados, não se bastando com a norma geral e abstracta que, tratando da mesma forma o milionário e o mendigo, encobria e criava desigualdade e injustiça.

A igualdade do Estado social não é mais tratar tudo e todos da mesma forma, mas passa a ser entendida, num lema sempre repetido, como igualdade material traduzida na exigência de *tratamento igual daquilo que é igual e tratamento desigual daquilo que é desigual*. Fica claro que a generalidade nem é condição suficiente nem necessária da igualdade. Uma lei dotada da característica formal de generalidade pode ser tão profundamente inigualitária —desde que trate indiferenciadamente situações e pessoas cuja extrema desigualdade fáctica exigiria as correspondentes diferenciações de tratamento— quanto uma lei individual e concreta pode ser uma verdadeira exigência da igualdade, desde que a situação e a pessoa em causa sejam tão particulares e especiais que exijam um tratamento correspondentemente individualizante.

Simultaneamente, o Estado actual adquire uma consciência aguda da importância da igual participação democrática na produção de resultados de igualdade. As preocupações com a representatividade das assembleias parlamentares, com a inclusão e protecção das minorias, a igualdade de oportunidades na competição eleitoral interpartidária, a igualdade do sufrágio e a generalização dos direitos políticos são, hoje, uma dimensão basilar da igualdade em Estado democrático.

Por último, as exigências de igualdade no Estado social não se limitam à igualdade jurídica, na lei e na sua aplicação, mas projectam-se igualmente enquanto igualdade fáctica, no plano da igualdade de oportunidades e da disponibilização das condições materiais que, pelo menos, atenuem as desigualdades de partida.

Assim sendo, em nome da justiça distributiva e da igualdade material, o legislador do Estado social pode, ou até deve, compensar as situações de desigualdade fáctica e repor ou criar as condições de uma verdadeira igualdade. E pode fazê-lo mesmo que, para tanto, seja necessário introduzir factores dinâmicos de compensação ou de equalização que, no imediato, se traduzem em tratamentos privilegiados —e não apenas diferenciados— em favor dos que, por força de discriminações sistematicamente sofridas ao longo dos tempos e dos preconceitos e inércia sociais, são vítimas, à partida, de desvantagens fácticas tão profundamente enraizadas que não lhes permitem a obtenção de resultados *iguais* apenas através da garantia da igualdade de oportunidades.

2. A igualdade reflectida nos enunciados constitucionais e a proibição constitucional de leis restritivas não gerais e abstractas

a) Pode-se dizer que, como inúmeras outras, a Constituição portuguesa acolhe todas estas dimensões da igualdade e procura, tanto quanto possível, determinar normativamente a solução das dúvidas jurídicas de igualdade inevitavelmente suscitadas por facto da complexidade que o princípio adquiriu no Estado social. A Constituição não apenas consagra genericamente o princípio e o associa materialmente à dignidade da pessoa humana (artigo 13º, nº 1) como proíbe expressa e especificamente modalidades mais comuns, relevantes ou consensualmente rejeitadas de discriminação (artigo 13º, nº 2).

Por outro lado, o princípio impregna significativamente a regulação constitucional do exercício dos direitos políticos e sindicais e encontra uma refracção específica em particulares autorizações ou comandos de diferenciação material em favor de categorias particulares, como as mulheres, os trabalhadores, os menores e os jovens, os idosos, as mulheres grávidas, os afectados por deficiência ou os emigrantes e imigrantes.

Numa lógica que não perfilhamos, e que tende a *transformar* em direitos fundamentais todos os princípios ou todos os comandos normativos que imponham quaisquer deveres ou limites aos poderes públicos, teríamos nessas situações atrás referidas a suposta consagração constitucional, tanto de um direito geral de igualdade, quanto de variados direitos especiais de igualdade.

b) Noutro local, no artigo 18º, nº 3, a Constituição contém ainda uma outra proibição que, no domínio sensível dos direitos fundamentais, de algum modo pode ajudar a delimitar o campo das diferenciações ilegítimas. Diz-se, aí, que "as leis restritivas de direitos, liberdades e garantias têm de revestir carácter geral e abstracto", imposição essa que, sem prejuízo de outros objectivos, tem na sua origem claras preocupações de igualdade.

De facto, quando se restringem direitos, liberdades e garantias, mas afectando apenas destinatários determinados (ou determináveis à partida) e só em casos determinados (ou determináveis à partida), as primeiras e imediatas dúvidas quanto à legitimidade constitucional de tais restrições remetem, inevitavelmente, para questões de igualdade.

Não se pode, todavia, afirmar uma identificação total entre a exigência de observância do princípio da igualdade nas restrições aos direitos fundamentais e a exigência de generalidade e abstracção das leis restritivas imposta pelo artigo 18º, nº 3. É que nem o princípio da igualdade esgota os objectivos que se procuram alcançar através da proibição do artigo 18º, nº 3 —já que, na racionalidade que justifica a generalidade da lei restritiva, às exigências de igualdade acrescem, ainda, razões de Estado de Direito e de separação de poderes— nem, em contrapartida, como se viu, as vantagens asseguradas pela generalidade e abstracção da lei satisfazem plenamente os requisitos de uma igualdade materialmente concebida.

Há, porém, que reconhecer que numa intenção restritiva exclusivamente dirigida a uma pessoa ou situação concreta —caso das leis não gerais ou não abstractas— vem sempre, no mínimo, abrigado o perigo de uma desigualdade de tratamento. A solução restritiva individual ou concreta pode, eventualmente, não ser arbitrária, pode até justificar-se ou ser exigida por razões de igualdade, mas, por força da rigidez formal da proibição do artigo 18º, nº 3, o carácter não geral e/ou não abstracto da restrição é, pelo menos aparentemente, razão suficiente da inviabilidade constitucional de uma tal restrição: essas leis são, à partida, constitucionalmente inadmissíveis, mesmo quando se possam fundar em razões ponderosas, incluindo as de busca ou garantia de uma igualdade material.

c) Nessa altura, a proibição do artigo 18º, nº 3, parece introduzir um momento de rigidez e de inflexibilidade numa área em que, a partir do momento em que se admitem possibilidades de diferenciação assentes na busca de uma igualdade real, se pode resvalar para um terreno movediço onde, salvo os casos extremos expressamente resolvidos —seja pela proibição seja pela autorização constitucionais—, se reconhece ao legislador uma ampla margem para diferenciar.

Porém, tal como as proibições expressas do artigo 13º, nº 2, e as autorizações constitucionais de diferenciação não resolvem ou esgotam todo o problema da igualdade, também, no domínio dos direitos fundamentais, há factores de natureza diferenciada que relativizam a aparente rigidez da proibição contida no primeiro segmento do artigo 18º, nº 3, da Constituição. Esses factores respeitam, de um lado, à necessidade de resolver adequadamente as frequentes e referidas eventuais tensões entre generalidade e igualdade; de outro, à dificuldade em distinguir, para fins de justificação constitucional, entre intervenções restritivas com o mesmo teor só por facto de serem actuadas por lei ou por acto da administração ou do poder judicial; por último, e como eventual *fuga* às dificuldades anteriores, obrigam a considerar a facilidade com que o legislador pode *camuflar*, num enunciado normativo habilmente construído sob a aparência de generalidade, a natureza individual e/ou concreta das intervenções restritivas que pretende levar a cabo.

Como se viu, pode acontecer que, por razões de justiça material ou, se se quiser, por exigências de uma igualdade axiologicamente concebida em termos materiais, as particularidades de uma dada situação concreta mereçam um tratamento diferenciado e individualizado, eventualmente incluindo medidas que afectam desvantajosamente direitos, liberdades e garantias de um destinatário ou de destinatários determinados ou determináveis. Nessa altura, a proibição do artigo 18º, nº 3, da Constituição, se entendida em termos estritos, definitivos e absolutos, impede a satisfação, por parte do legislador, de exigências de justiça e de igualdade que, de resto, haviam estado, como vimos, na génese daquela proibição.

Noutras ocasiões, é a própria natureza das coisas que produz situações individuais e concretas, eventualmente isoladas, irrepetíveis ou não generalizáveis e que, todavia, carecem de uma regulamentação pelo Direito ou de uma decisão juridicamente sustentada. Por exemplo, uma expropriação para a qual se exija, segundo a lei geral em vigor, a forma de acto legislativo, configura-se, necessariamente, como lei individual e concreta que afecta desvantajosamente direitos fundamentais de um particular e não é por esse facto que é inconstitucional.

Por último, a acrescer a estas dificuldades, mas não menos digna de consideração, a importância da imposição contida no artigo 18º, nº 3, mesmo quando entendida em termos de proibição estrita e definitiva, acaba por ser objectivamente relativizada quando se atenda, como se referiu atrás, à extrema facilidade com que o legislador pode camuflar de gerais e/ou abstractos comandos que, na realidade, são individuais e/ou concretos. De facto, de há muito que a doutrina intuiu a fragilidade das definições de individualidade/generalidade e concreteza/abstracção da lei quando se procurem apurar critérios rígidos de distinção com a virtualidade de conferir sentido prático vinculativo à imposição do artigo 18º, nº 3, da Constituição.

O legislador pode sempre *escapar* à proibição de emitir leis restritivas individuais e/ou concretas através de uma redacção dissimulada do respectivo enunciado normativo que, remetendo embora formalmente para a Administração ou o poder judicial a decisão do caso concreto, na realidade oculta a decisão que o próprio legislador já tomou. Nessas situações, o órgão de fiscalização acaba por se ver obrigado a prescindir do parâmetro de controlo do primeiro segmento do nº 3 do artigo 18º e a determinar-se essencialmente com base na compatibilidade entre as normas em apreço e o princípio da igualdade ou da separação de poderes próprios de Estado de Direito.

d) Por outro lado, um entendimento definitivo e absoluto da proibição de leis restritivas individuais e/ou concretas induz, na prática, uma nova situação de tensão entre essa proibição e um outro princípio constitucional, qual seja, no caso, o princípio da indispensabilidade ou da necessidade. Com efeito, na medida em que se vê *impelido* a evitar a proibição de lei restritiva individual através da ampliação formal da sua inicial intenção restritiva individual a outros destinatários, o legislador vê-se *obrigado* a construir formalmente a restrição em termos mais amplos, mas substancialmente desnecessários, atentando, assim, contra o princípio basilar da proibição do excesso.

No fundo, em circunstâncias em que os princípios da justiça material, da igualdade e da indispensabilidade justificariam, eventualmente, uma restrição aplicada só a situações concreta ou individualmente determináveis, uma concepção literal do sentido da proibição do artigo 18º, nº 3, estimula *escapatórias* de dissimulação por parte do legislador (o Tribunal acaba a *premiar* o legislador capcioso e a condenar aquele que revela aberta e transparentemente as suas intenções) ou de aparente resolução do problema num plano meramente conceptual (por exemplo, o Tribunal nega a natureza jusfundamental da liberdade individual afectada ou o reconhecimento da natureza restritiva da lei em causa), para além de introduzir factores de irracionalidade que afastam aquela proibição do seu sentido originário.

Assim, nos casos verdadeiramente difíceis em que uma intervenção restritiva, individual e/ou concreta, justificada por razões ponderosas e excepcionais, seja feita por lei e independentemente da forma sob que essa intenção restritiva individualizada se dissimula, ela deve ser sujeita, como todas as leis deste tipo, a um controlo agravado e especialmente atento às questões de igualdade, de discriminação e de arbítrio.

Em última análise, a apreciação da eventual inconstitucionalidade por violação da proibição constante do artigo 18º, nº 3, não se deve fazer de forma mecânica e sem adequada ponderação dos interesses opostos que reclamam aplicação no caso concreto, designadamente, tendo em conta se são actuais os perigos de potencial tratamento desigual e de arbitrariedade que a utilização de uma tal forma encerra ou se, ao invés, são mesmo razões de igualdade, de indispensabilidade e de justiça material que exigem uma intervenção restritiva com aquele âmbito limitado.

3. A densidade do controlo jurisdicional da observância do comando constitucional da igualdade

a) Independentemente das fórmulas particulares da consagração constitucional do princípio, as dificuldades suscitadas pela aplicação do princípio da igualdade, que estão longe de ficar resolvidas ou inteiramente apaziguadas através das normas constitucionais expressas, são comuns a qualquer Estado de Direito dos nossos dias. Reconhecida a admissibilidade ou até a necessidade de proceder a diferenciações em nome da garantia, preservação ou promoção da igualdade, tudo reside em duas questões capitais: quais os critérios admissíveis da diferenciação e qual a densidade do controlo a que as diferenciações feitas em seu nome podem ser sujeitas por parte do juiz que garante a observância do princípio constitucional da igualdade.

Ora, quanto à primeira questão, a fórmula corrente *o igual igualmente, o desigual desigualmente* só fornece uma resposta aparente. De resto, será ilusória a pretensão de encontrar uma resposta mecânica ou critérios objectivos indiscutíveis que nos permitam resolver os *casos difíceis* de igualdade. Por um lado, determinar o que é *igual* ou *desigual* exige o recurso a selecção de características e escolha de *terceiros* termos de comparação não intersubjectivamente reconhecíveis de forma inteiramente objectiva e comprovável; por outro lado, determinar qual a justa medida da diferenciação ou da equiparação entre o que é, respectivamente, desigual ou igual envolve valorações e avaliações essencialmente subjectivas que nunca podem pretender uma adesão universal.

A redução do subjectivismo e intuicionismo inerentes a estas escolhas e valorações tem, pois, de se procurar através de outras estratégias, incluindo um esforço dogmático de determinação do sentido constitucional do princípio da igualdade.

b) Nesse plano, e recorrendo à comum origem genética do comando da igualdade nos princípios da dignidade da pessoa humana e da própria ideia de justiça, deve entender-se, com Dworkin, que a cláusula da igualdade não garante a cada indivíduo o mesmo tratamento ou o mesmo benefício que é concedido a outros, mas garante-lhe que, no processo de formação da vontade política e na concessão de benefícios ou imposição de sacrifícios por parte do Estado, ele deverá ser tratado com a igual consideração e respeito que são devidos aos demais. Ou seja, o princípio da igualdade não lhe garante o mesmo tratamento, não é esse o último sentido normativo do comando constitucional, mas antes lhe assegura ser tratado *como igual* e, nesse sentido, com justiça.

Esta garantia resulta, em última análise, como se viu, da incindível ligação que, em Estado de Direito, existe entre o princípio da igualdade e a dignidade da pessoa humana. Como se diz no artigo 13º, nº 1, da Constituição, "todos os cidadãos têm a mesma dignidade social e são iguais perante a lei". É porque todos têm igual dignidade que devem ser tratados como iguais. Assim, e em primeiro lugar, só são admissíveis as diferenciações fundamentadas em critérios que não ponham em causa a igual consideração e respeito devidos a todas as pessoas.

Historicamente repetiram-se, e ainda se reproduzem na actualidade, situações em que as diferenciações se fundamentam em factores repudiados pelo princípio da igual dignidade e reconhecimento devidos a todas as pessoas pelo facto de o serem. São conhecidas as mais comuns discriminações verificadas em razão do sexo, da raça, da religião professada, da ideologia ou filiação partidária, da língua ou do território de origem, da orientação sexual, da doença, da idade, da pertença a minorias por qualquer razão impopulares, da simples diferença no modo de vida ou da aparência exterior. Todas elas, sempre que se baseiem exclusivamente em atributos sobre os quais as pessoas não têm qualquer possibilidade de controlo ou em opções individuais sobre planos de vida e orientações que as pessoas são livres de formar, atentam contra a igual dignidade das pessoas e, enquanto tal, são ilegítimas à luz da Constituição de Estado de Direito.

É precisamente porque há, hoje, um precipitado imediatamente reconhecível das discriminações mais frequentes e de resultados historicamente mais desastrosos que os textos constitucionais podem proibir expressamente algumas delas. É o caso do artigo 13º, nº 2, da Constituição portuguesa, onde se se diz que "ninguém pode ser privilegiado, beneficiado, prejudicado, privado de qualquer direito ou isento de qualquer dever em razão de ascendência, sexo, raça, língua, território de origem, religião, convicções políticas ou ideológicas, instrução, situação económica, condição social ou orientação sexual".

Em contrapartida, e porque de outro modo, por força deste artigo 13º, nº 2, se suscitariam dúvidas de constitucionalidade relativamente a quaisquer diferenciações feitas nestes domínios, há as situações já referidas em que a própria Constituição autoriza ou impõe as diferenciações ou tratamentos privilegiados relativamente a algumas destas categorias.

De qualquer das formas, e mesmo não considerando as situações complexas já aludidas em que a Constituição proíbe qualquer diferenciação (por exemplo, em razão do sexo —artigo 13º, nº 2), mas, por outro lado, impõe a obrigação de o Estado promover a igualdade (entre os sexos —artigo 109º), o que não é facticamente realizável sem que, de alguma forma, se introduzam vantagens, benefícios ou prejuízos em razão do factor aparentemente postergado, certo é que as proibições e autorizações constitucionais expressas não resolvem integralmente o problema. E não o fazem porque qualquer enumeração com esta natureza não pode ser considerada taxativa, pelo que resta saber que outras discriminações devem igualmente, por razões análogas, ser também vedadas ou, em contrapartida, autorizadas.

Estas dificuldades impeliram a doutrina e a jurisprudência a deslocar o *problema* jurídico da igualdade para o plano do controlo ou, se se quiser, para o plano da separação de poderes. Havendo, naturalmente, diferenças subjectivas inultrapassáveis sobre o que deve ser um tratamento igual, não sendo possível determinar objectivamente os critérios das diferenciações admissíveis, tudo residiria em saber até onde poderiam as decisões do legislador democrático neste domínio ser sindicáveis pelo juiz constitucional.

c) Uma concepção constitucional de igualdade material conduz a um padrão de controlo da sua observância em que o julgador é invariavelmente remetido para juízos de valoração que incidem sobre os fundamentos ou os critérios que pretendem justificar, em caso de desigualdade de tratamento, a distinção ou discriminação levada a cabo pelo legislador e, em caso de identidade de tratamento, a equiparação ou indiferenciação produzida. Ora, desse ponto de vista, tendo sobretudo em conta o amplo espaço de conformação que deve ser reconhecido ao legislador democrático, a resposta mais comum vai no sentido de uma autocontenção judicial que, todavia, sob pena de risco de esvaziamento do próprio princípio constitucional, deve conhecer gradações.

No fundo, reside aqui o principal problema dogmático da igualdade enquanto princípio estruturante de Estado de Direito. Sendo certo que, enquanto princípio constitucional, ele vincula todos os poderes públicos e que, por outro lado, incumbe ao legislador democrático, de acordo com o programa político que sujeitou à legitimação democrática, encontrar as melhores soluções neste domínio, tudo residirá em determinar a densidade específica do controlo de constitucionalidade a que as suas decisões ficam sujeitas por parte do poder judicial. Até onde pode ir o juiz, designadamente o juiz constitucional, na sindicância das decisões de igualdade do legislador democrático?

3.1. Igualdade identificada com proibição do arbítrio

a) Para uma visão minimalista do papel do juiz neste domínio —que começou por ser a concepção originária quando, pela primeira vez em Estado de Direito, com o advento do Estado social, se passou a admitir a própria vinculação do legislador, e não já apenas de administração e juiz, ao princípio da igualdade—, o juiz constitucional só deveria poder invalidar as diferenciações arbitrárias, aquelas para as quais o legislador não pudesse apresentar qualquer fundamentação ou, pelo menos, qualquer fundamentação racional compatível com os critérios constitucionais e onde não haja um mínimo de coerência entre os objectivos prosseguidos e os resultados previsíveis ou verificados.

Neste sentido, o princípio da igualdade limitar-se-ia a excluir as diferenciações não racionalmente compreensíveis ou que, sendo compreensíveis, são evidentemente inadmissíveis em Estado de Direito. Neste contexto, igualdade identifica-se com um princípio de *proibição do arbítrio*, na medida em que ambas as ideias —igualdade e exclusão de arbitrariedade— são expressão ou exigência de um sentido de justiça mínimo comummente reconhecido e, em si mesmo, não controverso. No fundo, a justiça constitucional limitar-se-ia, segundo esta perspectiva ou neste patamar, a um *controlo de evidência*: seriam inconstitucionais as diferenciações evidente ou manifestamente atentatórias das exigências da igualdade.

Todavia, se bem que substancialmente inovadora na altura em que começou por ser defendida nas origens do Estado social de Direito do século XX, esta simples concretização da igualdade enquanto exclusão do arbítrio é, nos dias de hoje, insatisfatória, na medida em que o controlo judicial se limitaria à possibilidade de invalidação só das diferenciações evidentemente inconstitucionais, aquelas que acabam por constituir *casos fáceis* de decisão. Então, em termos práticos, mesmo que o legislador devesse, é certo, cumprir os ditames da igualdade com um alcance mais amplo ou mais ambicioso, na medida em que sujeitas a controlo jurisdicional seriam tão só as suas decisões arbitrárias ou irracionais, tudo o mais seria remetido para o plano de uma mera vinculação política, não devendo o efeito jurídico do princípio constitucional da igualdade ir além da proscrição do arbítrio, da exclusão do que fosse intolerável por ser insustentável e evidentemente desigual.

b) Ora, tendo em conta o que está em jogo na igualdade enquanto direito a ser tratado como igual, esta conformação prática do princípio da igualdade enquanto simples concretização da proibição do arbítrio surge como marcadamente insuficiente. Aquilo que era uma exigência racional derivada do princípio da dignidade da pessoa humana —o igual não deve ser tratado desigualmente— transforma-se redutoramente em apelo virtuoso: o igual não deve ser *arbitrariamente* tratado como desigual. Algumas modulações desta fórmula (o *essencialmente* igual não deve ser tratado desigualmente; o *essencialmente* igual não deve ser *arbitrariamente* tratado como desigual ou como *essencialmente* desigual) procuram introduzir alguma maior densidade no controlo, mas, atendendo à indeterminação destas directrizes, o legislador continua a dispor da mais ampla margem de conformação com o simples limite da não arbitrariedade.

É que, por detrás de cada diferenciação, há sempre uma miríade de argumentos que podem ser alegados em sua defesa; só em casos extremos a diferenciação é puramente arbitrária e normalmente, nessas alturas, ela também poderia ser invalidada com recurso a outros princípios. O princípio da igualdade, com a sua quase mítica associação à ideia de justiça, acabaria substancialmente esvaziado de consequências jurídicas ou reduzido à sua mínima expressão de exigência de fundamentação das diferenciações operadas pelo legislador.

Porém, sobretudo quando as diferenciações se produzem no domínio dos direitos fundamentais, ou seja, na garantia jurídica das possibilidades de acesso individual aos bens jusfundamentalmente protegidos, a atribuição de um poder de conformação tão amplo à lei ordinária diferenciadora configura uma desoladora situação de *restituição* dos direitos fundamentais à disponibilidade do legislador democrático, frustrando substancialmente a sua vocação de *trunfos* contra a maioria que presidiu à respectiva consagração constitucional.

Daí que todo o problema constitucional da igualdade se centre nessa questão dogmaticamente decisiva: não podendo a exigência de igualdade ficar reduzida à proibição do arbítrio, quais deverão ser os parâmetros de controlo a que o juiz constitucional pode recorrer para conferir ao princípio uma efectividade consentânea com o elevadíssimo valor que é consensualmente atribuído a este princípio em Estado de Direito?

3.2. A necessidade de justificação adequada da diferenciação de tratamento

a) Segundo uma nova jurisprudência constitucional que se desenvolve na Alemanha no último quartel do século XX—até por força do facto de aí a Constituição consagrar a existência de direitos gerais e especiais de igualdade que, apesar da sua especificidade, deveriam beneficiar de garantias constitucionais equiparadas aos direitos fundamentais—, uma nova ambição de controlo jurisidicional de violações à igualdade deveria centrar-se, tanto no plano da justificação, das razões invocadas para proceder à diferenciação, quanto da medida de diferenciação e da respectiva adequação àquelas motivações.

Assim, segundo essa chamada *nova formulação* do princípio, o comando constitucional da igualdade seria violado se diferentes categorias ou grupos de destinatários fossem tratados de modo diferente sem que existissem entre os dois grupos diferenças de tal natureza e de tal peso que pudessem justificar a diferença de tratamento; no mesmo sentido, haveria violação se fossem tratados da mesma maneira quando houvesse razões suficientemente importantes para os tratar diferenciadamente.

Não bastaria, portanto, haver uma razão para (in)diferenciar —a referida exigência de não arbitrariedade— já que, agora, se passaria a exigir uma adequação substancial do sentido e da medida da diferenciação produzida às razões que a justificavam.

Por outro lado, e tendo a maior importância no plano dos resultados objectivos da intervenção jurisdicional, a densidade do controlo deve acompanhar a gravidade, importância e grau de afectação resultantes das (in)diferenciações produzidas. Naturalmente, se afectações menores se poderiam continuar a satisfazer com a existência de uma razão não arbitrária para a (in)diferenciação, para afectações relevantes seriam exigíveis novos e mais exigentes padrões de controlo.

Assim, desde logo quanto à matéria em causa, a maior densidade de controlo jurisdicional reservar-se-ia para quando estivessem em causa direitos fundamentais, sendo o controlo tão mais intensivo nesse domínio quanto maior fosse a importância da afectação desvantajosa gerada pela diferenciação. Para além disso, a própria gravidade da afectação estaria contextualmente condicionada, sendo tanto mais atendível quanto maior fosse o agravamento das desigualdades reais e fácticas produzido e quanto menor fosse a possibilidade real ou jurídica de os afectados poderem escapar à desvantagem assim provocada.

b) Com um tal enquadramento, o controlo de igualdade surge intrinsecamente orientado à indagação sobre a existência de uma *justa medida* entre a diferenciação produzida e as razões que a fundamentavam, sendo variável em densidade e exigibilidade de justificação em função da gravidade da afectação que resulta da (in)diferenciação de tratamento. Nesse sentido, há no controlo de igualdade uma ineliminável e intrínseca dimensão de relatividade, de proporcionalidade ou de equilíbrio associados àquela ideia de *justa medida*.

Porém, diferentemente do que acontece num controlo típico de proporcionalidade (proibição do excesso), o que está em causa, o que se coloca aqui sob ponderação e comparação, não é directamente a gravidade da restrição do direito fundamental, não é a intensidade ou *carga* da intervenção restritiva, mas a própria natureza da diferença de tratamento (ou, reciprocamente, da indiferenciação de tratamento numa altura em que o comando de igualdade exigisse diferenciação); no controlo de proporcionalidade procura apurar-se a existência de *excesso*, no controlo de igualdade a existência de *iniquidade*.

Daí resulta, no entanto, a impossibilidade de incomunicação ou de separação estrita e absoluta dos dois tipos de controlo (igualdade e proporcionalidade), dado que, na origem, na motivação, no próprio desenvolvimento, estão sempre as mesmas motivações de correspondência dos princípios estruturantes de Estado de Direito às exigências da dignidade humana que, por sua vez, se fundam no sentido de justiça da comunidade. É necessário, para efeitos de racionalização, de objectivização e de imparcialidade desenvolver com autonomia os diferentes tipos de controlo, mas não se pode pretender construir categorias ou classificações *puras*, estanques e incomunicáveis entre si.

Dessa natureza, resulta, por último, a extrema dificuldade, em quaisquer dos tipos de controlo, em chegar a resultados objectivos e intersubjectivamente comprováveis, já que, no fundo, lidamos sempre com avaliações subjectivas, juízos de prognose, comparação de alternativas reais ou idealmente configuradas, ponderação. E, por isso, se procuram desenvolver e propor novas vias de produção de mais objectividade e racionalidade, como seja, no domínio do controlo de igualdade, o recurso à consideração das chamadas categorias ou factores *suspeitos*.

3.3. Controlo jurisdicional das categorias ou classificações *suspeitas* e das discriminações indirectas

a) Uma derradeira modalidade de superação do minimalismo ou da autocontenção judicial que resultam da identificação prática entre princípio da igualdade e proibição do arbítrio consiste na construção, de origem americana, das chamadas *categorias* ou *classificações suspeitas*: há tipos de diferenciação tão repetidamente verificados, mas, simultaneamente, tão facilmente identificados com discriminações repudiáveis à luz dos princípios do Estado de Direito, que se presumem, à partida, como arbitrárias ou injustificadas. É o caso típico, por exemplo, das diferenciações em função do género, do sexo, da raça ou da etnia ou daquelas outras que, presentes em diferentes textos constitucionais, vêm na Constituição portuguesa expressamente mencionadas, ainda que de forma não taxativa, no artigo 13º, nº 2.

De resto, como se viu, muitas das discriminações operadas com base nestes factores num contexto em que a discriminação evidencie ultraje, humilhação ou estigmatização são mais adequadamente configuráveis e resolúveis enquanto violações à dignidade da pessoa humana, pois só em função da aplicação desse parâmetro se chama a atenção e se visa a gravidade da inconstitucionalidade subjacente. Não se exclui, em todo o caso, que a invocação do princípio da dignidade surja como inadequada, mesmo num contexto em que estejam em causa os ditos factores ou categorias *suspeitos*, remetendo-se, então, o respectivo enquadramento dogmático para o domínio da aplicação do princípio da igualdade.

Por exemplo, numa situação de diferenciação feita em nome de *categorias suspeitas*, mas de inconstitucionalidade duvidosa, ou em que estejam em causa pessoas colectivas ou em que estejam ausentes os referidos elementos de ultraje, humilhação ou estigma, a aplicação e o controlo jurisdicional feito à luz do princípio da igualdade pode revelar-se mais adequado do que um apelo algo deslocado ou puramente retórico à dignidade humana como parâmetro de controlo.

b) Verificada, então, a existência de diferenciações associadas à presença de alguma destas categorias, se para a diferenciação o legislador só puder alegar razões fundadas exclusivamente nesses factores *suspeitos*, a discriminação é tida como constitucionalmente ilegítima à luz do princípio da igualdade; se, diferentemente, o legislador puder demonstrar que, apesar da associação à categoria *suspeita*, a diferenciação é essencialmente justificada por factores objectivos não relacionados directamente nem motivados pela pertença à categoria, então aquela presunção pode ser ilidida. Serão esses os casos em que o legislador invoca outras razões completamente independentes do motivo da *suspeição* ou, se bem que relacionado com a categoria *suspeita*, invoca necessidades de compensação ou de promoção de uma igualdade real e não uma intenção desqualificadora.

Em qualquer caso, a *suspeita* deve ser rigorosamente tomada como tal, isto é, como mera presunção. Se se confundisse presunção de inconstitucionalidade com inconstitucionalidade, então seriam erroneamente consideradas inválidas quaisquer diferenciações produzidas nestes domínios, mesmo quando constituíssem um meio efectivo, necessário e adequado a produzir uma igualdade real entre grupos onde imperava uma anterior situação discriminatória. Quando muito, só seriam consideradas admissíveis as diferenciações verificadas em domínios *suspeitos*, mas onde houvesse um apoio constitucional expresso que as viabilizasse, o que seria confiar demasiado na capacidade de previsão do legislador constituinte.

Em última análise, só uma apreciação caso a caso, da responsabilidade do juiz, pode apurar quando a diferenciação, na falta de razão consistente, só encontra explicação no preconceito, na hostilidade ou na intenção discriminatória em desfavor do grupo ou categoria mais desfavorecidos e, nesse sentido, confirma a presunção de inconstitucionalidade.

c) Neste domínio, reveste a maior importância a consciência de que a desigualdade envolvendo categorias ou grupos *suspeitos* pode surgir por duas vias. Na modalidade historicamente mais comum, resulta de uma intenção discriminatória directa e abertamente dirigida a produzir uma diferenciação de tratamento em função da pertença a alguma daquelas categorias, ou seja, os integrantes de uma categoria são tratados de forma diferente e mais desvantajosa relativamente a quem não a integra. Mas, para além dessa modalidade, a desigualdade pode também resultar objectivamente, num determinado contexto real, do impacto diferenciado e desvantajoso que uma medida, um critério, uma prática ou uma norma podem especialmente produzir nos integrantes de um grupo ou de uma categoria *suspeita*, de um grupo desfavorecido ou de pessoas que padeçam de particulares vulnerabilidades. Diferenciações à partida *neutrais*, ou aparentemente neutrais, isto é, não especialmente dirigidas, na sua aparência ou mesmo na sua intenção, contra algum dos grupos integrados nas categorias *suspeitas*, revelam-se, numa análise mais *fina*, especialmente desvantajosas para alguns grupos.

Em síntese e para efeitos da aplicação do critério de controlo aqui sob análise, pode dizer-se haver discriminação indirecta quando os integrantes de uma categoria *suspeita* têm muito mais dificuldades que os não integrantes de preencher um requisito ou de satisfazer uma exigência ou um dever que é genericamente imposto a todos. Quando a proporção de desvantajosamente afectados integrantes do grupo *suspeito* é significativamente maior que a dos não integrantes ou quando, mesmo existindo um fundamento racional para o justificar genericamente, aquele efeito discriminatório objectivo especial dos integrantes de uma categoria *suspeita* se produz em situações nas quais não apresenta qualquer justificação razoável concreta, estamos igualmente perante discriminações indirectas.

No fundo, e em termos práticos, é pelo facto de ter ou vir associado a determinada característica, aquela que o torna integrante de um grupo ou categoria *suspeitos*, que alguém se vê numa situação desvantajosa — ou com muito maior probabilidade de se encontrar nessa situação— relativamente aos que não possuam essa característica e que, para efeitos de avaliação da desvantagem produzida, possam funcionar como termo relevante de comparação na situação concreta.

Neste caso, aquilo que se releva é o resultado objectivo da aplicação do critério ou da norma *neutrais* nas circunstâncias do caso, com a consciência de que muitas vezes, apesar do efeito produzido, não existe sequer intenção discriminatória na elaboração da norma, ainda que, em contrapartida, em outras tantas exista uma intenção oculta de fazer subsistir, por outras vias, um tratamento depreciativo ou denegridor que passou a ser legalmente proibido. Era esta última uma situação muito frequente nos Estados Unidos nos anos cinquenta e sessenta do século passado, quando, por facto de a segregação racial ter passado a ser considerada inconstitucional, se criavam normas e critérios aparentemente *neutrais*, mas que, na prática, se sabia funcionarem objectivamente em desfavor dos negros.

De notar que, à medida que os Estado de Direito se solidificaram como Estados de direitos fundamentais e se generalizou uma opinião pública crítica relativamente às discriminações tradicionais mais comuns, grande parte dos problemas políticos e jurídicos de igualdade tende a deslocar-se para o terreno das discriminações indirectas.

Embora continue a ser frequente a complacência dos poderes públicos relativamente a práticas discriminatórias actuadas por entidades privadas, muito dificilmente hoje, nos Estados democráticos, os poderes públicos proclamam abertamente uma intenção de discriminar categorias ou grupos particulares, o que, a existir, seria naturalmente atalhado nos tribunais e na justiça constitucional. Já em contrapartida, são frequentes desvantagens práticas que continuam a incidir preferencialmente sobre alguns grupos em termos de resultado objectivamente produzido, sendo nestas situações que normalmente se suscita controvérsia jurídica sobre a respectiva admissibilidade constitucional face ao princípio da igualdade.

Nessa altura, a doutrina, também aqui inspirada na experiência jurisprudencial norte-americana, salienta a distinção tipológica entre discriminações *directas* e *indirectas*, tendo este último conceito a utilidade de evidenciar uma discriminação existente, mas oculta sob um critério ou uma norma *neutrais*. A *desocultação* permite, no fundo, aplicar a todas as discriminações envolvendo categorias *suspeitas* o mesmo regime, ou seja, em ambos os casos, seja a discriminação *directa* ou *indirecta*, há uma presunção de inconstitucionalidade que pode, todavia, ser ilidida se o legislador ou o responsável pela discriminação puderem demonstrar que há uma razão objectiva justificativa da diferenciação ou do critério, que estes não têm como fim produzir efeitos depreciativos ou negativos na esfera pessoal dos integrantes da categoria *suspeita* ou que, mesmo produzindo estatisticamente esses efeitos diferenciados, são uma condição necessária e adequada para atingir um fim legítimo em Estado de Direito.

d) Há, ainda, todo um campo de incerteza quanto à delimitação das categorias ou factores tidos como *suspeitos* que deverá ser progressivamente reduzida, seja através de uma enumeração constante do texto constitucional, seja apurada através da actividade jurisprudencial.

De qualquer forma, o aludido suplemento de objectividade introduzido pela utilização das *categorias suspeitas*, trabalhada originariamente pela jurisprudência norte-americana, pode desenvolver potencialidades de controlo efectivo quando entendida de forma constitucionalmente adequada, ou seja, quando se proceda à sua devida associação tanto ao princípio da dignidade da pessoa humana que, em última análise, fundamenta a exigência do tratamento como igual, como também às necessidades de ponderação, comparação e proporcionalidade das medidas de diferenciação.

Não deve, sem mais, qualificar-se uma lei que favorece alguém em função do sexo ou da raça (por exemplo, numa política de quotas para participação na vida política ou para entrada em Universidades) como inconstitucional por força da presunção de invalidade que afecta as diferenciações com base em *categorias suspeitas*. Nesses casos, as pessoas preteridas, mesmo que seriamente afectadas nos seus direitos fundamentais de participação política e de acesso ao ensino superior — o que pode eventualmente suscitar a existência de inconstitucionalidade por violação de outros princípios que não o da igualdade—, não podem alegar terem sido, por tal facto, objecto de preconceito discriminatório ou desqualificante, seja da parte do concreto legislador seja da intenção assumida pela lei em causa.

Ou seja, embora a religião, o sexo ou a raça sejam, em si mesmas, *categorias suspeitas*, dificilmente poderiam, por exemplo entre nós, um católico, um homem ou um branco alegar sustentadamente estarem a ser vítimas de preconceito desqualificante por parte do legislador democrático comparativamente aos fiéis de outras religiões, às mulheres ou aos negros. Não significa que, num caso concreto, tal não possa existir, mas não se justificaria a referida presunção de inconstitucionalidade ou, como se diz nos Estados Unidos, não haveria lugar para uma aplicação judicial de um *strict scrutiny* que, ali, resulta invariavelmente em invalidação da lei em causa.

Assim, e em geral, no que respeita às chamadas *acções afirmativas*, a discriminação dita *positiva* presente na política de *quotas*, a dificuldade do respectivo problema jurídico-constitucional está longe de acompanhar a imensa controvérsia política que a questão suscita. Ou seja, há lugar para controvérsia intensa relativamente à *política de quotas*, mas situada no âmbito da concordância ou discordância políticas, de avaliação de méritos e desvantagens, justiça e injustiça, isto é, em termos de divergências ou discordâncias essencialmente políticas.

Já no âmbito jurídico-constitucional, a questão é relativamente simples: não estando presente a referida intenção de estigmatização ou de desconsideração dos negativamente afectados, tudo reside em saber se há um fundamento racional para uma política diferenciadora orientada à compensação, à equalização ou equiparação de oportunidades. Desde que esse fundamento racional exista, a referida política só seria constitucionalmente questionável se os prejuízos dela resultantes em domínio de direitos fundamentais dos afectados fossem excessivos, desrazoáveis, mas aí já nos encontraríamos em domínio de controlo de proporcionalidade, não da vantagem compensatória proporcionada pela política de quotas, mas da desvantagem imposta aos afectados, da restrição dos seus direitos fundamentais; a vantagem proporcionada a algumas categorias, não suscitando verdadeiros problemas *difíceis* de igualdade, funcionaria aqui como justificação daquela restrição.

e) Em contrapartida, os factores *suspeitos* relativamente aos quais se deve partir de uma presunção de inconstitucionalidade não devem limitar-se a conjunto fechado resultante de uma qualquer enumeração constitucional ou de um particular precipitado cultural ou jurisprudencial. Por exemplo, entre nós, apesar da relativa extensão da enumeração do artigo 13º, nº 2, poder-se-iam facilmente integrar, sem controvérsia significativa, outras categorias ou factores ali não expressamente referidos, como os da idade, do estatuto familiar ou marital ou de se ser portador de deficiência.

Assim, a *suspeição* deve poder ser activada, para além das discriminações tradicionalmente tidas como injustificadas (e de que o nosso artigo 13º, nº 2, dá conta), sempre que a diferenciação resultar em afectação séria de direitos fundamentais e:

(i) a diferença de tratamento for dirigida ao reforço das posições, correntes ou concepções maioritárias, distorcendo, em favor dos que já dispõem de condições objectivas à partida mais favoráveis, as regras de uma competição livre entre ideias, grupos ou posições em concorrência (na democracia representativa dos nossos dias uma diferenciação é, em princípio, suspeita sempre que for eleitoralmente compensadora por força do apelo aos interesses e sentimentos mais imediatos da maioria);

(ii) ou, como diz Dworkin, sempre que a diferença negativa de tratamento resulta da especial vulnerabilidade de um grupo a preconceitos, hostilidade ou estereotipos e se projecta na consequente diminuição do seu *status* na comunidade política.

Logo, mesmo que não se adira à concepção que deduz do princípio da igualdade um direito fundamental à igualdade (controvérsia que, por enquanto, entre nós, só tem algum sentido útil quando, na prática, se identifique redutoramente o princípio da igualdade com o princípio da proibição do arbítrio, já que só então a dedução de um verdadeiro direito fundamental à igualdade produziria consequências não proporcionadas também pelo princípio da igualdade), a fundamentação exigida para a discriminação tem, no mínimo, de *passar* o teste da justificação da diferenciação, devendo esse teste apresentar uma dificuldade ou densidade escalonadas em função da gravidade da discriminação, o que remete o julgador, em grande medida, para decisões fundadas na valoração e ponderação de interesses em confronto no caso concreto.

No fundo, é este o sentido que é atribuído ao princípio da igualdade pela mais recente jurisprudência constitucional norte-americana e europeia que sujeita o controlo da igualdade a diferentes níveis de densidade consoante os interesses em jogo, a existência de categorias *suspeitas*, a gravidade da diferenciação ou o grau e intensidade de afectação de direitos fundamentais.

Foi assim que, segundo alguma doutrina, a jurisprudência norte-americana terá evoluído ou para uma *escala móvel* (*sliding scale*) da densidade do controlo baseada fundamentalmente em ponderação de interesses, ou, segundo outra, para a aplicação ao controlo de igualdade de um teste complexo de três escalões de controlo (*three-tier*), onde, consoante a menor ou maior gravidade da diferenciação e o domínio (*não suspeito, quase-suspeito* ou *suspeito*) sobre que incide, assim se exige, respectivamente, que, em situação *não suspeita*, a diferenciação seja sustentada numa fundamentação meramente razoável ou racional; que, existindo uma *quase-suspeição*, ela se funde num interesse importante e com relação de substancialidade entre os fins prosseguidos e os meios utilizados; ou, no último caso, o da existência de um domínio *suspeito*, que possa ser fundamentada num outro interesse essencial que se revele de realização compulsiva.

4. Um novo princípio constitucional de "igualdade proporcional"?

a) A associação justificada, como se viu, do controlo de igualdade a ponderações e avaliações de caso concreto, que tenham em conta a comparação e justa medida (proporcionalidade) da diferenciação em função da justificação apresentada, teve como consequência, entre nós, em tempo mais recente, que o Tribunal Constitucional tivesse transcrito este tipo de preocupações através da invocação de um parâmetro de controlo que passou a designar por "igualdade proporcional".

Sobretudo durante a chamada *jurisprudência da crise*, tendo começado por aceitar, em 2011, os primeiros *cortes* salariais na função pública, o Tribunal Constitucional viria, nos anos seguintes, a considerar inconstitucionais as novas reduções salariais dos trabalhadores em funções públicas e a suspensão de pagamento dos 13º e 14º meses, já que, em seu entender, a reiterada persistência governamental na imposição de sacrifícios acrescidos a esses trabalhadores, que se verificou nos anos seguintes, teria redundado na violação da "igualdade proporcional". Ou seja, uma imposição diferenciada de sacrifícios, no início (em 2011) ainda tolerável, perdia justificação constitucional com o excesso resultante da persistência e do agravamento da diferenciação nos sucessivos orçamentos dos anos seguintes.

b) Como se viu atrás, este tipo de fundamentação é plenamente compatível com a natureza do princípio da igualdade tal como o caracterizámos, ou seja, não o limitando, pura e simplesmente, à exclusão do arbítrio. Na situação concreta, sendo óbvio que o Estado podia invocar razões não arbitrárias para adoptar medidas de austeridade que se traduziam em restrições sérias a direitos fundamentais —no fundo, a existência da crise financeira—, a gravidade de tais medidas exigia a sua sindicabilidade, entre outros, à luz do princípio da igualdade.

Neste plano, é também pacífico que a repetição e a persistência de medidas de austeridade —incidindo sobre direitos fundamentais da maior relevância para a possibilidade de uma vida com autonomia e afectando diferenciadamente só algumas categorias de cidadãos— agravavam o problema jurídico-constitucional de igualdade subjacente e justificavam uma maior densidade de controlo jurisdicional. O que é duvidoso é que o Tribunal Constitucional necessitasse, para tanto, de recorrer a um *novo* princípio estruturante para fundamentar as suas decisões de inconstitucionalidade, o pretenso princípio da *igualdade proporcional.*

No fundo, a invocação desse suposto princípio constitucional da *igualdade proporcional* (como se houvesse também um princípio da *igualdade desproporcional*), onde os comandos, diferentes, dos dois princípios da igualdade e da proporcionalidade surgem combinados e confundidos, obscurecia, sem vantagem, a natureza da inconstitucionalidade detectada e, principalmente, impedia a identificação rigorosa do vício que careceria de ser superado em futura legislação.

c) A *invenção*, a nosso ver falhada, mas que se converteu desafortunadamente em *moda* na jurisprudência constitucional da *crise*, parece ter origem no Acórdão nº 39/88, relatado pelo Conselheiro Messias Bento, que, recorrendo a lições policopiadas de Rui de Alarcão do ano de 1972, consagra a expressão, depois esporadicamente retomada em Acórdãos posteriores, nestes termos: "*A igualdade não é, porém, igualitarismo. É, antes, igualdade proporcional. Exige que se tratem por igual as situações substancialmente iguais e que, a situações substancialmente desiguais, se dê tratamento desigual, mas proporcionado: a justiça, como princípio objectivo, «reconduz-se, na sua essência, a uma ideia de igualdade, no sentido de proporcionalidade» — acentua Rui de Alarcão (Introdução ao Estudo do Direito, Coimbra, lições policopiadas de 1972, p. 29)*".

A confusão, já que não se pode dizer existir verdadeiro erro, advém, no fundo, de alguma incompreensão da natureza da *proporcionalidade* e na forma como ela, enquanto exigência de razoabilidade, de não excesso e de equilíbrio decorrente de um *standard* mínimo de justiça, permeia todos os princípios estruturantes: exigências de justa medida (proporcionalidade) estão natural e indiferentemente presentes no princípio da dignidade, da igualdade, da protecção da confiança, da proibição do défice ou da reserva de lei sem que isso modifique a natureza e autonomia de tais princípios.

Por outro lado, este *imperialismo* da proporcionalidade tem igualmente na sua raiz uma incompreensão da natureza desse próprio princípio, como se verá a seguir quando o analisarmos especificamente. Partindo da concepção errónea, repetida como *mantra* da *vulgata* universitária, segundo a qual a proporcionalidade se desdobra em pretensos controlos de *adequação*, de *necessidade* e de *proporcionalidade*, a tendência é para reproduzir e replicar esses supostos controlos no contexto de todos os princípios estruturantes sempre que, de algum modo, esteja em causa a necessidade de proceder a avaliações, comparações ou ponderações de alguma subjectividade. O recurso aos supostos controlos típicos da proporcionalidade constituiria a fórmula *mágica* que permitiria escapar às dificuldades de objectivização dos fundamentos e resultados do controlo.

BIBLIOGRAFIA SOBRE IGUALDADE

JORGE REIS NOVAIS, *As Restrições aos Direitos Fundamentais não Expressamente Autorizadas pela Constituição*, Coimbra, 2003 (3ª ed., Lisboa, 2021), págs. 799 e segs.

VITALINO CANAS, *O Princípio da Proibição do Excesso na Conformação e no Controlo de Atos Legislativos*, Coimbra, 2017, págs. 1085 e segs.

MIGUEL NOGUEIRA DE BRITO, "Medida e intensidade do controlo da igualdade na jurisprudência da crise do Tribunal Constitucional" *in AAVV, O Tribunal Constitucional e a Crise*, Coimbra, 2014, págs. 107 e segs.

RAVI AFONSO PEREIRA, "Igualdade e proporcionalidade: um comentário às decisões do Tribunal Constitucional de Portugal sobre cortes salariais no sector público" *in REDC*, 98 (2013), págs. 317 e segs.

MARIA DA GLÓRIA GARCIA, *Estudos sobre o Princípio da Igualdade*, Coimbra, 2005

FERNANDO ALVES CORREIA, *O Plano Urbanístico e o Princípio da Igualdade*, Coimbra, 1997

Capítulo IV
Princípio da Proibição do Excesso

1. Pressupostos conceptuais e metodológicos

O princípio da proibição do excesso, ou, como se diz na versão mais vulgarizada, o princípio da proporcionalidade, surge normalmente tratado segundo uma terminologia tão variada e multifacetada que é aconselhável uma prévia clarificação de conceitos e de tipologia utilizados. Desde logo, uma clarificação sobre a designação do princípio.

Quando se trata de encontrar uma denominação abrangente para a generalidade dos controlos e parâmetros constitucionais relacionados com a adequação ou com o carácter excessivo de uma medida restritiva da liberdade, a designação mais utilizada, tanto da parte da jurisprudência constitucional, como da grande maioria dos Autores, não é, como preferimos, a da *proibição do excesso*, mas antes a da *proporcionalidade em sentido lato* que, por sua vez, englobaria diferentes subprincípios, entre os quais o da *proporcionalidade em sentido estrito*.

Em qualquer caso, independentemente dessa oscilação semântica, pode-se dizer que, em Estado de Direito, este princípio é hoje uma referência fundamental no controlo da actuação dos poderes públicos, assumindo, particularmente no âmbito dos limites aos direitos fundamentais, o papel de principal instrumento de controlo da actuação restritiva e de *chave* sem a qual raramente é possível decifrar os complexos problemas jurídicos que aí se suscitam. Tão normal se converteu a utilização do princípio que, actualmente, é já quase supérflua a questão da sua fundamentação constitucional, de tal sorte que, mesmo se não houvesse outros artigos a acolhê-lo expressamente, se diria que ele decorre *naturalmente* da própria ideia de Estado de Direito.

Com efeito, todas as diferentes possíveis fundamentações acabam por se reunir, unificadoramente, na mesma referência comum aos valores do Estado de Direito democrático e social dos nossos dias, posto que neste se reveja a confluência material dos princípios da justiça, da dignidade da pessoa humana, da liberdade e da igualdade. Nesse sentido, a questão do assento ou fundamento constitucional da exigência de proporcionalidade acaba por constituir problema aparente, dado que o princípio da proibição do excesso adquiriu já uma aceitação generalizada enquanto princípio constitucional de Estado de Direito. Menos ainda essa questão se coloca nas Constituições que, como a nossa, acolhem expressamente o princípio e o relacionam com o controlo das restrições a direitos fundamentais (artigo 18º, nº 2, segunda parte).

De resto, o facto de doutrina e jurisdições constitucionais terem passado a aplicar sistematicamente o princípio enquanto instrumento, por excelência, de controlo das restrições a direitos fundamentais acabou por transformá-lo numa linguagem ou gramática comum do *novo* constitucionalismo que, emergindo inicialmente na Europa no segundo pós-guerra, foi depois replicado em muitas outras latitudes. A importância decisiva assumida pelo princípio da proibição do excesso (proporcionalidade) neste contexto dispensa, na prática, qualquer esforço especial de fundamentação.

1.1. Os riscos da banalização e da simplificação

a) Porventura pagando o *preço* desse sucesso universal nos Estado de Direito do pós- II Guerra, o princípio tem sido objecto de alguma banalização e, sobretudo, de uma simplificação no ensino universitário que não condiz com a sua importância.

Porventura, o paroxismo dessa *desgraduação* pode ter sido atingido nos países de língua portuguesa, onde uma *vulgata* com pretensões académicas reduziu o princípio a uma superficialidade dogmaticamente improdutiva. Os termos dessa suposta *explicação* do princípio são habitualmente, e de forma não caricatural, resumidos da forma seguinte.

A proporcionalidade em sentido lato é composta por três subprincípios: a adequação (segundo a qual os meios devem ser adequados aos fins), a necessidade (segundo a qual se devem utilizar os meios menos restritivos para atingir os fins) e a proporcionalidade em sentido estrito (que equivale à ponderação entre os bens, direitos *ou princípios em colisão para determinar qual deve prevalecer).*

E, frisamos, esta síntese não é uma caricatura porque é nestes termos (nestas cinco linhas e em três minutos, eventualmente prorrogáveis para permitir fornecer um exemplo para cada um dos subprincípios) que gerações de estudantes e de juristas têm sido *formados* no princípio estruturante que, todavia, como dissemos, constitui, na maioria dos Estados de Direito, o instrumento dogmático mais utilizado para a resolução dos *problemas difíceis* de direitos fundamentais.

Naturalmente, este discurso acaba por ser sistematicamente reproduzido nas inúmeras sentenças judiciais que o utilizam para fundamentar pretensamente a decisão tomada, até porque ele apresenta uma *vantagem* não negligenciável: permite fundamentar, sem dificuldade, uma decisão num certo sentido ao mesmo tempo que, no mesmo caso, exactamente com a mesma facilidade, serviria para sustentar a decisão de sentido contrário.

Porém, aquela suposta *definição* do princípio é um concentrado de equívocos ou mesmo de erros, em grande parte provocados pelo que se *perdeu*, nos primeiros tempos, na tradução do alemão para português (a necessidade de *tradução* compreende-se, dado que foi na Alemanha que o princípio experimentou o seu desenvolvimento dogmático originário e decisivo, inicialmente no Direito administrativo ainda no século XIX, onde surgiu essencialmente como um controlo de *necessidade*, e, depois, no constitucionalismo do pós-II Guerra, através da jurisprudência do Tribunal Constitucional a partir do final dos anos cinquenta, incluindo nessa altura já a dimensão de *proporcionalidade*).

b) Quanto a este arremedo de definição, diga-se, em primeiro lugar, embora seja um problema menor, que a distinção terminológica entre proporcionalidade em sentido lato e proporcionalidade em sentido estrito não parece, no contexto, a mais conveniente. Como, na prática, raramente se reproduz aquela precisão (a de estarmos a utilizar o *sentido lato* ou o *sentido estrito*) e se recorre indiferentemente ao termo "proporcionalidade" para designar um e outro sentido, nunca se sabe verdadeiramente do que se está a falar quando se diz que um acto viola a proporcionalidade ou é desproporcionado. A que é que nos estamos a referir? À proporcionalidade *lata* ou à *restrita*? Nunca o sabemos porque, excluindo o momento da apresentação do princípio, a partir daí só se fala, normalmente, em *proporcionalidade*. Por isso preferimos a designação de *proibição do excesso* para o princípio mais amplo, qualificando de *proporcionalidade* um dos subprincípios ou dos controlos integrados naquele.

Segundo, a designação de *adequação* para o primeiro dos subprincípios da proibição do excesso é simplesmente o resultado de uma concepção *inadequada*, uma vez que sugere que lidamos um parâmetro de conteúdo axiológico que este subprincípio não tem. De facto, o termo alemão (*Geeignetheit*) deveria, neste contexto de distinção entre os três subprincípios referidos, ter sido traduzido por *aptidão*. Não o tendo sido[5], fica uma ideia errada do sentido que se atribui ao subprincípio, já que aptidão e adequação não são a mesma coisa e remetem para ava-

[5] Entre nós, a origem da *tradução* pode ter sido a seguinte. Em obra de 1970/71, publicada em 1974, Gomes Canotilho indicava, como princípios constitucionais a que lei e administração estavam submetidos, os princípios da necessidade, da proporcionalidade e da idoneidade, considerando que o princípio da idoneidade "proíbe a aplicação de meios inadequados para a obtenção do fim a prosseguir" (cf. *O Problema da Responsabilidade do Estado por Actos Lícitos*, Coimbra, 1974, pág. 333). Por sua vez, em 1978, no que terá sido a primeira vez que a terminologia que fez escola foi utilizada, Gomes Canotilho /Vital Moreira, na 1ª edição da sua *Constituição Anotada*, consideravam constitucionalmente garantido "o *princípio da proibição do excesso*, de que são particularizações o princípio da necessidade ou da exigibilidade, o princípio da adequação e o princípio da proporcionalidade, de acordo com os quais são ilegítimas as medidas desnecessárias, inadequadas ou desproporcionadas" (cf. pág. 84). Finalmente, na 2ª edição da mesma obra, em 1984, a terminologia *canónica* foi definitivamente estabelecida: o *princípio da proibição do excesso* "desdobra-se em três subprincípios: *a) princípio da adequação*, isto é, as medidas restritivas legalmente previstas devem revelar-se como meio adequado para a prossecução dos fins visados pela lei [...]; *b) princípio da exigibilidade* [...]; *c) princípio da proporcionalidade* em sentido restrito[...] (cf. 1º vol., págs. 170 e seg). Esta terminologia foi acolhida pelo Tribunal Constitucional a partir do Acórdão nº 103/87 e, desde aí, sistemática e acriticamente repetida. Curiosamente, sem ter abandonado totalmente os termos utilizados (fala actualmente em *princípio da conformidade ou adequação*), Canotilho altera substancialmente a sua definição deste subprincípio quando o passa a caracterizar como exigência de que o acto do poder público seja "*apto* para e *conforme* os fins justificativos da sua adopção" (cf. *Direito Constitucional e Teoria da Constituição*, 7ª ed., Coimbra, 2003, págs. 269 e seg).

liações substancialmente distintas: uma medida pode ser capaz de atingir um fim, no sentido de ser apta para tanto, de ser, de facto, um *meio* capaz de realizar aquele *fim*, e, todavia, ser inadequada, no sentido de inapropriada, de inconveniente. Uma escuta não judicialmente autorizada é um meio apto para obter uma informação, mas é um meio inadequado; isto é, aptidão e adequação são coisas distintas. Logo, quando se diz, na referida *vulgata*, que o primeiro subprincípio é o da *adequação*, induz-se a existência de um cunho axiológico, valorativo, que o referido subprincípio, na sua pretendida objectividade empiricamente verificável, não apresenta. Por isso preferimos a designação de *princípio da aptidão* para este subprincípio.

Terceiro, o dito princípio da necessidade definido nos termos atrás referidos (exigência de recurso ao meio menos restritivo) seria inutilizável, por ser incomportável nas suas consequências. É que, na generalidade das situações, para prosseguir o mesmo fim há normalmente meios menos restritivos do que aquele que foi utilizado; então, todos os meios escolhidos seriam inconstitucionais, já que existiria sempre uma alternativa menos restritiva do que aquela que foi, de facto, adoptada. Sancionar um crime com pena de três anos seria inconstitucional, porque também uma pena de dois anos e trezentos dias permitiria prosseguir o fim e era menos restritiva; mas também esta última medida da pena seria, pela mesma razão, inconstitucional e assim sucessivamente. Por isso será indispensável, quando se fala na exigência de meio necessário como *meio menos restritivo*, incluir a exigência de que tenha o mesmo grau de eficácia ou de aptidão na obtenção do fim que o outro com o qual está a ser comparado, apesar dos problemas que tal suscita e que iremos considerar.

Por último, o dito terceiro elemento da proporcionalidade —esse sim, poderia ter sido traduzido por *adequação* (*Angemessenheit*)— que, supostamente, se identificaria com ponderação entre dois princípios ou direitos em colisão, só passou a reivindicar esse sentido na proposta da teoria dos direitos fundamentais como princípios, de Alexy[6]. Até então, ou seja, até aos anos oitenta/noventa do século passado, essa dita proporcionalidade em sentido estrito significava, diferentemente, a ponderação entre os sacrifícios impostos e os benefícios obtidos com uma concreta medida restritiva, mais precisamente, significava a avaliação dessa

[6] Cf. *infra*, 2.3.1.

relação de *meio-fim* como sendo adequada ou inadequada; era, portanto, qualitativamente distinta de uma técnica de ponderação funcionalmente orientada a determinar, em função do respectivo *peso*, qual dos princípios, bens (ou interesses ou normas) em conflito numa situação concreta deve prevalecer.

Ou seja, como veremos, quando há necessidade de uma ponderação no domínio do controlo de proporcionalidade, essa deverá ser uma ponderação entre *meio-fim*, entre sacrifício imposto e benefício alcançado, ou, como acontece na maioria dos casos quando se pretende apurar a eventual desproporcionalidade nessa relação, deverá ser uma ponderação entre diferentes medidas restritivas alternativas que se propõem alcançar o fim em vista e não uma ponderação entre dois princípios ou entre dois direitos para saber qual prevalece.

1.2. Natureza e justificação do princípio estruturante

a) Retornando à identificação do princípio estruturante que está em causa neste tipo de controlo, pensamos ser mais feliz a proposta, originária de LERCHE, de tomar o princípio da *proibição do excesso* como o princípio mais abrangente onde se integram diferentes elementos constitutivos, entre os quais o da proporcionalidade. De facto, neste domínio a ideia-chave deve ser a de que, num Estado baseado na dignidade da pessoa humana, as relações entre os particulares e o Estado estão sujeitas a um princípio basilar: a liberdade e a autonomia dos primeiros são a regra —pelo que, em princípio, o *se*, o *quando* e o *como* do seu exercício são deixados à discricionariedade do indivíduo—, enquanto que a ingerência estatal na liberdade dos cidadãos é a excepção e, como tal, limitada e de validade condicionada ao preenchimento de requisitos pré-estabelecidos.

Esta posição de partida, que se traduz no chamado *princípio da repartição* de Estado de Direito, não na visão redutora de um liberalismo avesso a uma integração de liberdade e Direito e, nessa medida, tendencialmente hostil a qualquer intervenção estatal na liberdade individual, mas integrado numa concepção garantista da liberdade individual e dos direitos fundamentais vinculada ao princípio da protecção e promoção da dignidade da pessoa humana, tem consequências dogmáticas directas no domínio que aqui tratamos.

Com efeito, tendo-se caracterizado a relação Estado-cidadão naqueles termos, então as eventuais intervenções restritivas dos poderes públicos na esfera de autonomia dos cidadãos, mesmo quando admitidas, nunca podem ir para além do estritamente necessário ou daquilo que seja adequado, ou seja, desse tipo de relacionamento entre o Estado e os indivíduos deve estar excluída a imposição estatal de cargas, ónus ou sacrifícios *excessivos* aos particulares.

Entende-se, assim, que a pessoa será inconstitucionalmente afectada quando o Estado a sacrifique desnecessária, fútil ou desproporcionadamente. Em quaisquer dessas situações, os poderes públicos não estariam a relevar devidamente a natureza e os interesses da pessoa enquanto tal, não estariam a atender à sua dignidade, já que lhe impunham sacrifícios não necessários, não indispensáveis e, enquanto tal, inadmissíveis.

Logo, a ideia sempre presente e mais abrangente no sentido da conformidade ou adequação constitucional da medida restritiva é a de proibição do excesso de restrição ou de intervenção restritiva na liberdade, sendo a ideia de relação proporcional, de justa medida, de equilíbrio —seja entre bens, seja entre meios e fins— um de entre vários elementos em que se desdobra, consequentemente, aquela proibição, já que o *ir para além do adequado*, do *estritamente necessário*, pode resultar de diferentes causas.

Mais concretamente, o excesso inadmissível em Estado de Direito, e daí a sua inconstitucionalidade, pode resultar do facto de uma norma restritiva (ou uma medida restritiva) ser inapta, ser desnecessária, ser desproporcionada, ser desrazoável ou ainda, como veremos quando analisarmos o princípio correspondente[7], ser indeterminada. Portanto, o excesso pode ter na sua raiz diferentes causas a que correspondem controlos diferenciados; a proporcionalidade é um dos controlos, mas não o único, a que se recorre para apurar a existência de excesso e, logo, de inconstitucionalidade.

b) Por outro lado, a preferência pela designação do princípio como *proibição do excesso* apresenta, do ponto de vista do princípio da separação

[7] Cf. *infra*, cap. VIII.

de poderes, uma vantagem relevante relativamente à designação *proporcionalidade em sentido lato*. Mais uma vez, não sendo uma questão decisiva, a terminologia utilizada induz, ainda assim, atitudes diferentes quanto a este último princípio.

A exigência de *proporcionalidade*, correspondendo aos sentidos de equilíbrio, adequação, justa medida e equivalentes, sugere a ideia de que a obtenção desse *status* de balanço equilibrado é um pressuposto de constitucionalidade, no sentido de que seriam inconstitucionais as medidas (leis, actos administrativos, actos judiciais) que não realizassem esse objectivo, que não fossem proporcionadas.

Porém, num Estado de Direito sujeito ao princípio da separação de poderes, não é assim. Se é certo que todos os poderes públicos estão vinculados a chegar à *melhor solução possível*, só há inconstitucionalidade quando se violam normas ou princípios constitucionais e, no caso, aquilo que é inconstitucional, aquilo que está proibido é o *excesso* nas medidas restritivas; uma medida pode não atingir o melhor equilíbrio, pode não ser a medida mais ajustada, a medida *mais* proporcional, mas só é inconstitucional se, de acordo com os parâmetros comuns de um Estado de Direito baseado na dignidade da pessoa, for excessiva.

Constituindo, tal como a ideia de proibição do arbítrio, uma componente elementar da ideia de justiça, o princípio da proibição do excesso pode, por tal facto, reclamar uma validade geral não mais confinada aos estreitos limites do Direito administrativo ou do Direito de polícia onde se havia já firmado a partir do século XIX. Só essa vinculação entre proibição do excesso, proporcionalidade, Estado de Direito e justiça explica que, apesar das substanciais diferenças dos textos constitucionais ou mesmo em caso de ausência nesses textos, seja idêntica ou muito próxima a tendência de evolução que, a propósito, se desenvolve nos diferentes países europeus, na jurisprudência do Tribunal Europeu dos Direitos Humanos ou na jurisdição da União europeia, no Canadá, na África do Sul, no Brasil e América latina, em Israel, Austrália, Nova Zelândia, Coreia do Sul e também, mas em muito menor medida e de forma distinta, nos Estados Unidos da América.

Assim, admitindo que a referência comum à proporcionalidade — por ser a mais vulgarizada e com progressivo acolhimento no direito positivo— seja utilizada como *superconceito*, no quadro dos controlos típicos de Estado de Direito, a par da igualdade, da protecção da confiança ou da reserva de lei, preferimos considerar a proibição do excesso, até por força do seu reconhecimento constitucional expresso no artigo 18º, nº 2, da Constituição portuguesa, como princípio-base em que se integram os diferentes elementos constitutivos em seguida abordados.

c) Em qualquer caso, vamos proceder ao estudo dos três subprincípios tradicionalmente integrados na proibição do excesso (aptidão, necessidade e proporcionalidade) independentemente da terminologia e das concepções dominantes subjacentes, uma vez que, para se alcançar uma compreensão adequada do significado do princípio constitucional, é necessário o domínio das várias e diferentes dimensões nele inscritas e, sem dúvida, as preocupações que se procuram expressar através daqueles subprincípios são juridicamente relevantes. Sintetizando o sentido da sua utilização originária, ao **princípio da aptidão** (ou da **idoneidade**) é atribuído o sentido de exigir que haja uma relação de correspondência racional —de *meio-fim*— entre a medida restritiva e o fim visado com a restrição; ao **princípio da necessidade** (ou da **indispensabilidade** ou da **exigibilidade**), é atribuído o sentido de que se deve escolher o meio menos restritivo ou menos agressivo possível para atingir o fim; por sua vez, o **princípio da proporcionalidade** em sentido estrito respeitaria à relação de *justa medida* ou de adequação (aqui, sim, se justifica a utilização deste último termo) entre o sacrifício imposto pela restrição e o benefício por ela produzido.

1.3. A necessidade de autonomizar um controlo de proporcionalidade e um controlo de razoabilidade dentro da proibição do excesso

a) Esta decomposição do princípio da proibição do excesso pelos seus vários elementos constitutivos apresenta a vantagem de permitir uma compreensão quase intuitiva das várias dimensões que há que ter em conta quando se recorre ao princípio para resolver problemas de direitos fundamentais, mas apresenta, em contrapartida, se não se tiver plena consciência dos limites dessa tradicional (tri)partição, um inconveniente sério e uma insuficiência: o primeiro refere-se à ilusão de que é possível fazer um controlo constitucional adequado através de um percurso linear em que sucessivamente se apreciem os problemas de aptidão, de necessidade e de proporcionalidade; a segunda traduz-se na desconsideração de uma dimensão da maior relevância quando se pretende verificar a existência de eventual excesso, a dimensão de *razoabilidade*.

b) A ideia de que a aplicação do princípio se faz através de um escalonamento dos controlos num processo de filtragem que vai eliminando, sucessivamente, os *candidatos* que são chamados a *passar* os testes correspondentes a cada um dos referidos subprincípios é demasiado simplificadora e, como veremos, pode distorcer significativamente, enfraquecendo-os, os resultados do controlo. A essa proposta subjaz a estratégia de processar, inicialmente, os testes mais objectivos, os relacionados com os controlos de aptidão e de necessidade, para se chegar finalmente, no controlo respeitante à fase da proporcionalidade, ao momento da avaliação da referida *justa medida*; este momento, diferentemente do que ocorria naqueles primeiros *testes*, já estaria dependente de procedimentos de ponderação, de avaliação subjectiva, racionalmente acessíveis, mas de valoração mais discutível.

Consequentemente, o escalonamento dos controlos permitia a diversificação das exigências e das margens de densidade ou intensidade do controlo jurisdicional para cada um dos elementos sindicados. Ou seja, quando se verifica se o legislador utilizou meios aptos a alcançar os fins a que se propôs (princípio da aptidão), a margem de que o juiz dispõe é uma (maior), enquanto já será, eventualmente, uma outra (menor) quando verifica se um sacrifício imposto é proporcional ao benefício atingido ou visado (princípio da proporcionalidade).

Vamos, no entanto, verificar que este faseamento ou escalonamento dos controlos da proibição do excesso pode ser ilusório, no sentido de que, se é certo que permite o estudo ou a compreensão das várias dimensões relevantes no controlo de proporcionalidade, os resultados assim produzidos seriam desoladores, já que a *filtragem* apenas seria efectiva para os casos *fáceis*, isto é, aqueles cuja inconstitucionalidade é tão evidente e tão imediatamente perceptível que o próprio controlo judicial é quase dispensável. Ao invés, nos casos verdadeiramente complexos, *difíceis*, um tipo de controlo construído daquela forma faseada perde alcance efectivo, serve para muito pouco ou para nada, já que praticamente todos os *candidatos* superariam os requisitos cujo preenchimento lhes fosse pedido *fase a fase*.

É, portanto, com a consciência desta reserva, mas simultaneamente da vantagem em conhecer as várias dimensões e parâmetros potencialmente inscritos no princípio, que procederemos à análise parcelada de cada um dos subprincípios integráveis na proibição do excesso, começando inicialmente pelos tradicional e generalizadamente reconhecidos.

Posteriormente consideramos o controlo atinente a uma outra dimensão da proibição do excesso, o controlo de razoabilidade, e chamamos ainda a atenção para o facto de que estudaremos autonomamente o princípio da determinabilidade que, tendo uma maior amplitude normativa, inclui também uma importante dimensão de proibição do excesso.

c) As virtualidades jurídicas do princípio da proibição do excesso desenvolvem-se, no entendimento que propomos, em torno de dois parâmetros autónomos de identificação de inconstitucionalidade: num controlo de proporcionalidade (que releva e inclui as dimensões de eficácia na realização do fim e de gravidade do sacrifício produzido por uma dada medida restritiva ou em comparação com medidas alternativas) e num controlo de razoabilidade. Assim, uma norma, um acto ou uma decisão judicial que produzem efeitos desvantajosos na esfera jurídica de alguém podem ser considerados excessivos e, como tal, em Estado de Direito, inconstitucionais ou por serem *desproporcionais* ou por serem *desrazoáveis*. É certo que no específico controlo de proporcionalidade se deve recorrer às dimensões de aptidão, de necessidade e de proporcionalidade, mas quase nunca em termos de um controlo fragmentado, sucessivo ou linear. Ou melhor, esse tipo de controlo só seria adequado nos casos fáceis, naqueles que verdadeiramente não chegam a constituir um problema jurídico. Se o caso apresenta maior complexidade, aquela forma de abordagem, como veremos, não serve.

Este entendimento pressupõe, consequentemente que, para efeitos do controlo, atribuamos sentidos substancialmente distintos aos dois termos, proporcionalidade e razoabilidade. Convém, no entanto, ter em conta que na abordagem corrente é normal a identificação dos conceitos, ou seja, há nessa utilização comum, diferentemente da proposta aqui feita, uma indistinção semântica entre *adequação, proibição do excesso, razoabilidade, proporcionalidade* ou termos equivalentes.

Naturalmente, a questão essencial não tem a ver com as etiquetas escolhidas, mas remete exclusivamente para a existência objectiva da possibilidade e, a nosso ver, exigibilidade de aplicação de parâmetros de controlo substancialmente distintos integráveis no princípio geral da proibição de restrições ou de intervenções restritivas excessivas. Consideramos, nesse sentido, as duas dimensões mais relevantes de proibição do excesso como consistindo numa exigência de proporcionalidade e numa exigência de razoabilidade.

O controlo de proporcionalidade tem essencialmente a ver com comparação. Apurar se algo é ou não desproporcionado não pode determinar-se sem comparar, sem pôr em relação. Mais precisamente, no controlo de proporcionalidade neste contexto centramo-nos na relação entre a medida restritiva em análise e o fim em vista com a restrição, recorrendo, pelo menos nos casos complexos, a uma valoração comparativa de alternativas restritivas, sendo essa comparação —ou, num sentido afim, essa ponderação— finalisticamente orientada ao apuramento de eventual existência de excesso ou de desproporcionalidade entre benefícios pretendidos e sacrifícios impostos pelos poderes públicos aos particulares.

Já o controlo de razoabilidade tem a ver exclusivamente com a valoração do estado ou da situação em que ficam os particulares após a imposição de medidas restritivas, sendo essa avaliação finalisticamente orientada ao apuramento de eventual existência de um resultado desrazoável (intolerável, incomportável) à luz dos critérios próprios de uma sociedade aberta de Estado de Direito.

Esta distinção parece-nos necessária e indispensável a uma compreensão cabal do significado jurídico-constitucional de *excesso* em Estado de Direito. É certo que, muitas vezes, quando alguém fica numa situação desrazoável após a intervenção de uma restrição que o afecta, essa restrição é também desproporcionada. Mas, em contrapartida, como se verá, podemos encontrar inúmeras situações em que não há desproporcionalidade de uma medida restritiva quando se considera a relação entre a importância dos benefícios e a medida dos sacrifícios por ela gerados e, todavia, por força dessa restrição alguém fica num estado ou numa situação que reputamos de inadmissível, de insuportável ou desrazoável em Estado de Direito.

Portanto, o excesso em Estado de Direito apresenta-se nessas duas possibilidades juridicamente relevantes: desproporcionalidade e desrazoabilidade. Limitar o princípio exclusivamente ao controlo da existência de eventuais desproporcionalidades seria caucionar a permanência em vigor de intervenções restritivas não desproporcionadas, mas desrazoáveis, o que seria incompatível com a centralidade dos direitos fundamentais e da dignidade da pessoa humana em Estado de Direito.

2. O controlo de proporcionalidade

Como dissemos, por razões exclusivamente didácticas e sem que isso signifique qualquer orientação sobre a metodologia a seguir no controlo de proporcionalidade, vamos percorrer os diferentes subprincípios a ter em conta.

2.1. Princípio da aptidão ou da idoneidade (erroneamente designado como adequação)

a) O princípio da idoneidade ou da aptidão exige que as medidas restritivas da autonomia individual sejam aptas a realizar o fim prosseguido com a restrição ou, mais rigorosamente, exige que aquelas medidas contribuam para o alcançar numa dimensão sensível.

Este controlo refere-se exclusivamente à aptidão objectiva ou formal de um meio para realizar um fim e não a qualquer avaliação substancial da bondade intrínseca ou da oportunidade da medida restritiva: uma medida é apta quando é útil para a consecução de um fim, quando apresenta um grau sensível de eficácia na respectiva realização, quando permite a aproximação do resultado pretendido, quaisquer que sejam a medida e o fim e independentemente dos méritos correspondentes. Daí que, como frisámos, não nos pareça apropriada a tradução desta máxima como *princípio da adequação* já que este último termo sugere uma aproximação de base axiológica e de valoração subjectiva que, aqui, não se verifica. No princípio da aptidão lidamos, ao invés, com um controlo essencialmente baseado numa relação objectiva e empiricamente comprovável entre um meio e a aproximação que ele nos permite ou não a um fim.

Assim, a aptidão deve ser aferida, como sustenta a doutrina germânica no seguimento da jurisprudência do Tribunal constitucional, não no sentido de uma exigência que só se considera cumprida quando o meio realiza integral ou plenamente o fim visado, mas bastando-se, antes, com a possibilidade de o meio proporcionar uma aproximação sensível, ainda que parcelar, do fim pretendido. Assim, nesta fase, a medida restritiva só será liminarmente invalidada por inidoneidade ou inaptidão quando os seus efeitos, relativamente ao fim pretendido, sejam ou venham a revelar-se indiferentes, inócuos, ou até contraproducentes.

b) Mais ainda, a contenção de objectivos de *filtragem* a alcançar através do princípio da idoneidade reflecte-se, também, no facto de a invalidação de uma medida restritiva por inaptidão não se bastar com a verificação *a posteriori* da sua ineficácia na obtenção do resultado pretendido. É que, reconhece-se geralmente, para que se apure a existência de inconstitucionalidade será ainda necessário que o responsável pela restrição pudesse ter previsto tal inaptidão no momento em que a decidiu ou a actuou. O controlo de idoneidade acaba por ser, essencialmente, um controlo que incide sobre a prognose realizada pelos poderes públicos responsáveis pela criação ou a concretização da restrição a direitos fundamentais no momento em que a decidiram.

Assim, de acordo com a jurisprudência e doutrina dominantes, a restrição só será inidónea quando, por exemplo, tendo em conta a margem de livre apreciação do legislador democrático —o que faz acrescer aos limites materiais do princípio da idoneidade os limites funcionais do poder judicial—, o juiz conclua, de acordo com os conhecimentos empíricos ou científicos disponíveis no momento da sua aprovação, ser essa restrição inapta para, de algum modo, contribuir para alcançar o fim por ela visado.

No entanto, relativamente a esta configuração conceptual do princípio, concordando embora com a atribuição da devida relevância aos juízos de prognose feitos no momento em que o autor da restrição representa os seus previsíveis efeitos, já não nos parece justificar-se qualquer condescendência para com os poderes públicos responsáveis pela restrição, não apenas a partir da altura em que o juiz comprova a inaptidão da medida restritiva, mas também a partir do momento em que os mesmos poderes públicos poderiam, objectivamente, ter verificado a inidoneidade do meio e, não havendo razões para, num e no outro caso, crer na reversibilidade da situação, devessem tê-lo anulado.

Significa isto que o decurso do tempo pode criar circunstâncias de verificação que determinem que uma medida restritiva cujos efeitos se destinem a perdurar, ainda que não seja ou tivesse sido considerada inapta no momento da sua criação à luz dos prognósticos feitos com base nos conhecimentos e experiência disponíveis —e, por esse facto, não inconstitucional *ex tunc*—, se venha a revelar inidónea e, como tal, inconstitucional a partir do momento em que essa verificação foi ou poderia objectivamente ter sido feita.

c) Por outro lado, a redução do controlo de idoneidade à filtragem das restrições absurdas ou puramente arbitrárias —pois, em princípio, só essas em nada contribuem para alcançar o fim— só é aceitável quando a desconsideração dos diferentes graus de aptidão ou idoneidade da medida restritiva possa ser posteriormente compensada pela sua *repescagem* para um controlo integrado de proporcionalidade.

De facto, se a consideração dos diferentes graus de realização induzidos pela medida restritiva ou pelas medidas alternativas extravasa, por opção metodológica, o controlo de idoneidade, não deverá deixar de ser tida em conta no controlo geral de proibição do excesso; um meio que alcança integralmente o fim visado e um meio que só nos aproxima dele numa escala mínima, não devem ser considerados indiferenciadamente na valoração dos efeitos negativos que produzem e, consequentemente, na avaliação do respectivo eventual excesso. Por isso, como veremos, os factores referentes ao grau ou intensidade de realização do fim relevam necessariamente quando, no controlo de proporcionalidade, se comparam o benefício alcançado e o sacrifício imposto pela restrição e, designadamente, quando se pondera a *constelação* em apreço (formada por uma medida com um certo grau de aptidão e a imposição de um certo sacrifício) com *constelações* alternativas em que aqueles termos sofressem variações.

Por fim, para além desse efeito útil na apreciação da existência de eficácias diferenciadas entre meios alternativos, a consideração da diferente medida em que uma restrição contribui para alcançar o fim adquirirá ainda a maior relevância quando se trate de saber se o poder público dispunha de medida menos restritiva capaz de proporcionar o mesmo grau de realização do fim proposto, ou seja, releva para efeitos do controlo de necessidade.

Em qualquer caso, não obstante essas modalidades indirectas de relevância do apuramento do grau de eficácia de uma medida restritiva, há uma conclusão inescapável quando se aprecia a utilidade deste *controlo de aptidão*: ele filtra exclusivamente as medidas restritivas objectivamente arbitrárias, as que não constituam verdadeiros *meios* em sentido rigoroso, já que em nada contribuem para alcançar o fim que, aparentemente, justificava a sua existência e os efeitos restritivos por elas produzidos. Portanto, enquanto teste de controlo da proporcionalidade, só apresenta valia autónoma nos casos que podemos considerar de fácil resolução jurídica, ou seja, aquelas situações em que a inconstitucionalidade da restrição, por arbitrária, é óbvia e evidente. Ora, verdadeiramente, não é para a resolução desse tipo de casos, sem complexidade, que se construiu o controlo da proibição do excesso.

2.2. Princípio da necessidade, da indispensabilidade ou do meio menos restritivo

a) Ainda que, por vezes, venham confundidos, há que distinguir entre o princípio da *proibição do excesso* e o princípio da *necessidade* ou da *indispensabilidade*. Enquanto que o primeiro, mais lato, proíbe que a restrição vá mais além do que o estritamente necessário ou adequado para atingir um fim constitucionalmente legítimo —o que envolve as diferentes exigências que estamos a considerar—, o *princípio da necessidade*, enquanto subprincípio ou elemento constitutivo daquele, tem um alvo bastante mais específico: impõe que se recorra ao meio *necessário, exigível* ou *indispensável*, no sentido do meio *mais suave* ou *menos restritivo* que precise de ser utilizado para atingir ou nos aproximar do fim em vista.

Apurada, em momento logicamente anterior, a idoneidade (aptidão) do meio para atingir o fim, trata-se, aqui, no controlo de indispensabilidade (ou, se se quiser, de *necessidade*, de *exigibilidade*), de verificar se não haverá, relativamente ao meio efectivamente escolhido, um outro meio que sendo, em princípio, tão eficaz ou idóneo como aquele para atingir o fim, seja, todavia, sensivelmente menos agressivo.

Se se puder fazer a prova de que existe um outro meio alternativo menos restritivo ou agressivo do que o utilizado e que atinge o fim com igual eficácia, então o meio em apreciação foi excessivo e, como tal, inconstitucional por violação do princípio da proibição do excesso e, mais especificamente, do *princípio da indispensabilidade* ou da obrigação de recorrer ao meio *mais suave* para atingir o fim. Na fórmula consagrada de FLEINER[8], vinda do início do século XX, *não se deve utilizar um canhão para atirar a pardais*.

Com idêntico sentido, será inconstitucional a medida restritiva que, embora legítima em relação ao fim prosseguido, provoque efeitos mais restritivos da liberdade do que as medidas actualmente em aplicação sem garantir, concomitantemente, um acréscimo sensível de eficácia na realização desse fim.

Por sua vez, a desnecessidade da agressão afere-se em relação aos prejuízos provocados pelas medidas restritivas idealmente em comparação, avaliando-os em função dos seus efeitos materiais, espaciais, temporais ou pessoais (ou seja, ser mais restritivo pode ter a ver com intensidade da agressão, mas também com maior ou menor âmbito pessoal, temporal ou espacial de afectação) e tendo em conta, não apenas o direito fundamental directamente atingido, como qualquer outra afectação desvantajosa da liberdade, dos direitos fundamentais ou de outros interesses juridicamente relevantes do mesmo titular ou de outros.

Precisamente, esta extrema variabilidade dos factores com influência na *medição* do prejuízo pressiona, na prática, no sentido de limitar uma aplicação autónoma deste controlo apenas às situações em que seja possível a comparação objectiva de duas medidas restritivas, tanto no plano do grau de aptidão na realização do fim, quanto no da magnitude do sacrifício imposto.

b) Assim, sendo possível a comparação entre duas alternativas restritivas que apresentam o mesmo grau de eficácia na realização de um fim

[8] "A limitação da liberdade individual nunca pode ir além da medida absolutamente exigível. A polícia não deve atirar a pardais com canhões" (F. FLEINER, *Institutionen des Deutschen Verwaltungsrechts*, 3ª ed., Tübingen, 1913, pág. 376).

e comprovando-se que uma é mais restritiva do que a outra, a solução é pacífica: sob pena de inconstitucionalidade por violação do princípio da necessidade, só pode ser escolhido o meio menos restritivo.

De facto, em caso de restrição a direitos fundamentais, com a opção por um meio igualmente idóneo, mas menos restritivo, os interessados na prossecução do interesse público que justifica a restrição não ficam pior —já que o fim público é alcançado com o mesmo grau de eficácia— e o afectado, pelo menos, melhora a sua posição relativa. Considerando que essa melhoria se verifica em domínio de acesso a bem jusfundamentalmente protegido, então a opção por esse meio é imperativa.

Porém, para poder corresponder à racionalidade subjacente a tal critério, o controlo de exibilidade tem de estar subordinado às seguintes linhas de orientação: em primeiro lugar, pressupõe-se a possibilidade de determinar rigorosa e precisamente o fim ou fins prosseguidos; segundo, pressupõe-se a idoneidade dos meios em comparação; em terceiro lugar, pressupõe-se a igual aptidão desses meios na realização do fim ou fins pré-determinados.

Logo, em face dessas características, este controlo apresenta uma vocação especial para uma aplicação nos casos concretos, pois só aí se pode verdadeiramente apurar dos fins visados, da idoneidade dos meios disponíveis em comparação contextualizada e, sobretudo, da existência de uma idêntica eficácia na realização do fim.

Assim, partindo do princípio de que a exibilidade de um meio só pode ser objectivamente apurada em função da comparação entre meios igualmente idóneos, ou seja, que apresentem um igual grau de eficácia, pode-se dizer que, embora focado na apreciação de uma medida restritiva, o controlo da indispensabilidade acaba por se traduzir numa relação/comparação entre *meio* e *meio*. Pode, então, dizer-se que se o princípio da aptidão remetia para uma relação *meio-fim*, o princípio da necessidade desenvolve-se numa relação *meio-meio*; como veremos, o controlo de proporcionalidade integrado inclui a avaliação dos dois tipos de relação, *meio-fim* e *meio-meio*.

c) Porém, se o controlo da aptidão dos meios disponíveis, tomado *a se*, relativamente a um meio singular, se pode efectivar de forma objectiva, já a avaliação do grau de aptidão ou idoneidade dos meios possíveis, bem como a valoração do grau da restrição produzida, para fins de controlo de indispensabilidade, revelam-se muito mais complexas. Não apenas pela dificuldade em determinar o grau exacto de eficácia de um meio quando comparado com outro, não apenas porque raramente dois meios revelam, de forma evidente, um preciso grau de aptidão em termos de se poder concluir pela sua equivalência, mas também porque uma variação no grau de realização do fim prosseguido será normalmente acompanhada de variações correspondentes nos efeitos restritivos por eles provocados. Por outro lado, a variabilidade da natureza dos efeitos restritivos, entre os quais se deve incluir o próprio custo de cada um dos meios (já que o contribuinte será, em última análise, afectado pelas respectivas diferenças), bem como a diferente sensibilidade na respectiva percepção introduzem acrescidos elementos de subjectividade e de indeterminação.

Assim, aquilo que deveria ser um controlo objectivo e de fundamentação intersubjectivamente demonstrável, na prática acaba por remeter inevitavelmente para juízos decisivos, mas complexos, de valoração e de ponderação. Na generalidade dos casos, tratar-se-á de ponderar se, para atingir um dado fim, ao meio A é de preferir o meio B que, sendo embora mais restritivo do que aquele, tem um maior grau de eficácia na realização do fim, ou, ainda, se se deve optar pelo meio C, menos agressivo do que A, mas, também, menos eficaz que este.

d) A complexidade das valorações e correspondentes escolhas fica mais evidente se traduzirmos numa expressão numérica as *constelações* em causa, ainda que com a reserva —decisiva para a compreensão da natureza da ponderação que se efectua neste domínio— da impossibilidade de quantificação objectiva dos valores em concorrência.

A solução aparenta ser evidente quando um abrandamento praticamente insensível na eficácia de consecução do fim é acompanhado de uma redução significativa dos efeitos restritivos, quando, por exemplo, numa escala de eficácia e de efeitos restritivos de zero a dez, o meio A apresenta um grau oito de realização do fim e efeitos restritivos de grau dez, enquanto que o meio B tem sete de eficácia e três de agressividade, portanto, produz um benefício muito semelhante com a imposição de um sacrifício muito menor. Aí, a opção por B parece impor-se. Porém, a situação pode ser muito mais complexa, sobretudo quando há várias alternativas disponíveis; por exemplo, as alternativas podem consistir num meio A com quatro de eficácia e três de efeitos restritivos; no meio B, com nove de eficácia e sete de efeitos restritivos; e no meio C, com dois de eficácia e dois de efeitos restritivos.

e) Para além desta dificuldade objectiva, na apreciação de cada um destes vectores tem de se atender à sensibilidade dos próprios interessados. Assim, aquilo que, normal e objectivamente, é considerado um meio menos restritivo pode, do ponto de vista do afectado, ser sentido como meio mais gravoso. Por outro lado, a medida mais suave para algum ou alguns dos lesados pode constituir a solução mais agressiva para os legítimos interesses de outro grupo de afectados, tal como, inversamente, a maior danosidade de uma medida pode ser compensada pelo facto de, para outro grupo de interessados ela revestir até uma natureza prestacional e não ablativa. Como se disse, relevam igualmente os custos financeiros das diferentes medidas, pelo que o eventual benefício de alguns é acompanhado do carácter restritivo para a generalidade dos contribuintes ou para a parte a quem esse custo é imputado.

f) Portanto, nestes casos —ao contrário da situação, simples mas dificilmente realizável, em que há dois meios igualmente idóneos, sendo um claramente menos restritivo que o outro—, a opção só pode basear-se em avaliações complexas em que, de acordo com as circunstâncias mutáveis de cada caso, se comparam utilidades, se elegem os interesses de liberdade que se consideram determinantes e se privilegia o plano da eficácia ou o dos efeitos restritivos na liberdade, o da apreciação objectiva ou o da própria sensibilidade dos interessados, mas sempre em termos de escolhas de intersubjectividade dificilmente demonstrável.

Mais ainda, a questão é tanto mais difícil quanto, no controlo de indispensabilidade, não se trata apenas de fazer e fundamentar uma escolha subjectiva, mas de verificar, do ponto de vista da Constituição, se essa escolha é inconstitucional, por ser não exigível, quando comparada com as *constelações* alternativas disponíveis.

Há, é verdade, algumas raras situações em que a possibilidade de recurso a meio mais suave sem perda de eficácia revela, sem necessidade de qualquer juízo complexo de ponderação, o carácter gratuito e, por isso excessivo, da restrição; o juiz pode racionalmente demonstrar que seria possível ao legislador recorrer a um meio menos restritivo e tão eficaz na prossecução do fim como aquele que foi efectivamente escolhido.

Mas, se neste caso a inconstitucionalidade é objectivamente determinável, já na maior parte das situações em que se suscita a questão do meio restritivo *mais suave* o apuramento do excesso é bem mais complexo. De facto, é quase sempre possível invocar a possibilidade de utilização de um meio menos restritivo desde que o Estado condescenda em perder alguma eficácia na realização do fim. Ora, quando se trata de comparar o meio efectivamente utilizado com alternativas em que a redução de *agressividade* seja acompanhada de diminuição de eficiência na prossecução do fim, ou seja, quando se está a valorar um incremento marginal de liberdade individual obtido só através de uma diminuição de eficácia, o tribunal entra num domínio em que os seus juízos de valor incidem sobre alternativas qualitativas e concorrem aí com os juízos eventualmente divergentes realizados pelo legislador ou pela administração.

Trata-se, fundamentalmente, de ponderar alternativas de restrição em que variam quer o grau de eficiência na realização do fim quer a dimensão do prejuízo infligido à liberdade individual. Nessa altura, o juízo de constitucionalidade tem de considerar bens como a importância relativa do interesse de liberdade individual e do fim estatal na perspectiva das diferenças marginais, positivas e negativas, proporcionadas pelas alternativas em apreço, incluindo, eventualmente, as diferenças dos seus custos e das suas implicações orçamentais, o que remete, directamente, para a questão dos limites funcionais de legislador e juiz e da correspondente especial perícia ou habilitação que cada um deles pode oferecer nesse tipo de decisão.

Enquanto que nas situações de aplicação meramente *objectiva* e *evidente* do princípio da indispensabilidade —com identidade de graus de eficácia dos meios restritivos em comparação e evidência das diferenças de efeitos restritivos produzidos—, o poder constituído autor da restrição não beneficia, para além da relevância da margem de prognose também reconhecida no controlo da idoneidade, de qualquer condescendência na intensidade do controlo jurisdicional de indispensabilidade, já nas situações, mais complexas, insusceptíveis de uma aplicação isenta de ponderação e de valorações e que pressuponham uma comparação subjectiva de utilidades, o poder judicial tem de observar uma maior contenção, nomeadamente quando lida com as avaliações de ponderação que foram previamente realizadas pelo legislador democraticamente legitimado.

g) Assim, perante a complexificação das variáveis a considerar na determinação do meio menos restritivo, parte da doutrina tende a reduzir a aplicabilidade do controlo de indispensabilidade aos casos reconduzíveis a uma comparação objectiva entre meios igualmente idóneos na prossecução de um fim indiscutível e em que a graduação dos efeitos restritivos é empiricamente realizável com base nos dados fácticos em presença. Dessa forma, o controlo de indispensabilidade teria, em geral, um sentido de aplicabilidade não controversa que lhe adviria de uma função de filtragem perfeitamente definida e de resultados objectivamente comprováveis, já que só existiria inconstitucionalidade por violação da indispensabilidade do meio sempre que fosse possível apresentar um outro meio tão ou mais eficaz que o meio efectivamente escolhido e que provocasse comprovadamente menos danos na liberdade individual.

É certo que, com tal redução, se garante a objectividade do controlo, mas, na medida em que o princípio da indispensabilidade só possa ser invocado nos casos praticamente evidentes, isto é, aqueles em que o carácter gratuito e, logo, excessivo da restrição é facilmente apurado, ele acaba por ter um préstimo residual e muito limitado. De facto, excluindo do controlo de indispensabilidade todas as situações em que há diferenças no grau de eficácia dos diferentes meios disponíveis, esta proposta acaba por remeter para outras sedes a avaliação de praticamente todos os *casos difíceis*. Da nossa parte, pensamos que a análise de todo esse tipo de situações complexas só pode ser apropriadamente resolvido no âmbito de um controlo integrado de proporcionalidade, para onde remetemos.

h) Essa remissão para um controlo combinado de vocação globalizante é aconselhada, ainda, tanto pela necessidade de relevar a própria dimensão da exigibilidade dos meios restritivos, como por razões de separação de poderes. É que a complexidade e multiplicidade das situações de maior complexidade que podem surgir neste domínio podem estimular, de um lado, um activismo que leve o juiz a considerar inconstitucional uma qualquer decisão do legislador. Na realidade, o juiz pode sempre *descobrir* uma alternativa dita menos restritiva que poderia ser adoptada sem perda sensível da efectividade na prossecução do fim. No exemplo já dado, optar por uma pena de dois anos e trezentos dias em vez de uma pena de três anos é menos restritivo sem que se possa dizer ter sido a eficácia na realização do fim diminuída; logo, a pena de três anos poderia ser considerada inconstitucional.

Em contrapartida, já num sentido oposto de autocontenção judicial, o teste da necessidade perde qualquer sentido útil quando é sempre possível considerar que não há duas medidas rigorosamente iguais em termos de aptidão na realização do fim, pelo que este controlo perderia, enquanto controlo autónomo e auto-suficiente, qualquer hipótese prática de aplicação. Por mais restritiva que fosse, nenhuma medida seria desnecessária quando não existe outra exactamente tão efectiva quanto ela.

i) Há, por último, um controlo específico relacionado com a indispensabilidade, mas que, pelas suas características especiais e autonomizáveis, trataremos posteriormente no quadro de um princípio próprio, o princípio da determinabilidade. Veremos, aí, que a exigência de determinabilidade das normas restritivas não remete, apenas, para uma racionalidade derivada da ideia de proibição do excesso. Há, também, exigências derivadas da reserva de lei e da separação de poderes que impõem a determinabilidade das normas restritivas de direitos fundamentais e que, conjugadas com as exigências de proibição do excesso, formam um complexo que aconselha o tratamento autonomizado do princípio da determinabilidade.

Neste plano de necessidade e de proibição do excesso, a ideia geral, que desenvolveremos nesse outro quadro, é a de que as normas proibitivas, restritivas, devem assinalar com clareza, precisão e determinabilidade aquilo que proíbem, que condicionam ou que, em geral, restringem. Quando não o fazem, isto é, quando apresentam um conteúdo indeterminado, os destinatários dessas normas, incapazes de perceber, com certeza, o que lhes está a ser vedado ou imposto, tendem a conformar ainda mais restritivamente os seus comportamentos por razões de segurança própria, o que acaba por resultar, na prática, numa proibição com um âmbito que vai para além da intenção e do âmbito que a justificava. Ou seja, a indeterminabilidade gera inibições não exigíveis e, enquanto tal, gera excesso nos efeitos restritivos produzidos.

2.3. Princípio da proporcionalidade

a) Com o princípio da proporcionalidade (isto é, na terminologia actualmente dominante, o princípio da proporcionalidade *em sentido estrito* ou o *terceiro* elemento da proporcionalidade) entramos na zona de maior complexidade e dificuldade dentro do controlo da proibição do excesso. É assim pelas duas ordens de razões seguintes.

Em primeiro lugar, comparativamente ao que ocorria nos controlos de aptidão e de necessidade anteriormente analisados, trata-se de um princípio de muito maior subjectividade, que apela ou que não consegue escapar a valorações de natureza subjectiva, a preferências pessoais e a pré-compreensões que condicionam os juízos de constitucionalidade a que se procura chegar. Em segundo lugar, e por isso mesmo, a verificação de proporcionalidade coloca inevitavelmente uma grande pressão sobre o princípio da separação de poderes, sobretudo quando se chama o juiz a verificar, à luz das normas e princípios constitucionais, anteriores decisões e preferências assumidas pelos órgãos que, em Estado de Direito democrático, têm legitimidade para o fazer, designadamente o legislador democrático.

Porém, e não obstante tais complexidade e dificuldade, trata-se, em contrapartida, de um tipo de exigência de que não se deve ou de que não se pode prescindir de considerar, sob pena de deixar à margem da Constituição de um Estado de direitos fundamentais uma dimensão ineliminável do eventual excesso no relacionamento entre o Poder e os cidadãos que não pode ser finalisticamente integrada nos dois subprincípios anteriores. É que as exigências cuja dimensão empírica assegura um preenchimento aceitável de requisitos mínimos de objectividade —a aptidão e a indispensabilidade da medida restritiva— não esgotam todo o âmbito de garantias potencialmente proporcionadas pelo princípio da proibição do excesso.

De facto, num exemplo que ilustra a complementaridade necessária dos controlos, mesmo que, por hipótese, para evitar que uma criança furtasse fruta do pomar do vizinho não houvesse outro meio que não fosse autorizar o guarda a disparar sobre ela —pelo que tal acto seria *apto* para atingir o fim e *indispensável* para evitar o furto—, ainda assim essa medida seria claramente excessiva, já que o sacrifício imposto era evidentemente desproporcionado face ao fim visado, seja ele o de punir, de prevenir ou de dissuadir. Num exemplo mais realista, se a única hipótese de um polícia evitar a fuga de um detido suspeito da prática de um delito menor fosse disparar sobre ele, tal meio poderia ser apto e indispensável, tendo em conta o fim em vista e as circunstâncias do caso, mas seria seguramente excessivo e a razão do excesso está na sua desproporcionalidade. Logo, a verificação da existência de eventual excesso não pode bastar-se com aptidão e necessidade.

Durante muito tempo, mais propriamente, até aos anos cinquenta do século passado, o princípio da necessidade satisfazia as exigências do controlo do eventual excesso das medidas restritivas de aplicação da lei por parte da administração de Estado de Direito. Mas, quando a própria lei passou igualmente a ser objecto de controlo de constitucionalidade, quando as normas constitucionais de direitos fundamentais passaram, na Europa, a ser assumidas como normas jurídicas aplicáveis pelos tribunais, então também os próprios fins visados pelo legislador ou o eventual excesso das suas escolhas políticas de adopção de umas ou outras medidas restritivas disponíveis precisam de ser objecto de controlo de constitucionalidade e, desse ponto de vista, o controlo de necessidade deve ser complementado por um controlo de proporcionalidade.

Ou seja, há uma dimensão de garantia do *não excessivo* que não é integralmente preenchida pelos controlos de aptidão e de necessidade; precisamente, pelo menos, é necessário considerar também a *proporcionalidade* (veremos, posteriormente, que ainda assim ficaria uma outra em falta, a dimensão de *razoabilidade*). Portanto, mesmo com os riscos e dificuldades assinalados, a aplicação de um parâmetro de proporcionalidade às restrições aos direitos fundamentais é imprescindível na prevenção do excesso e no controlo da respectiva constitucionalidade.

Por último, esse controlo passa também a ser indispensável quando, como vimos, há todo um conjunto de decisões envolvendo o controlo de indispensabilidade que foram remetidas para este sede, já que essa foi a opção metodológica assumida quando, para preservar a respectiva objectividade, se reservou aquele controlo às situações de comparação entre duas medidas restritivas de eficácia exactamente igual e com efeitos restritivos sensivelmente distintos. Assim, todos os referidos problemas em que se suscitam dúvidas de constitucionalidade sobre medidas de eficácia (aptidão) diferenciada e de efeitos restritivos de análise complexa foram remetidos e passam a dever ser considerados num controlo de proporcionalidade.

b) Com o princípio da proporcionalidade trata-se, genericamente, de indagar acerca da adequação (proporção) de uma relação entre dois termos ou entre duas grandezas variáveis e comparáveis. Com a generalização da aplicação do princípio enquanto limitação geral de toda a actuação dos poderes públicos, essas duas grandezas podem ser as mais diferentes, mas, quando se trata da sua aplicação comum enquanto instrumento de controlo das medidas restritivas de direitos fundamentais, os dois termos daquela relação são, de um lado, a importância dos benefícios ou a premência dos fins que se pretendem alcançar com a medida restritiva e, do outro, a gravidade do sacrifício que se impõe com a restrição.

Por sua vez, ainda que sempre relacionado com essa relação, numa perspectiva de separação de poderes o critério ou a perspectiva de verificação da observância ou da violação do princípio da proporcionalidade varia substancialmente: tanto se pode entender que neste controlo se avalia se aquela relação é *justa, adequada, razoável, proporcionada* ou, já na perspectiva inversa, com este parâmetro de controlo procurar-se-ia saber em que medida essa relação é *excessiva, desproporcionada, desrazoável.*

Sendo o controlo de proporcionalidade logicamente precedido dos controlos de aptidão e de indispensabilidade, que terão concluído ser a medida idónea para prosseguir o fim e ser o meio em apreço a medida menos restritiva (a medida *exigível*) ao dispor dos poderes constituídos —pois, não o sendo, a restrição seria liminarmente invalidada, dispensando-se os posteriores controlos de proporcionalidade—, há que apurar, agora, quais as margens relativas de que dispõem, de um lado, o poder constituído autor da restrição, e, do outro, o poder jurisdicional de controlo. Há, designadamente, que saber se o princípio da proporcionalidade exige que o meio restritivo escolhido seja o *mais proporcional* ou, apenas, que não seja *desproporcionado.*

Naturalmente, nessa variação de perspectiva ou de parâmetro e uma vez que ela repercute numa exigência substancialmente diversa que se faz impender sobre a observância da proporcionalidade por parte dos poderes públicos, o que está em causa é o grau de densidade ou de intensidade do controlo jurisdicional, naturalmente mais intenso na primeira perspectiva (o juiz constitucional considera que o poder público responsável violou a Constituição se a medida em causa não for *proporcional*) e bastante mais contido na segunda (o juiz constitucional só considera a medida inconstitucional quando a possa qualificar como *desproporcional*).

c) Nesta aproximação de definição podem intuir-se, em primeiro lugar, a relativa imprecisão e fungibilidade dos critérios de avaliação; em segundo lugar, o permanente apelo que eles fazem a referências axiológicas que possam funcionar como terceiros termos de comparação e onde está sempre presente um sentido de *justa medida*, de *adequação material* ou de *equilíbrio*; por último, a importância que nesta avaliação assumem as questões competenciais, mormente o problema da margem de livre decisão ou os limites funcionais que vinculam legislador, Administração e juiz.

Tanto basta para se perceber uma ineliminável e forte componente de avaliação subjectiva num controlo feito na base do princípio da proporcionalidade, já que se condiciona a conclusão de (in)constitucionalidade ao que se entende e se avalia como sendo o *justo*, aquilo que *deve ser*, naturalmente dependente do sentido de justiça ou da ideia de Direito daquele que decide e daquele que julga. De facto, no controlo de proporcionalidade trata-se essencialmente de valorar, de comparar sacrifícios (da liberdade, da autonomia ou do bem-estar individuais) e benefícios obtidos ou visados, vantagens e desvantagens da restrição que está a ser objecto do controlo.

Assim se compreende porquê, no domínio das restrições aos direitos fundamentais, a *proporcionalidade* (ou o seu *terceiro elemento*) seja frequentemente identificada com *ponderação de bens* e se abre, por isso, ao mesmo tipo de críticas, reservas e dificuldades suscitadas pelo recurso a essa metodologia. Talqualmente sucede com a metodologia da ponderação de bens, o controlo de proporcionalidade carece de critérios de julgamento ou de pontos de apoio objectivos que não sejam os que resultam da interpretação, da selecção e da valoração subjectivas que se fazem incidir sobre a importância ou o peso relativo dos valores constitucionais e dos bens jurídicos em causa.

Designadamente, para além dos problemas de chamada *incomensurabilidade* que vitimariam estruturalmente a metodologia da ponderação, ou seja, a impossibilidade de ponderar bens para os quais não existe uma *métrica* comum (como se pode ponderar objectivamente a importância de realização de um bem com a gravidade do sacrifício imposto a um outro), para além dos efeitos de nivelação insustentada produzidos entre os direitos fundamentais (quando tudo se sujeita e fica essencialmente dependente dos resultados da ponderação desaparecem tendencialmente as diferenças normativas que presidiram aos diferentes modos de consagração dos direitos fundamentais), invocam-se também os perigos de decisionismo, intuicionismo, casuísmo ou até arbitrariedade decorrentes da ausência de critérios e parâmetros de um controlo racional e intersubjectivamente comprovável.

d) Na resposta a estas dúvidas e dificuldades, que implicam sempre questões de separação de poderes, desenvolvem-se diferentes sensibilidades. Há, desde logo, uma atitude de radical negação que sustenta a implausibilidade ou a inconveniência do reconhecimento de um controlo baseado no princípio da proporcionalidade. Pelas razões acabadas de expor, não consideramos essa rejeição adequada face à existência objectiva de uma necessidade de *filtragem* do excesso relativa à dimensão autónoma de proporcionalidade e porque, como concluímos atrás, há todo um conjunto de questões complexas que fomos excluindo, por opção metodológica, dos controlos de aptidão e de necessidade e que precisam de ser reconsideradas, só o podendo ser, pelo menos de forma adequada, através do controlo de proporcionalidade.

Em segundo lugar, há uma resposta, que podemos considerar como *clássica*, que, a partir da Alemanha, se foi formando ao longo dos anos sessenta, setenta e oitenta do século passado e que, pelo menos na Europa, e porventura também entre nós, pode ser considerada dominante. Por último, como já referimos, sob a égide doutrinária de Alexy, surgiu a partir da década de oitenta uma nova teoria, a dos direitos fundamentais como princípios, que apresenta resultados inovatórios também no domínio da compreensão do princípio da proporcionalidade. Apresenta a particularidade de ter obtido um extraordinário reconhecimento prático na jurisprudência da América latina, particularmente no Brasil, e a curiosidade de ser hoje vista, pela generalidade da literatura anglo-americana, como correspondendo à jurisprudência do Tribunal Constitucional alemão e à compreensão alemã e europeia do princípio da proporcionalidade, o que não corresponde, de modo algum, à realidade, mas se deve ao simples facto de a posição em causa constituir praticamente, neste domínio, a única corrente doutrinária alemã publicada em língua inglesa.

Começaremos por salientar os principais traços desta última teoria, após o que abordaremos a construção *clássica*, sobre cujas insuficiências e necessidade da respectiva superação assentaremos, finalmente, a apresentação de uma proposta própria.

2.3.1. *A proporcionalidade segundo a teoria dos direitos fundamentais como princípios*[9]

a) Para ALEXY há uma identificação absoluta entre a sua concepção dos direitos fundamentais como *comandos de optimização* (que é também a sua definição de normas-*princípio*) e a proporcionalidade: os direitos fundamentais só seriam *comandos de optimização* (que exigem a máxima realização dentro das condições fácticas e jurídicas) porque existe o princípio da proporcionalidade e este último só existiria como princípio constitucional por causa daquela natureza dos direitos fundamentais como *comandos de optimização*.

Em segundo lugar, há também, em ALEXY, uma identificação plena entre o princípio da proporcionalidade (o seu dito *terceiro elemento*) e a ponderação no domínio dos direitos fundamentais. A função do princípio da proporcionalidade consiste, nessa visão, na ponderação entre os princípios (direitos) em colisão em ordem a apurar qual é o mais *pesado* para, assim, determinar a respectiva prevalência nas circunstâncias do caso concreto.

Daqui resulta, todavia, uma proposta inovatória quanto ao papel que o Tribunal Constitucional deve desempenhar no controlo de proporcionalidade e que se revela bastante problemática ou mesmo inaceitável à luz do princípio da separação de poderes. Com efeito, sendo os direitos fundamentais, na concepção da teoria dos princípios, *comandos de*

[9] Fazemos aqui uma descrição muito resumida e simplificada desta construção, bem como das principais críticas que lhe dirigimos neste domínio particular, tendo em conta que procedemos a uma apresentação e crítica desenvolvidas em J. REIS NOVAIS, *Limites dos Direitos Fundamentais*, cit., págs. 39 e segs, págs. 61 e segs.

optimização e como eles vinculam todas as entidades públicas, então, todas elas, sem excepção, estão obrigadas, no exercício das respectivas funções, a optimizarem a respectiva realização.

Essa consequente obrigação de optimização será, não apenas uma tarefa do legislador, da administração ou do juiz comum, mas é também, naquela lógica, uma incumbência do Tribunal Constitucional. Tal significa, mais concretamente, segundo a teoria dos princípios, que se o legislador estava obrigado a encontrar a solução óptima para um problema envolvendo direitos fundamentais e devia fazê-lo através de uma ponderação entre os princípios em colisão, então também o Tribunal Constitucional, chamado a pronunciar-se e tendo o mesmo objectivo de optimização em vista, tem de proceder à mesma ponderação, entre exactamente os mesmos princípios ou direitos, cabendo-lhe invalidar as ponderações que não tiverem chegado ao resultado optimizado que, nessa nova ponderação, o próprio Tribunal apurou.

Por sua vez, a correcção do procedimento de ponderação —qualquer que seja a entidade que a realize— é avaliada em função da observância dos mesmos parâmetros, das mesmas *leis* (as leis que ALEXY descreve como *leis da ponderação*) e da mesma fórmula, a chamada *fórmula do peso* (construção a que ALEXY se dedicou quase exclusivamente a partir de 2002 e que pretende *traduzir* em linguagem e equações matemáticas o raciocínio e a argumentação jurídica próprios de uma ponderação adequadamente conduzida).

Naturalmente, apesar de os seus proponentes procurarem amenizar aquela confusão de funções —como dissemos, no mínimo dificilmente aceitável à luz das exigências da separação de poderes— através do apelo aos chamados *princípios formais* (relacionados com a distribuição constitucional de competências) cuja relevância deveria ser considerada pelo juiz constitucional, se este juiz conclui que a realização do direito a que haviam procedido os restantes poderes não era a realização óptima, terá necessariamente de a considerar inconstitucional e, enquanto tal, de a substituir pela sua própria ponderação.

Neste sentido, esta teoria implica o juiz constitucional, através do referido *terceiro elemento* da proporcionalidade, na realização permanente de uma política de direitos fundamentais alternativa à política do legislador democrático, o que, a nosso ver, é estruturalmente incompatível com a separação de poderes própria de Estado de Direito, apesar da enorme atracção que, precisamente pela indistinção de funções que induz, esta posição suscita nas sociedades mais abertas a uma problemática intervenção *política* do poder judicial.

b) A segunda grande dificuldade desta teoria neste domínio tem a ver com a distorção do sentido do controlo de proporcionalidade quando o identifica, simplesmente, com uma ponderação entre princípios (direitos) para determinar a prevalência de um deles.

Por exemplo, imagine-se que o legislador amplia a anterior proibição de fumar nos estabelecimentos de ensino superior também às suas zonas exteriores circundantes num raio de cinquenta metros. Suscitando-se o problema da eventual inconstitucionalidade desta última proibição, aquilo que o Tribunal Constitucional tem a fazer, segundo a teoria dos princípios, é uma ponderação entre o direito à protecção da saúde e o direito ao desenvolvimento da personalidade e apurar qual é, nas circunstâncias do caso, o princípio mais *pesado*. Para tanto, vai considerar a intensidade da concreta afectação do direito ao desenvolvimento da personalidade, a importância concreta do direito à protecção da saúde, o *peso* dos dois direitos em abstracto, o grau de certeza sobre as premissas de facto e normativas que envolvem o conflito e, no fim, depois de apurado o *peso* de cada um dos direitos fundamentais em colisão, sabe-se qual deveria ter a prevalência e, consequentemente, se há ou não inconstitucionalidade.

Porém, à luz do princípio da separação de poderes própria de Estado de Direito, esse é o trabalho que cabia essencialmente ao legislador e foi aquilo que o legislador terá feito quando aprovou a medida restritiva em causa. Ao juiz constitucional, partindo do princípio de que o fim visado é legítimo, no dito terceiro elemento da proporcionalidade caberia verificar se a relação entre a medida restritiva concretamente decidida pelo legislador democrático —a proibição absoluta de fumar naquela área exterior aos estabelecimentos concretamente delimitada— está ou não numa relação de proporcionalidade ou de justa medida relativamente ao fim em vista, se é ou não desproporcionada. Portanto, deveria tratar-se de um controlo de proporcionalidade de *meio-fim* e não uma *pesagem* concreta e abstracta dos princípios em colisão.

Ou seja, o Tribunal Constitucional não tem de, e não deve, replicar a ponderação que o legislador fez para chegar à melhor decisão política do caso; cabe-lhe verificar se a concreta solução adoptada pelo legislador contraria ou não o princípio da proporcionalidade, o que equivale a dizer, se viola ou não a Constituição. Uma coisa foi a ponderação subjacente —entre os direitos ou princípios em colisão— que o legislador realizou e que o levou a dar uma preferência concreta a um dos direitos, outra coisa são as medidas restritivas legalmente previstas para concretizar aquela decisão de prevalência. Ponderação e proporcionalidade incidem sobre objectos distintos, constituem fases e processos de controlo diferentes e produzem resultados autónomos.

Sendo elevado o grau de subjectivismo do juízo de ponderação que conduziu à determinação da precedência condicionada de um dos bens, um juiz que atenda aos limites da sua função jurisdicional tende naturalmente a não inviabilizar as decisões tomadas pelo poder político democraticamente legitimado, desde que elas não surjam como evidentemente arbitrárias ou contrárias aos valores constitucionais. De facto, apesar das tentativas para racionalizar e objectivizar os procedimentos de ponderação de bens nessa fase, um elevado grau de subjectivismo é ineliminável, pelo que, e diferentemente do que propõe uma teoria construída quase exclusivamente em torno deste procedimento, o controlo mais produtivo não é o que incide sobre essa primeira decisão de ponderação entre os dois direitos, mas o que ocorre na fase subsequente, a do controlo da constitucionalidade das medidas restritivas concretamente actuadas no seguimento daquela primeira ponderação.

Na perspectiva da separação de poderes, designadamente entre legislador democrático e juiz constitucional, é muito difícil aceitar que, a não ser que haja uma ostensiva preterição de critérios de racionalidade e de valoração intuitivamente partilhados ou uma lesão directa da norma constitucional, a posição do juiz constitucional, ou seja, o seu juízo de ponderação, deva prevalecer sobre a ponderação previamente efectuada pelo órgão responsável pela primeira valoração dos bens em presença, seja o legislador, a administração ou o juiz comum.

Com efeito, se o legislador considerou que, quando se trata de regular as consequências do fumo passivo nos estabelecimentos de ensino, o direito à protecção da saúde é mais *pesado* do que o direito ao desenvolvimento da personalidade, a que título é que os juízes do Tribunal Constitucional poderiam, se por acaso tivessem uma opinião diversa, substituir a opinião do parlamento pela sua própria opinião?

No entanto, quando o poder público responsável pela restrição do direito fundamental em causa procedeu a essa ponderação de bens (no caso, entre direito à saúde e liberdade individual) e deu prevalência relativa a um deles, a seguir optou necessariamente, em consequência, pela compressão/restrição do bem que cedeu, por exemplo, tendo sido esse o caso, optou por uma intervenção restritiva no direito ao desenvolvimento da personalidade em nome do direito à saúde, ou seja, no exemplo dado, proibiu o fumo num raio de cinquenta metros circundantes dos estabelecimentos de ensino. Ora, do ponto de vista do controlo judicial, é sobretudo a verificação da constitucionalidade dessa concreta medida restritiva (seja ela actuada através de lei, de acto administrativo ou de acto judicial) que está em causa e constitui o objecto nuclear de escrutínio constitucional de proporcionalidade e não uma qualquer ponderação do *peso* dos bens em colisão.

É no âmbito desse controlo que o princípio da proporcionalidade desenvolve e justifica a relevância que lhe vem sendo atribuída no Direito constitucional nas últimas décadas. Porém, diferentemente do que a teoria dos princípios pretende, esse controlo não tem a ver com optimização, mas com filtragem tendente a evitar o excesso, a eliminar medidas restritivas inaptas, desnecessárias, desproporcionadas. O que se exige de um controlo de proporcionalidade não é que descubra o resultado optimizado ou maximizado, mas sim que ajude a identificar o inadmissível.

Não é isso que a teoria dos princípios faz. Na ponderação que, supostamente, o Tribunal Constitucional deveria fazer, para esta teoria o foco não é concentrado sobre a concreta medida restritiva, sobre a sua eventual desproporcionalidade; não há, na *fórmula do peso* utilizada pela teoria dos princípios, qualquer preocupação com a determinação de qual seja o *peso* relativo de diferentes medidas restritivas disponíveis e alternativas. Diferentemente, para a teoria dos princípios, o objectivo é estabelecer uma relação de precedência ordinal entre os dois princípios (direitos) em colisão na situação concreta.

Porém, isso é simplesmente replicar o *trabalho* do legislador, é confundir ambas as funções e legitimidades com afectação inevitável da separação de poderes de Estado de Direito democrático. De tal forma que, perante a insustentável disputa entre as duas funções que decorre desta proposta, a própria teoria dos princípios tenha sido *obrigada* a mudar, e substancialmente, a sua posição de partida.

c) Assim, embora sem nunca o assumir, ALEXY muda radicalmente a solução a dar aos chamados casos de *empate*, aqueles em que, na referida *pesagem* a que procede com auxílio da referida *fórmula do peso*, não é possível determinar a prevalência de um princípio sobre o outro. Cabe notar que, no fundo, esta é, em termos práticos, a situação comum em todos os chamados *casos difíceis*. Eles são difíceis, precisamente, porque não é possível chegar a uma decisão simples, evidente, intuitiva, ou seja, não é possível verificar pacificamente a prevalência de um princípio sobre o outro.

Nesta altura, a primeira proposta de ALEXY foi, de acordo com a sua lógica de maximização/optimização dos direitos fundamentais, a de dar preferência à liberdade, ou seja, ao direito fundamental restringido. Em caso de *empate*, prevalecia o direito restringido, *perdia* o legislador ou o poder público que tivesse actuado a restrição. Era, no entanto, uma posição que, embora decorrendo, naturalmente, dos fundamentos e da lógica da teoria proposta (dada a ideia subjacente de optimização), na prática surgia como insustentável: o Tribunal Constitucional estaria obrigado a invalidar, sistematicamente, as decisões do legislador em todas as situações de maior complexidade. No fundo, nessas consequências revelava-se, indirectamente, a insustentabilidade da teoria.

Por isso, a partir de 2002, quando passou a defender a sua *fórmula do peso*, ALEXY inverteu a solução a dar a estes casos: agora, nesse tipo de situação, deve prevalecer a posição do legislador. O legislador restringiu um direito fundamental, não é seguro qual o princípio prevalecente, há um *empate*, logo, permanece em vigor a restrição. Ou seja, na prática, para compatibilizar uma teoria duvidosa com o princípio da separação de poderes, para não frustrar de forma insustentável a margem de decisão do legislador, ALEXY passou a *jogar para o empate...*

2.3.2. *O princípio da proporcionalidade na visão clássica*

a) É muito diversa, no que respeita ao princípio da separação de poderes, a atitude que aqui designamos de *clássica*, ou seja, a doutrina e a jurisprudência em torno do princípio da proporcionalidade que, com origem na Alemanha, se foi formando na segunda metade do século XX. Havendo, por um lado, que assegurar a nova dependência do legislador democrático relativamente aos direitos fundamentais, mas devendo observar-se, em contrapartida, a separação de poderes própria de um Estado de Direito democrático, tendo em conta os riscos de subjectivismo e decisionismo que envolvem a aplicação do princípio da proporcionalidade, a atitude geral da concepção *clássica* caracteriza-se por um exercício de autocontenção judicial.

Verificada a legitimidade e a importância dos fins prosseguidos com uma limitação a direitos fundamentais e havendo, não apenas um, mas vários meios igualmente restritivos e não desproporcionados, entende-se que deve caber ao poder constituído autor da restrição a escolha do que considera ser o mais adequado, até porque, dada a precedência dos outros controlos de aptidão e de necessidade, o órgão jurisdicional de controlo, quando chamado a intervir, já teria assegurado não haver outros meios menos restritivos e igualmente aptos para atingir o fim. Nessa altura, importaria, apenas, garantir que a restrição não fosse inadequada, desrazoável, desproporcionada, reconhecendo-se, sobretudo ao legislador democrático, uma significativa margem de decisão.

De outra forma, se se desse ao órgão jurisdicional de controlo da constitucionalidade da restrição a última palavra sobre o meio que considerasse substancialmente mais adequado, os poderes públicos teriam sido desapossados do papel que lhes cabe em Estado de Direito democrático. Aquilo que deve ser indisponível são os direitos fundamentais, pelo que a decisão de restrição, de fazer ceder um direito fundamental face a um outro bem ou interesse igualmente digno de protecção, essa sim, é sindicável em toda a extensão e com toda a intensidade; o meio restritivo escolhido, pressuposto que seja *apto* e *indispensável*, só tem de ser *não desproporcional*. Existirá inconstitucionalidade se a restrição for desproporcionada, não já se houver um outro meio que, no entender do órgão de controlo, seja, não menos restritivo, mas simplesmente mais *adequado* ou mais *oportuno*. Esse será um juízo essencialmente *político* que vai para além dos limites impostos pelo princípio da proibição do excesso das restrições aos direitos fundamentais.

Em todo o caso, mesmo com esta reserva, a densidade de controlo subjacente à verificação jurisdicional da desproporcionalidade é variável em função da importância dos bens jusfundamentais que são afectados e da gravidade da lesão; quanto mais elementares e vitais forem as manifestações da liberdade, da autonomia ou do bem-estar pessoais directamente afectadas pela restrição e quanto mais intensa esta for, maior exigência se deve colocar no seu controlo.

Porém, em última análise, nunca é possível ultrapassar, na configuração abstracta do controlo de proporcionalidade, esta dificuldade atinente à imprecisão de parâmetros substanciais de apreciação e de fluidez de critérios de diferenciação da intensidade do controlo. Neste sentido, tomado por si só, o princípio da proporcionalidade, se é certo que constitui um meio significativo de estruturação geral e de racionalização dos procedimentos de ponderação no domínio das restrições aos direitos fundamentais, já só muito limitadamente garante uma imunidade perante os riscos de subjectivismo e de decisionismo que afectam aquela metodologia.

b) Em contrapartida, a consciência desses riscos, justificando a autocontenção referida, pode redundar na quase total neutralização das potencialidades do controlo de proporcionalidade quando vem potenciada, como muitas vezes ocorre na concepção *clássica*, pela conjunção combinada de alguns factores. Por um lado, isso acontece quando o objectivo funcional de exclusão do *desproporcionado* —que era o objectivo do controlo de proporcionalidade— se transforma na exclusão apenas do *manifestamente* ou do *evidentemente desproporcionado*, não tendo designadamente em conta os condicionamentos da densidade do controlo jurisdicional atrás referidos (gravidade da lesão e natureza dos bens jusfundamentais afectados, importância e premência dos fins que justificam a restrição); por outro lado, é também esse o risco quando a metódica adoptada para o exercício do controlo de proporcionalidade se processa numa sucessão linear e compartimentada da eventual violação dos princípios da aptidão, da necessidade e da proporcionalidade.

Nessa altura, o risco da visão *clássica* do controlo é o de aprisionar o controlo de proporcionalidade num patamar de filtragem mínimo ou inconsequente, o que não faria jus nem à difusão praticamente universal do princípio no constitucionalismo do actual Estado de Direito nem ao papel que a exigência de proporcionalidade deve desempenhar no controlo das restrições a direitos fundamentais.

Ou seja, a efectividade do princípio acabaria por ser vítima da confusão entre os termos da aprendizagem vulgar do princípio e da sua descrição didáctica com as exigências da sua aplicação como instrumento efectivo de controlo de constitucionalidade. Isto é, tendo apresentado e apreendido o conteúdo normativo do princípio da proibição do excesso (proporcionalidade em sentido lato) como integrando os subprincípios da idoneidade (da *adequação*, na designação errónea mais frequente), da indispensabilidade e da proporcionalidade, pois também o controlo se processaria segundo esse mesmo alinhamento: verificar-se-ia sucessivamente se uma restrição a um direito fundamental era apta para alcançar o fim que a justificava, se não haveria um outro meio menos restritivo, mas igualmente eficaz, para o alcançar e, caso a medida restritiva tivesse *passado* esses dois primeiros testes, deveria apurar-se, finalmente, se ainda assim os sacrifícios que se haviam imposto não eram manifestamente desproporcionados relativamente aos benefícios visados ou alcançados.

Porém, se a aprendizagem do conteúdo normativo do princípio se pode fazer naqueles moldes —independentemente das dúvidas ou das diferenças atrás assinaladas sobre pontos específicos, esse método proporciona o conhecimento das várias principais dimensões da proibição do excesso—, já uma sua aplicação que se limitasse e seguisse estritamente aquele procedimento de compartimentação seria desoladoramente improdutiva. De facto, como vamos ver, ela serviria para filtrar as inconstitucionalidades mais graves e ostensivas, aquelas que, de tão evidentes, dão origem aos chamados casos *fáceis*, ou seja, os que são resolvidos sem necessidade de recurso à via judicial ou aqueles que, quando chegam aos tribunais, são fácil e pacificamente solucionados, mas seria imprestável em qualquer situação de maior complexidade. E seria imprestável no sentido de que, em quaisquer dessas situações ou casos *difíceis*, a conclusão retirada da aplicação *canónica* do princípio seria invariavelmente a de não inconstitucionalidade.

c) Em primeiro lugar, a aplicação isolada do princípio da aptidão apenas elimina as restrições puramente arbitrárias, isto é, aquelas que em nada contribuem para a prossecução do fim que as pretenderia justificar. De facto, uma medida restritiva é considerada apta, não apenas quando permite alcançar o fim visado, mas também quando nos aproxima dele, quando de algum modo contribui para o alcançar, pelo que apenas as restrições inúteis, completamente inaptas e, enquanto tal, arbitrárias e gratuitas, seriam consideradas inconstitucionais. Logo, como em Estado de Direito raramente os poderes públicos impõem aos cidadãos esse tipo de sacrifícios, o princípio da aptidão teria uma aplicação justificada apenas naqueles casos extraordinários de puro arbítrio, mas, por isso mesmo, teria uma utilidade puramente residual.

Em segundo lugar, considerando a seguir o *teste* da necessidade, para que uma medida restritiva seja considerada como violadora do princípio teríamos de dispor de um outro meio, tão eficaz quanto aquela, mas menos restritivo. Ora, como dissemos, muito raramente nos deparamos com esse tipo de situação, já que, em geral, há medidas alternativas menos restritivas, mas, simultaneamente, menos eficazes. Significa isso que, na prática, como raramente existem medidas disponíveis alternativas com o mesmo grau de eficácia, as diferenças obrigam a remeter a avaliação decisiva para o dito terceiro elemento da proibição do excesso, a proporcionalidade.

Porém, no domínio deste último subprincípio, a observância da separação de poderes e de consequente autocontenção do juiz perante as escolhas dos poderes públicos democraticamente legitimados teria levado a que apenas se pudessem aqui considerar inconstitucionais as medidas que sejam evidentemente desproporcionadas, claramente excessivas.

Ora, e mais uma vez, sendo certo que o princípio apresenta toda a utilidade nessas circunstâncias, elas não são, todavia, frequentes em Estado de Direito. Aquilo com que normalmente nos deparamos nas restrições a direitos fundamentais controversas é com situações complexas, de difícil análise, em que eventuais alternativas apresentam diferentes níveis de eficácia e, simultaneamente, diferentes graus de imposição de sacrifícios. Mas nesses casos, precisamente, um modelo de aplicação do princípio da proibição do excesso como o que apreciamos —em que o controlo é feito segundo *testes* sucessivos de aptidão, de necessidade e de proporcionalidade— produz resultados de alcance muito reduzido, já que praticamente qualquer medida que seja apresentada com um mínimo de justificação racional preenche sucessivamente os requisitos exigidos por aqueles princípios tomados e aplicados na sua acepção tradicional e mais comum.

d) Veja-se, como ilustração deste modelo de aplicação do princípio e das suas deficiências, um caso real extraído da jurisprudência constitucional portuguesa, o Acórdão nº 187/2001 sobre a propriedade das farmácias.

Na altura, a lei portuguesa reservava o acesso à propriedade destes estabelecimentos apenas aos licenciados em farmácia, o que constituía, naturalmente, uma pesada restrição ao direito de propriedade e à liberdade de iniciativa económica privada, uma vez que, sendo à época a actividade extremamente lucrativa, só uma quantidade ínfima de portugueses preenchia aquelas condições de acesso.

Como se dizia num voto de vencido de um dos juízes do Tribunal Constitucional, a situação era tão insustentável quanto o seria a da hipotética reserva da propriedade das clínicas privadas aos médicos, a das empresas de comunicação aos jornalistas ou a dos colégios privados aos professores. Obviamente, a reserva a favor destes profissionais seria admissível, mas apenas quanto ao papel, respectivamente, de directores clínicos, de chefes de redacção ou de directores de turma, nunca como requisito de acesso à própria propriedade. Ora, o que acontecia com a propriedade das farmácias era que a lei, além de exigir a presença de um farmacêutico como director técnico, exigia igualmente a habilitação da licenciatura em farmácia para se poder ser proprietário da empresa.

Suscitada a questão da constitucionalidade da restrição, o Tribunal Constitucional, no citado acórdão, decidiu, todavia, pela não inconstitucionalidade e o fundamento invocado foi, precisamente, o de que, face à importância do fim visado —a protecção da saúde pública—, aquela medida restritiva não era excessiva ou desproporcionada. Para o presente contexto a decisão é tão mais interessante quanto o Tribunal Constitucional segue genericamente o modelo de aplicação do princípio da proibição do excesso cuja insuficiência aqui criticamos e, em nosso entender, foi esse modelo que legitimou uma decisão que, em si mesmo, é, a nosso ver, errada.

Em primeiro lugar, a restrição seria apta para prosseguir o fim em vista e sem haver lugar para grandes dúvidas a propósito, já que, muito ou pouco, a licenciatura em farmácia ajuda na compreensão, por exemplo, dos problemas de segurança, de deontologia e de protecção do consumidor relativamente à natureza e às condições de venda dos produtos que são colocados à disposição do público. Logo, em termos de protecção da saúde pública, a medida que exigia que o proprietário fosse licenciado em farmácia não era inapta para prosseguir tal fim, não havendo, portanto, violação do dito primeiro subprincípio.

Em segundo lugar, o Tribunal Constitucional começou por perspectivar adequadamente o controlo de indispensabilidade em termos de "uma avaliação *in concreto* da *relação empírica* entre as medidas e os seus previsíveis efeitos, à luz dos fins prosseguidos, para apurar a previsível maior ou menor consecução dos objectivos pretendidos, perante as alternativas disponíveis", portanto, em termos de uma comparação de alternativas e não de uma verificação isolada da existência de meio menos restritivo.

O Tribunal Constitucional, considerou, então, que a única alternativa plausível à atribuição da reserva de propriedade das farmácias aos farmacêuticos era a da consagração legal da livre iniciativa económica no acesso à propriedade, mas obrigatoriamente acompanhada da manutenção do requisito de a direcção técnica da farmácia, incluindo a preparação e venda de fármacos, ser da responsabilidade de um farmacêutico licenciado.

Concluiu, em seguida, que a primeira alternativa, a consubstanciada na lei então em vigor, sendo obviamente mais restritiva, assegurava com mais eficácia os fins de saúde pública prosseguidos, já que a liberdade e independência do farmacêutico seriam mais efectivamente asseguradas através da responsabilização pessoal do proprietário/director técnico do que através da existência só de um director técnico que fosse trabalhador por conta de outrem. Nesse sentido, para o Tribunal, como a prossecução da finalidade de garantir a independência profissional do farmacêutico não era igual nas duas alternativas, o controlo de proporcionalidade a realizar pelo Tribunal não se deveria colocar no terreno do controlo de indispensabilidade, mas ser antes remetido, exclusivamente, para o domínio da verificação da não arbitrariedade da medida restritiva, no âmbito do dito terceiro subprincípio, a proporcionalidade.

Mas, aí, o que estaria em causa segundo o Tribunal seria apenas "apurar se é *razoável* ou não o entendimento, que é o do legislador, de que a liberdade e a independência profissional do farmacêutico são *melhor protegidas* se o farmacêutico for não apenas um director técnico a trabalhar por conta de outrem mas antes, ele próprio, proprietário do estabelecimento". Ora, observando uma contenção exigida pela separação de poderes e considerando que a medida em causa não era evidentemente desproporcionada ou desrazoável —a prova empírica era não apenas a *antiguidade* da lei na altura em vigor, mas também o facto de o mesmo regime ser replicado em outras experiências de Estado de Direito—, a conclusão foi no sentido da não inconstitucionalidade.

Este exemplo parece-nos adequado para ilustrar as insuficiências do modelo *clássico* de aplicação do controlo de proporcionalidade porque, em grande parte dos casos, é precisamente isto que sucede como resultado do controlo: desde que a medida não seja puramente arbitrária, sem qualquer fundamento racional, ela acaba por passar os diferentes testes desde que estes lhe sejam colocados naquele alinhamento sucessivo e parcelar, isto é, confrontando a medida sucessiva e isoladamente com os requisitos da aptidão, da necessidade e da proporcionalidade.

Favorecemos, por isso, uma diferente compreensão do controlo de proporcionalidade, que a seguir apresentamos e que, não obstante se situar na continuidade de adesão aos pressupostos da concepção *clássica*, procura evitar os riscos que esta pode induzir naquele *modus* de aplicação. Será no âmbito dessa proposta que voltaremos ao que deveria ter sido, em nosso entender, uma abordagem adequada do problema da propriedade das farmácias.

2.3.3. *Um controlo de proporcionalidade integrado*[10]

a) Como dissemos, na generalidade dos casos mais simples o controlo de proporcionalidade exercido segundo a visão *clássica* constitui um mecanismo efectivo de *filtragem* das restrições arbitrárias ou manifestamente desproporcionadas. Esse é o primeiro patamar da prestação fornecida pelo controlo de proporcionalidade e que se pode considerar relativamente consensual, na medida em que, sem pôr em causa os constrangimentos do necessário respeito pela separação de poderes, se *filtram* as medidas restritivas pacificamente consideradas inadmissíveis

[10] Tendo surgido alguma imprecisão sobre a origem da proposta que aqui defendemos (cf. Vitalino Canas, *O Princípio da Proibição do Excesso na Conformação e no Controlo de Atos* Legislativos, Coimbra, 2108, pág. 796), importa frisar que sustentamos esta compreensão do princípio da proporcionalidade desde 2002/2003 (cf. *As Restrições aos Direitos Fundamentais...*, cit., pág. 746, págs. 764 e seg), reafirmando-a, sucessivamente, na primeira edição e nas reimpressões seguintes de *Os Princípios Constitucionais Estruturantes da República Portuguesa*, Coimbra, 2004, págs. 174 e seg, págs. 185 e seg, e desenvolvendo-a em *Direitos Fundamentais e Justiça Constitucional em Estado de Direito Democrático*, 2012, Coimbra, págs. 129 e segs.

quando há um desfasamento incomportável entre o benefício produzido e o sacrifício imposto

As limitações desta concepção surgem, no entanto, nos verdadeiros casos *difíceis*, isto é, naqueles em que, pela relevância equivalente ou discutível dos interesses em jogo, o julgador não consegue chegar a uma decisão de justiça evidente ou consensualmente reconhecível e demonstrável. No fundo, encontram-se aqui todas aquelas situações referidas quando tratámos do princípio da necessidade e nas quais, por não existir, entre as várias medidas restritivas idealmente configuráveis, uma igualdade de eficácia na consecução dos fins da restrição e/ou uma diferença sensível nos sacrifícios impostos, aquele princípio não podia dar uma resposta inequívoca sobre a eventual desnecessidade da medida em apreciação. Como vimos na altura, todas essas situações de maior complexidade acabavam por ser remetidas, por opção metodológica, para o controlo de proporcionalidade.

Entramos, assim, num outro patamar onde a limitação do controlo de proporcionalidade à eliminação das desproporções grosseiras —como resultaria do entendimento *clássico* do princípio da proporcionalidade— privaria este controlo de proporcionalidade da efectividade que, à partida, lhe deve caber enquanto *limite aos limites* dos direitos fundamentais. Da nossa parte, entendemos que a resposta a estes casos *difíceis* só pode ser dada através de uma aplicação *integrada* do princípio, onde possam, agora, ser globalmente atendidas e relevadas as diferenças de eficácia na prossecução do fim almejado com a restrição e as diferenças de sacrifícios impostos pelas diferentes medidas restritivas de que o poder público responsável pela restrição dispunha e que devem ser consideradas pelo juiz constitucional de forma integrada e combinada.

A nosso ver, o exemplo do Acórdão português sobre a propriedade das farmácias que analisámos no ponto anterior pode constituir uma ilustração convincente de como o controlo de proporcionalidade não pode resumir-se a uma prática de controlo compartimentado e sucessivo da observância dos vários subprincípios ou máximas da proibição do excesso, pois, a ser assim, e é segundo essa lógica de apreciação linear que frequentemente a verificação do excesso é concebida e praticada, poderia concluir-se que este princípio constitucional de muito pouco serviria já que todas as medidas restritivas —salvo as evidentemente irracionais ou arbitrárias, todavia não muito frequentes em Estado de

Direito— acabariam por *passar* sucessivamente, com relativa facilidade, as várias etapas do *teste*.

Todavia, o panorama muda radicalmente e os resultados do controlo da observância do princípio constitucional da proibição do excesso são potencialmente distintos quando abandonamos um tipo de controlo *teste a teste*, segundo uma lógica de verificação sucessiva de aptidão, necessidade e proporcionalidade, e nos orientamos, como aqui propomos, para uma lógica de comparação de medidas restritivas alternativas que tenha globalmente em conta as respectivas eficácia e grau de sacrifício produzidos e é precisamente no contexto de um controlo integrado operado segundo esta nova perspectiva que o princípio da proporcionalidade e a própria metodologia da ponderação podem desenvolver as maiores potencialidades no domínio do controlo de constitucionalidade das restrições aos direitos fundamentais.

b) Com efeito, este controlo deve estruturar-se em termos de uma comparação de medidas restritivas alternativas, mais precisamente, pondo em relação a medida restritiva (e situação resultante) efectivamente adoptada ou em vias de adopção pelo órgão que interveio restritivamente num direito fundamental, e que é, em princípio, a que está agora a ser sujeita ao controlo judicial, e uma medida restritiva alternativa (ou outras), que tanto pode ser a que vigorava até então (a situação estabelecida) ou aquela que o juiz constitucional intelectivamente configure enquanto alternativa à que existe ou à que foi ou se pretende adoptar.

Neste novo quadro, e na maior parte dos casos, aquilo que pode ressaltar como sendo objectivamente excessivo, desproporcionado, e, logo, inconstitucional, não é a medida restritiva em si e isoladamente considerada, até porque normalmente o Estado de Direito, designadamente o legislador democrático, não produz medidas em si mesmas arbitrárias ou claramente desproporcionadas. Aquilo que pode, por vezes surpreendentemente, revelar-se excessivo ou desproporcionado no quadro da comparação que se realiza nesta fase é, antes, a relação entre o benefício ou vantagem marginal que a medida restritiva em apreciação acrescenta relativamente à alternativa com que intelectivamente se confronta, quando esse incremento é comparado com o acréscimo de restrição ou de sacrifício na liberdade (na autonomia, no bem-estar) que a medida em apreciação também produz relativamente àquela outra alternativa.

Ou seja, a relação só é susceptível de se revelar abertamente como desproporcionada ou, ao invés, como não desproporcionada, quando se comparam benefícios e sacrifícios marginais de duas medidas alternativas em comparação.

Se uma nova medida restritiva que se pretende adoptar proporciona um benefício marginal mínimo para o fim visado, mas, simultaneamente, produz na ordem jurídica um acréscimo significativo de sacrifício na liberdade, na autonomia ou no bem-estar, então a ponderação entre essas grandezas e as grandezas correspondentes que se verificam na medida alternativa actualmente em vigor pode revelar uma relação claramente desproporcionada em desfavor da nova medida; daí, a sua inconstitucionalidade por violação do princípio da proporcionalidade. Da mesma forma, se a restrição da liberdade que actualmente vigora só garante um benefício marginal mínimo na obtenção do fim, mas com um sacrifício marginal de liberdade significativo, quando comparada com uma hipotética medida restritiva alternativa que poderia ter sido ou vir a ser adoptada, então a medida actualmente em vigor pode ser considerada inconstitucional por violação do princípio da proibição do excesso.

c) Não significa isto que seja completamente superado o inevitável subjectivismo de que padece a metodologia da ponderação entre bens, mas ele é significativamente atenuado quando, por um lado, dispomos da objectividade que resulta do facto de compararmos grandezas comparáveis (já que, apesar das suas diferenças, comparamos primariamente benefício com benefício e sacrifício com sacrifício) e, por outro, aquilo que pretendemos, finalmente, alcançar não é a composição óptima ou mais adequada entre dois interesses, mas apenas avaliar se a relação entre o que se ganha e o que se perde com a medida em análise é ou não desproporcionada, excessiva.

Se nesta comparação aquilo que se perde com a alteração legislativa (ou, na outra hipótese, com a manutenção da legislação em vigor) é evidentemente desproporcionado na comparação entre benefícios e sacrifícios marginais respectivos, então a desproporção só não resulta em inconstitucionalidade se o poder político responsável for capaz de justificar a discrepância em função da especial valia da natureza do fim em causa, no sentido de que um benefício, ainda que ínfimo, relativo a um bem tão especialmente valioso justificava o acréscimo bem maior de sacrifício num interesse jusfundamentalmente protegido. Há que reconhecer que, apesar das vantagens do tipo de controlo proposto, esta última é uma situação que pode ocorrer, ou seja, não se pode ter a pretensão de eliminar completamente o subjectivismo de análise e as dúvidas que inevitavelmente gera.

d) Apesar da inevitável simplificação, a conclusão pode ficar mais nítida quando exposta com notações numéricas, com as devidas reservas de que lidamos com aproximações, sujeitas a argumentação, e não com realidades traduzíveis objectivamente em resultados matemáticos. O sentido das notações é tão-só o de ilustrar de forma ostensiva uma situação complexa de outro modo mais dificilmente perceptível[11].

Consideremos, assim, a observância do princípio da proibição do excesso por parte de uma medida restritiva *A* que foi adoptada pelo poder público porque permitia melhorar a prossecução do fim visado. Imagine-se que, numa escala de 0 a 10, a medida *A* apresenta um grau 7 de sacrifício imposto na liberdade (0 seria nenhum sacrifício e 10 seria o sacrifício total do direito) e, em contrapartida, tem um grau de eficácia (aptidão) de 4 na aproximação que permite do fim em vista (0 seria nenhuma aptidão e 10 seria alcançar integralmente o fim em vista). Portanto:

Medida restritiva	Aptidão	Sacrifício
A	4	7

Procedendo ao controlo de acordo com aquela prática habitual de verificação sucessiva de passagem dos testes da aptidão, indispensabilidade e proporcionalidade, o raciocínio e o resultado não seriam muito diferentes dos seguintes: a medida A é apta a atingir o fim, na medida em que, de forma significativa, nos aproxima da respectiva realização; é indispensável, partindo-se do pressuposto de que não há medida

[11] O que explica, note-se, porquê, ao mesmo tempo que criticamos a abordagem *alexyana* da *fórmula do peso* (cf. *Limites dos Direitos Fundamentais*, cit., págs. 78 e segs), recorremos aqui igualmente a uma notação numérica. A razão é a de que, pelo menos em nosso entender, enquanto que a fórmula *alexyana* complica, e muito, um raciocínio de outra forma simples, dificultando a compreensão e obstruindo o acesso a não *iniciados*, aqui o resultado é manifestamente o oposto, ou seja, a simplicidade da demonstração ilustra o raciocínio e a argumentação jurídica subjacentes.

alternativa menos restritiva com idêntico grau de eficácia na obtenção do mesmo fim (imagine-se, por exemplo, que na situação havia uma medida alternativa menos restritiva, mas também com menor eficácia na obtenção do fim); finalmente, face aos dados da situação, a medida *A* não é manifestamente desproporcionada, pelo que, em resultado, *A* não será considerada inconstitucional.

No entanto, as coisa podem mudar significativamente se introduzirmos um procedimento de ponderação entre a medida *A* e a medida alternativa *B*, imaginando que esta última era a que estava em vigor na ordem jurídica antes da aprovação de *A* e que os correspondentes dados de eficácia na realização do fim e de sacrifício na liberdade eram os seguintes:

Medida restritiva	Aptidão	Sacrifício
A	4	7
B	3	2

Ou seja, a medida anteriormente em vigor (*B*) era, de facto, menos eficaz que a nova medida, mas, em contrapartida, era muito menos agressiva para a liberdade. Portanto, quando se comparam o benefício marginal (prossecução do fim) introduzido por *A* relativamente a *B* com o acréscimo de sacrifício na liberdade que a introdução da nova medida provoca, a relação surge claramente desproporcionada: para progredir um mínimo na obtenção do fim (de 3 para 4), a medida *A* acrescentava um enorme aumento de sacrifício na liberdade (de 2 para 7).

Assim, numa situação normal de valorização da liberdade em Estado de Direito (naturalmente as circunstâncias variam e pode haver situações em que o valor eficácia, tendo em conta, como dissemos, a especial relevância do bem prosseguido, seja tão determinante que altere aqueles dados), a conclusão seria, em princípio, a da inconstitucionalidade de *A*, ou seja, um resultado radicalmente diverso daquele a que se chegara quando se *controlara* a constitucionalidade da medida isoladamente considerada e num processo de sucessiva superação dos testes da proibição do excesso.

e) A diferença de perspectivas —entre a visão *clássica* e a correcção que propomos— fica ainda mais clara quando se aplica a metodologia proposta ao caso real da propriedade das farmácias analisado no ponto anterior e se comparam os resultados obtidos por essa via com aquela que foi a conclusão do Tribunal Constitucional português no referido Acórdão nº 107/2001.

Vimos como a legislação portuguesa anteriormente em vigor restringia significativamente o direito de propriedade e a liberdade de iniciativa económica quando exigia uma licenciatura em farmácia para os proprietários destes estabelecimentos; simultaneamente, impunha também a existência de um director técnico igualmente licenciado em farmácia. Vimos também como o Tribunal Constitucional português, fazendo passar sucessivamente aquela restrição do direito de propriedade e da liberdade de iniciativa económica privada pelos controlos de aptidão, de necessidade e de proporcionalidade concluiu pela sua não inconstitucionalidade.

No entanto, se compararmos a alternativa restritiva consubstanciada na lei em vigor na altura, em 2001 (em termos de intensidade de sacrifício produzido na liberdade e de benefício proporcionado ao interesse de protecção da saúde pública) com uma alternativa disponível (que veio precisamente a ser adoptada na legislação que actualmente já está em vigor), consistindo na exigência única de haver um director técnico licenciado em farmácia e de acesso livre à propriedade, os resultados da comparação revelam, a nosso ver, a clara desproporcionalidade e consequente excesso inconstitucional daquela primeira lei restritiva.

Vejamos, numa atribuição não desrazoável de valores à aptidão das medidas restritivas em comparação para alcançarem o fim pretendido (protecção da saúde pública) e os respectivos sacrifícios impostos na liberdade (direito de propriedade e liberdade de iniciativa económica privadas).

Se traduzirmos por 8 o grau de aptidão da lei que estava em vigor em 2001 para alcançar o fim de protecção da saúde pública, não seria desrazoável atribuir à nova legislação (a que prescinde da exigência de licenciatura em farmácia para aceder à propriedade) um valor de 7 ou de 7,5. Com efeito, tendo em consideração as condições em que se processa na actualidade a venda de medicamentos e os controlos a que é sujeita a respectiva aprovação, pode-se dizer que o benefício marginal que a existência de um proprietário licenciado em farmácia aporta ao requisito único de haver um director técnico no estabelecimento é mínimo, muito pouco significativo, apesar de se poder admitir que existe algum acréscimo (daí a notação respectiva de 8 e de 7 para as duas alternativas, ou seja, exigir uma licenciatura em farmácia para o respectivo proprietário protege mais a saúde pública, mas não muito mais).

Porém, quando se considera o sacrifício na liberdade e nos direitos referidos, o sacrifício imposto por aquela primeira lei era bastante pesado, já que, como dissemos, para a esmagadora maioria da população o sector da propriedade de farmácias seria inacessível; logo, não seria desrazoável atribuir-lhe uma notação de 9, enquanto que à lei actual, que liberou completamente o acesso, atribuiríamos a notação de 0 (não seria 0 considerando a imposição de contratação de um director técnico licenciado em farmácia, mas esse sacrifício pode, para este efeito, ser desconsiderado, uma vez que esta imposição é comum às duas leis).

Representando as duas alternativas, sendo *A* a lei de 2001 (a que teve a sua constitucionalidade apreciada pelo Tribunal Constitucional) e *B* a alternativa actualmente em vigor, teríamos, portanto:

Medida restritiva	Aptidão	Sacrifício
A	8	9
B	7/7,5	0

Ou seja, um benefício marginal mínimo —relativamente ao qual se pode mesmo duvidar se, na prática, chega sequer a existir— tem, como contrapartida, um sacrifício marginal enorme e, logo, desproporcionado, excessivo. Então, apesar do relevo do fim prosseguido com a restrição, considerando, igualmente, a importância do sacrifício, diríamos, ponderando o que se ganha e o que se perde nas duas alternativas, que a primeira opção é inconstitucional por impor um sacrifício evidentemente desproporcionado, excessivo.

f) Este é, portanto, a nosso ver, o tipo de procedimento de ponderação aconselhável e admissível no controlo de proporcionalidade. Não se trata de uma ponderação abstracta ou concreta entre bens, entre interesses ou entre direitos e não é sequer uma ponderação entre benefício e sacrifício ou entre intensidade da restrição e importância do fim prosseguido, ou seja, uma ponderação *impossível* entre grandezas distintas e sem termo de comparação comum. Trata-se, diferentemente, de uma ponderação/comparação entre o que se ganha e que se perde com medidas restritivas alternativas, entre grandezas da mesma qualidade dentro de cada alternativa (como referimos, compara-se *benefício* com *benefício*, *sacrifício* com *sacrifício*) e, mesmo aí, tendo em conta e respeitando a margem de avaliação do legislador democrático a quem cabe encontrar as melhores soluções de acordo com o respectivo programa político; ao juiz constitucional cabe verificar se existe inconstitucionalidade no resultado dessas escolhas e, nesse plano, o controlo de proporcionalidade é um instrumento dogmático insubstituível e de máxima relevância.

Enquanto que a ponderação entre bens padece do inevitável subjectivismo que lhe é justamente imputado pelo facto de se fazer entre dois bens (princípios, direitos) relativamente aos quais a valoração de cada pessoa varia e por vezes significativamente —uma vez que tal ponderação se processa num quadro em que não existe objectivamente um terceiro termo de comparação reconhecido que possa servir para superar as diferenças de percepção e de sensibilidade subjectivas—, já no âmbito do controlo de proporcionalidade e estruturada nos termos propostos esse inconveniente pode ser significativamente reduzido.

É verdade que não podemos dizer que se elimina assim totalmente o subjectivismo e o decisionismo presentes em qualquer ponderação. De facto, também no exemplo em causa pode alguém valorizar tão especialmente o direito ou o interesse à protecção da saúde e desvalorizar tanto, correlativamente, a importância do direito de propriedade e da liberdade de iniciativa económica privada que possa ser levado a concluir diferentemente do que fizemos. Mas, nem parece razoável, atendendo ao quase insensível benefício marginal, nem, sobretudo, parece que essa seja uma valorização que se possa deduzir objectivamente ou do princípio do Estado de Direito ou do sistema de valores plasmado na Constituição. Assim, parece-nos resultar do entendimento e metodologia aqui propostos uma redução significativa do risco de subjectivismo e, por outro lado, há a possibilidade de fundamentar de forma racionalmente consistente e intersubjectivamente partilhável o resultado a que se chega.

3. O controlo de razoabilidade

3.1. O conceito

A razoabilidade (ou o princípio da razoabilidade), quando considerada no plano estritamente jurídico, pode assumir múltiplos significados e, desde logo, pode ser considerada como conformando o conteúdo de um princípio geral de Direito. De alguma forma, foi com esse alcance que veio a ser positivamente acolhida na ordem jurídica portuguesa, desde 2015, enquanto princípio geral da actividade administrativa, associado ao princípio da justiça, mas com uma ambição aparentemente limitada à exclusão das "soluções manifestamente desrazoáveis ou incompatíveis com a ideia de Direito" (Código de Procedimento Administrativo, artigo 8º). De qualquer forma, a positivação deste como de qualquer outro princípio estruturante tem um alcance muito reduzido, na medida em que se considere, como hoje se faz de forma generalizada, que a proscrição do *desrazoável* em toda e qualquer actuação dos poderes públicos é uma decorrência normal da existência de um Estado de Direito.

No contexto em que aqui abordamos a exigência de razoabilidade, ela interessa-nos exclusivamente na relação específica que mantém com o princípio da proibição do excesso em domínio das restrições ou intervenções restritivas em direitos fundamentais e, nesse domínio, a utilização mais frequente, mas que aqui não seguimos, é a que a identifica com proporcionalidade e, especificamente, com a proporcionalidade enquanto *terceiro elemento* do princípio da proibição do excesso. Nesse tipo de utilização do termo, haveria desproporcionalidade sempre que a relação entre a gravidade do sacrifício imposto e a relevância das razões que o justificavam (portanto, a relação entre fim e meio ou, noutra perspectiva, entre bens jurídicos negativa e positivamente afectados) fosse desrazoável. No fundo, desrazoável equivale simplesmente, nesta forma de utilização, a desproporcionado.

É, no entanto, possível e, a nosso ver, necessário dar um outro sentido à exigência de razoabilidade, fazendo-lhe corresponder uma dimensão com significado autónomo dentro da garantia geral da proibição do excesso e que não se confunde com aquele sentido material de uma relação de proporção/desproporção entre duas grandezas, sejam estas um *fim* e um *meio* ou sejam alternativas restritivas em *competição*. Qualquer que seja a designação que se dê a esse diferente significado (a designação a que aderimos tem origem no termo *Zumutbarkeit*, no sentido jurídico que lhe foi dado por alguma doutrina alemã), o seu conteúdo normativo orienta-se para a apreciação da *razoabilidade* da imposição de um dever ou de uma obrigação restritiva da liberdade, mas, e é essa nota que lhe confere uma especificidade autónoma, avaliada na exclusiva perspectiva das consequências que a restrição provoca na esfera pessoal de alguém que é por ela especialmente afectado.

Significa isto que uma restrição da liberdade pode ser adequada ou, pelo menos, não desproporcional, quando, em abstracto ou em concreto, se tem em conta a gravidade do sacrifício imposto relacionando-o com a importância ou a premência de realização dos fins prosseguidos e, todavia, ela constituir, por si só, uma afectação inadmissível ou intolerável na perspectiva individual de quem a sofre e por razões essencialmente atinentes à sua subjectividade ou à situação pessoal em que se encontra ou em que ficará após a afectação. Basta, para tanto, que a medida em causa coloque algum ou alguns dos afectados numa situação quantitativa ou qualitativamente desrazoável (intolerável, insuportável) à luz dos ditames essenciais e comummente aceites da protecção da liberdade, da autonomia individual e do relacionamento Estado/cidadão em Estado de Direito.

Diga-se que, com esse sentido, o conceito é perfeitamente compatível com o acolhimento positivo atrás referido que lhe foi dado na ordem jurídica portuguesa e é, sobretudo, consentâneo com o carácter autónomo que o controlo assente na ideia de razoabilidade ali reveste relativamente ao controlo de proporcionalidade. Da nossa parte, os dois tipos de controlo integram-se no princípio mais geral da proibição do excesso, sem que isso impeça, naturalmente, a potencialidade do princípio da razoabilidade para desenvolver outros efeitos jurídicos em áreas de actividade administrativa não estritamente associadas à afectação desvantajosa de direitos fundamentais.

Portanto, aquilo que se considera desrazoável, nesta outra dimensão da proibição do excesso, é a situação em que o afectado fica após a incidência de uma restrição que o atinge injustamente num núcleo irredutível de autonomia individual. Apenas esse dado: quaisquer que sejam os benefícios em vista e mesmo que a restrição não seja desproporcionada (quando se considera a relação entre benefícios e sacrifícios), é desrazoável que alguém, num Estado de Direito, seja colocado naquela situação e, logo, o excesso advém simplesmente desse facto.

3.2. Objecções ao reconhecimento da autonomia do controlo de razoabilidade

Há, no entanto, diferentes objecções ao reconhecimento da consideração autónoma da razoabilidade dentro da proibição do excesso. Já mesmo sem considerar a rejeição pura e simples de qualquer utilização da razoabilidade como conceito jurídico, por vezes a contestação tem na origem na pretensão de manter a designação *razoabilidade* confinada a referência indiferenciada de alguma ou de várias das exigências potencialmente convergentes de exclusão do arbítrio, racionalidade, procedimento adequado, justiça e equidade, igualdade, proporcionalidade e de concordância prática ou ponderação dos interesses envolvidos. Em diferentes latitudes, termos como *reasonableness, raisonnable* ou *ragionevolezza* dariam expressão a esse sentido englobante intencional e assumidamente indefinido e, por isso mesmo, avesso à sua transformação em parâmetro com conteúdo normativo autónomo preciso.

De outras vezes, a recusa de autonomização da razoabilidade dentro da proibição do excesso assenta em razões substanciais, por exemplo, por se considerar que aquela dimensão autónoma de "último reduto da liberdade humana" que caberia à razoabilidade proteger[12] deveria encontrar preferencialmente acolhimento através de outros princípios ou institutos, como o princípio da dignidade da pessoa humana ou a garantia do conteúdo essencial dos direitos fundamentais.

Assim, poder-se-ia considerar que esse tipo de situações, subjectivamente intoleráveis ou inadmissíveis, constituiriam também, precisamente pelo seu determinante carácter pessoal, uma simultânea violação da dignidade da pessoa humana, pelo que a invocação de desrazoabilidade como categoria autónoma seria redundante ou desnecessária. Mas, se é certo que essa confluência pode ocorrer, nem sempre ela se verifica.

[12] Cf., assim, sustentando a posição a que aderimos, M. Jakobs, *Der Grundsatz der Verhältnismäßigkeit*, Köln, 1985, págs. 86 e segs.

Ou seja, se é certo que uma violação da dignidade da pessoa humana é sempre desrazoável, em grande parte das situações de desrazoabilidade, tal como aqui a utilizamos, não chega a existir um problema de dignidade da pessoa humana.

Na realidade, uma medida restritiva ou agressiva pode ser desrazoável sem que, simultaneamente, atinja o ponto extremo de constituir uma violação do princípio da dignidade da pessoa humana, pelo menos se a este for atribuído um conteúdo normativo compatível com uma utilização restritiva e rigorosa do princípio, como atrás propusemos[13].

Basta considerar o caso, não o único (como se pode confirmar nos exemplos a que a seguir recorremos), das restrições incidindo sobre pessoas colectivas; a situação em que ficam após a incidência da restrição pode ser desrazoável, mas, por definição, essa afectação nada tem a ver com dignidade da pessoa humana. Nesse sentido, se bem que funcionalmente orientada à protecção de margens de liberdade e de autonomia individuais próprias de Estado de Direito, o controlo de razoabilidade cobre todo um conjunto de situações correntes que, todavia, podem não chegar a afectar a dignidade pessoal dos afectados.

Por sua vez, a remissão da *razoabilidade* para o conteúdo essencial dos direitos fundamentais apenas viria, sem qualquer vantagem, incrementar a dificuldade em determinar o sentido normativo desta última garantia que, como se sabe, é umas vezes (na chamada concepção ou teoria *absoluta*) identificada com dignidade da pessoa humana e, de outras, com o próprio princípio da proporcionalidade (na chamada concepção ou teoria *relativa*).

Não reconhecendo especial sustentação nestas objecções, já nos parece revestir maior interesse e necessidade de clarificação a dificuldade em distinguir e autonomizar a razoabilidade relativamente à proporcionalidade, designadamente quando esta é considerada em termos de parâmetro de controlo de intervenções restritivas actuadas pelos aplicadores da lei, a administração ou o poder judicial, portanto, em termos de proporcionalidade *em concreto*. Voltaremos a esta distinção a partir de algumas situações ou hipóteses com que, a seguir, vamos procurar ilustrar a autonomia dogmática da razoabilidade.

[13] Cf. *supra*, cap. II, págs. 42 e segs.

3.3. Distinção entre controlo de razoabilidade e controlo concreto de proporcionalidade

a) No plano da distinção aqui proposta entre razoabilidade e proporcionalidade, o ponto chave quando se trata do controlo de razoabilidade é o de que, diferentemente do que acontecia no controlo de proporcionalidade, a importância dos benefícios alcançados com a restrição é irrelevante, qualquer que ela seja, para apurar a existência de desrazoabilidade. É que, em alguns casos, a imposição do sacrifício é tão insuportável no alcance com que afecta a esfera de algum ou de alguns particulares que, por si só, determina a inconstitucionalidade da restrição.

Portanto, este controlo respeita, exclusivamente, e aí reside a sua diferença específica, ao plano individualizado do sacrifício imposto, na perspectiva da situação ou do estado em que a imposição desse sacrifício deixa o lesado. Nas palavras de OSSENBÜHL[14], enquanto que a proporcionalidade da restrição se avalia em função do fim prosseguido, já a verificação da sua razoabilidade centra-se na posição em que a restrição deixa o sujeito afectado.

Por sua vez, a intolerabilidade ou desrazoabilidade do sacrifício pode resultar do *montante* do sacrifício imposto, portanto, vir associada a uma perspectiva de avaliação quantitativa, mas pode ser simplesmente fruto da natureza da imposição, da sua *qualidade*, que, para uma pessoa pode até ser perfeitamente aceitável, mas, para outra, ser inadmissível. Alguns exemplos podem ajudar a identificar a diferença entre os dois tipos de parâmetros de controlo dentro do princípio comum da proibição do excesso.

b) Considere-se, situação real[15], que a lei que regula o acesso a cuidados médicos nas instituições do Serviço Nacional de Saúde impõe que todos as pessoas, para poderem beneficiar da respectiva gratuitidade, apresentem o cartão de utente do SNS ou que façam prova, num prazo de 15 dias após serem interpelados para o efeito, de que requereram,

[14] Cf. "Zumutbarkeit als Verfassungsmaßtab" *in* B. RÜTHERS e K. STERN (orgs.), *Freiheit und Verantwortung im Verfassungsstaat*, München, 1984, págs. 315 e segs.
[15] Cf. os Acórdãos 67/2007 e 221/2009 do Tribunal Constitucional.

entretanto, a respectiva emissão, sob pena de terem de pagar o custo real dos tratamentos que o SNS lhes disponibilizou.

Não parece uma imposição desproporcionada quando se atribui a devida relevância aos benefícios burocráticos e de racionalização de funcionamento que a existência de um registo de utentes promove, bem como a facilidade com que pode ser requerido o cartão e o facto de não se recusar a alguém o acesso a cuidados médicos, mesmo não se fazendo prova de que se é utente do SNS; basta que se faça posteriormente prova de que se requereu, entretanto, o cartão para que não se tenha de pagar o custo dos tratamentos. Portanto, seja em abstracto, seja numa perspectiva de aplicação a um caso concreto, tal norma passaria normalmente o teste do controlo de proporcionalidade.

Não há aqui violação do princípio da proporcionalidade porque as vantagens ou benefícios que para a prestação eficiente do SNS resultam de saber quantos utentes existem nesta ou naquela região, quantos têm ou não médico de família atribuído, o que há a fazer para melhorar ali a prestação do SNS, com a consequente possibilidade de alocar racionalmente recursos humanos e financeiros, compensa largamente esse *sacrifício* mínimo que consiste em provar que a pessoa em causa é utente registado ou que requereu, entretanto, o cartão de utente.

No entanto, se alguém, com direito a ser legítimo utente do SNS (no sentido de que preenche materialmente todos os requisitos exigidos), com uma situação financeira muito precária, todavia não cumpre, por razão justificada ou não, a obrigação de apresentação do cartão de utente e, por tal facto, ou seja, por não fazer prova de que requereu, entretanto, a emissão do respectivo cartão, se vê intimado a pagar vários milhares de euros relativos a um tratamento médico de que beneficiou numa situação de urgência médica, será razoável que o pagamento lhe seja imposto quando se sabe que isso o vai condicionar grave e drasticamente por toda a sua vida?

Se considerarmos que não é razoável —e dificilmente poderíamos deixar de reconhecer que exigir a um desempregado dezenas ou centenas de milhares de euros quando ele tem *direito* de aceder às prestações médicas do SNS é desrazoável—, teríamos, então, que a intimação de pagamento, apesar de não ser desproporcionada, era excessiva, inconstitucional, e o fundamento era a desrazoabilidade da sua imposição naquela situação individual concreta.

c) Noutro exemplo, relevando agora de uma perspectiva *qualitativa* (no exemplo anterior a desrazoabilidade advinha da *quantidade*), imagine-se que uma lei confere um benefício fiscal a determinada confissão religiosa, tendo em conta os fins de beneficência por ela realizados, ou que, para a realização desses mesmos fins, contém a imposição de os contribuintes destinarem 0,05% do IRS por eles devido à subvenção de uma confissão religiosa à sua escolha que realize aqueles fins de beneficência. Não parecem imposições desproporcionadas face à utilidade que o contributo pode revestir para as instituições e os seus beneficiários e à insignificância dos seus reflexos na esfera patrimonial dos obrigados.

Porém, quando se considera a situação qualitativa em que se colocam alguns contribuintes que se vêem objectivamente compelidos, por força daquelas normas, a financiar instituições ou credos a que são estranhos ou de cuja actividade ou até existência discordam profundamente — considere-se a situação de pessoas que, legitimamente, consideram que a persistência de religiões e de actividades religiosas no mundo é profundamente nociva da tolerância, da paz e do bem-estar social—, já não parece que tal imposição seja razoável num Estado de Direito que tanto garante a liberdade de ter como a de não ter religião.

No fundo, este exemplo é inspirado numa situação real, na Alemanha, onde um estranho modelo de financiamento das confissões religiosas obrigava um particular a ter de destinar parte dos seus rendimentos a uma confissão a que era alheio pelo facto de o outro membro do casal, sem rendimentos, ter declarado pertencer àquela confissão.

d) Numa outra situação, também real, ocorrida entre nós em Fevereiro de 2021 durante a pandemia da COVID-19, o Governo determinou, por fins de saúde pública, o encerramento temporário das escolas públicas e privadas e, para o que aqui nos interessa, proibiu igualmente a leccionação de aulas à distância por parte das escolas privadas, com a justificação de que, como nem todos os alunos, por razões de insuficiência económica, teriam possibilidades reais de acesso a aulas *online*, permitir aquela leccionação à distância agravaria as condições de igualdade entre todos os alunos, do sector público e do sector privado.

É verdade que o argumento da igualdade tem peso e tem uma sustentação real. Parece óbvio e evidente que o confinamento compulsivo de pessoas em situação de pandemia repercute de forma muito mais grave nos extractos sociais mais débeis economicamente. Portanto, atendendo ao peso das razões invocadas e ao carácter temporário da medida, poder-se-ia considerar não existir desproporcionalidade.

Porém, é razoável que se impeça alguém, que tem condições económicas para tanto, de aprender ou de melhorar as suas condições de aprendizagem recorrendo exclusivamente a meios próprios, isto é, sem necessidade de qualquer auxílio por parte dos *dinheiros públicos*? Seria razoável proibir pais, que têm condições para tanto, de adquirirem livros ou de proporcionarem aulas suplementares, viagens ou experiências culturais aos seus filhos, com o argumento de que nem todas as crianças têm análogas condições de acesso ao conhecimento? Seria razoável a limitação da liberdade de aprender daquelas pessoas e de promover, com recurso exclusivo a meios próprios, o futuro, o conhecimento e a aprendizagem dos filhos?

e) Num outro exemplo real, a lei impõe, para a celebração de casamento de estrangeiros em Portugal, que estes apresentem declaração de não impedimento passada no país de origem. Porém, dois australianos do mesmo sexo, que pretendiam casar em Portugal, deparavam-se com a recusa de passagem de tal declaração na Austrália porque ali não se reconhecia na altura (antes de Dezembro de 2017) a possibilidade de casamento entre pessoas do mesmo sexo.

A exigência legal não era desproporcionada, seja em abstracto, seja em concreto, tendo em conta os fins de segurança jurídica a prosseguir. Não é desproporcionado que o Estado pretenda saber se, no caso concreto, há ou não impedimentos ao casamento daquelas pessoas. Mas, será razoável que aquelas pessoas sejam deixadas naquela situação? Seria, no caso, razoável impor-lhes um dever que eles estavam impossibilitados de cumprir, apesar de se tratar de um requisito legal que, todavia, não é desproporcionado?

f) Portanto, como se percebe destes vários exemplos, diferentemente do que acontece com a verificação da proporcionalidade da restrição, o controlo de razoabilidade concentra-se na gravidade da afectação, qualitativa ou quantitativa, que a medida restritiva provoca na esfera do(s) afectado(s), havendo inconstitucionalidade sempre que, independentemente da adequação dos fins prosseguidos pelas restrições aos direitos fundamentais, a quantidade ou a qualidade dos encargos impostos coloca alguém numa situação que não é legitimamente compatível com as exigências de liberdade e autonomia pessoal em Estado de Direito. Logo, no controlo de razoabilidade já não é a adequação da relação entre sacrifício e benefício que é averiguada, mas sim a razoabilidade da imposição de um dever de direito público apreciada exclusivamente em função dos efeitos na pessoa do obrigado ou do afectado.

Há sempre uma avaliação da situação concreta que, por razões atinentes ao próprio, às consequências que vai sofrer ou à situação em que fica, são essencialmente injustas, desrazoáveis. Daí que, dada essa perspectiva individualizada e concreta, haja uma maior dificuldade em distinguir a aplicação do critério de razoabilidade do critério da proporcionalidade quando esta seja igualmente vista de uma perspectiva de caso concreto. A diferença pode surgir muito esbatida, mas, ainda assim, reside nessa diferença essencial: no caso da proporcionalidade avaliam-se benefícios e sacrifícios na relação entre o meio restritivo e o fim em vista tal como surgem na situação concreta; no parâmetro de razoabilidade avalia-se exclusivamente o sacrifício produzido e as suas consequências na esfera do afectado.

Tome-se o exemplo de uma lei sobre liberdade de manifestação que contém algumas normas restritivas. Numa delas estabelece-se a proibição de realização de manifestações a menos de cem metros da sede de órgãos de soberania. Numa outra, impõe-se a comunicação da realização da manifestação às autoridades policiais com um pré-aviso de quarenta e oito horas. Dir-se-á que normas deste tipo não suscitam especiais problemas de constitucionalidade à luz do princípio da proibição do excesso. De facto, as limitações impostas aos manifestantes e organizadores das manifestações são aptas, necessárias e não são desproporcionadas face à importância dos interesses que se pretendem preservar com tais limitações: quanto à primeira norma, o regular funcionamento e a preservação do prestígio das instituições em causa e, quanto à segunda, a possibilidade de as autoridades policiais garantirem a segurança de manifestantes e população em geral e a possibilidade de regulação apropriada do trânsito e da ordem pública nas zonas envolvidas.

No entanto, embora as referidas normas não sejam, em abstracto, excessivas, não é difícil imaginar circunstâncias em que se suscitem dúvidas de constitucionalidade na sua aplicação a situações pontuais e concretas, seja por desproporcionalidade, seja por desrazoabilidade. Vejamos em que termos.

Se uma manifestação de protesto contra uma intervenção militar portuguesa no estrangeiro é convocada para um domingo, numa praça onde está situada a sede de um tribunal superior, e essa manifestação é impedida pelas autoridades policiais ao abrigo daquela primeira norma, uma tal intervenção policial pode ser arguida de inconstitucional por ser desproporcionada. Ou seja, se em abstracto a norma proibitiva não era desproporcionada quando se estabelecia a relação entre o sacrifício e o benefício, entre o meio restritivo e o fim em vista, já na aplicação da norma ao caso concreto a mesma relação entre sacrifício e benefício, entre o impedimento da realização da manifestação e o fim em vista (garantia do regular funcionamento e preservação do prestígio das instituições em causa) seria claramente desproporcionada, uma vez que a realização daquela concreta manifestação em nada punha em causa aqueles fins — porque era domingo e porque o tribunal nada tinha a ver com o objectivo da manifestação— e constituía uma intervenção restritiva grave no direito de manifestação, já que a impedia, pelo menos no local escolhido pelos manifestantes.

O exemplo permite-nos distinguir um controlo abstracto de um controlo concreto de proporcionalidade, mas é ainda necessário procurar perceber como este controlo concreto não coincide com um controlo concreto de razoabilidade. O exemplo seguinte permite esclarecer essa diferença.

Num exemplo relacionado com a segunda norma, a do pré-aviso obrigatório de manifestações, imagine-se que há um estabelecimento de ensino situado em rua de trânsito muito movimentado, o que, ao longo do tempo, tem provocado vários acidentes com alunos no atravessamento da via; apesar dos protestos continuados, as autoridades têm permanecido passivas na resolução do problema. Entretanto, tomando conhecimento, na hora, de que ocorreu um atropelamento mortal de um aluno do estabelecimento, os seus colegas invadem a via pública em protesto, exigindo medidas de protecção, com o que interrompem a circulação e provocam enorme congestionamento em toda a zona. Após intervenção policial que dispersa a manifestação, vários alunos são identificados e posteriormente processados.

Portanto, tal como no exemplo anterior, a norma que impunha um pré-aviso de quarenta e oito horas para a realização de uma manifestação não é desproporcionada quando, em abstracto, se compara o condicionamento imposto com o benefício prosseguido. Mas, também na aplicação da norma ao caso concreto não há desproporcionalidade, já que a comunicação prévia de quarenta e oito horas teria, de facto, permitido às autoridades policiais compatibilizarem a realização da manifestação com as necessidades de circulação e a própria segurança dos manifestantes e dos restantes utilizadores da via pública. Ou seja, o condicionamento imposto pela necessidade de pré-aviso, para além de necessário para a compatibilização adequada dos vários interesses, não era desproporcionado: os estudantes faziam a comunicação prévia, realizavam a manifestação e a polícia ficaria em condições de compatibilizar os diferentes interesses.

Porém, se isso é aceitável numa situação de normalidade, pode-se dizer que aquelas circunstâncias concretas haviam colocado os manifestantes numa situação compreensível de indignação que os impelira para uma manifestação espontânea imediata à ocorrência do acidente. Que o dever de comunicação prévia de realização de manifestações não seja desproporcionado, em abstracto ou em concreto, aceita-se sem dificuldade; mas teria sido razoável impôr àqueles manifestantes concretos o mesmo dever de comunicação prévia nos mesmos termos com que se aplica genericamente a quaisquer manifestantes sem qualquer consideração pela situação especial em que se encontravam?

Não parece ou, pelo menos, não parece que seja razoável, no mínimo, deixar de considerar a situação concreta como constituindo um exercício do direito de manifestação. No fundo, não é uma situação diferente da que ocorria nos exemplos atrás mencionados. A apresentação de certidão de não impedimento à realização de um casamento não é desproporcionada, em abstracto e em concreto, mas impor o mesmo dever ao casal de australianos não era razoável tendo em conta as circunstâncias concretas da sua situação e as consequências da imposição daquele dever na sua esfera pessoal. Da mesma forma, a necessidade de dar um pré-aviso para realização de uma manifestação em local público não é desproporcionada, em abstracto e em concreto, mas não seria razoável sancionar aqueles manifestantes naquela situação concreta por não terem cumprido o dever de comunicação.

Donde que, concluindo, um controlo de proporcionalidade (abstracto e concreto) não esgota todas as situações de excesso incompatíveis com os ditames de um relacionamento entre Estado e cidadãos próprio de Estado de Direito; um controlo autónomo de razoabilidade justifica-se e em inúmeras situações constitui a única resposta conceptual e institucional adequada para apurar a existência de excesso.

3.4. Controlo concreto e controlo abstracto de razoabilidade

Pelo que se disse, para além da distinção entre proporcionalidade de caso concreto e razoabilidade, percebe-se ainda como, pelo menos tendencialmente, o parâmetro da razoabilidade cobra plena aplicação na situação concreta, pois só com a aplicação da norma restritiva (a imposição de um dever, de uma obrigação, de uma limitação da liberdade) a uma situação pontual e concreta é, normalmente, possível avaliar as consequências produzidas na esfera pessoal e a sua eventual desrazoabilidade a essa luz. Portanto, trata-se de um controlo tendencialmente dirigido aos aplicadores da lei, administração e poder judicial; os seus actos e decisões podem vir a ser considerados desrazoáveis sem que a norma aplicada seja, em abstracto, excessiva.

Essa será, de resto, a situação mais comum de invocação e concretização do controlo de razoabilidade: o acto individual e concreto pode ser considerado inconstitucional por ser desrazoável, mantendo-se a norma geral e abstracta em vigor. Ou seja, não é pelo facto de a norma geral e abstracta permitir uma aplicação inconstitucional que ela deve ser considerada inconstitucional. Como, em si, o dever imposto ou a restrição criada não é desrazoável, a norma não é inconstitucional. De resto, pode-se dizer que, relativamente a qualquer norma restritiva, podemos sempre imaginar uma ou outra situação em que a sua aplicação rígida a um caso concreto redunde em desrazoabilidade. Por isso mesmo o controlo de razoabilidade e a sua autonomização dogmática se justificam, isto é, justificam-se para que o aplicador, vinculado que está, tal como o legislador, pelos direitos fundamentais, e discernindo a desrazoabilidade dos efeitos que teria a aplicação de uma norma numa situação concreta, possa impedir a consumação de consequências injustas, inadmissíveis ou até, simplesmente, disparatadas na esfera de um ou de alguns afectados.

No entanto, ainda que excepcionalmente, podemos identificar situações em que o próprio dever abstractamente imposto pela norma restritiva é, em si mesmo, desrazoável, no sentido em que o seu cumprimento deixaria a generalidade dos destinatários da norma numa situação desrazoável. Nessa altura, a própria norma seria inconstitucional por desrazoabilidade. Alguns dos exemplos atrás elencados poderiam incluir-se neste tipo: o caso da norma proibitiva de aulas à distância para alunos dos colégios privados seria, em si mesma, inconstitucional por ser excessiva e o excesso advinha da sua desrazoabilidade.

3.5. Razoabilidade e ponderação de bens

A razoabilidade assume, portanto, uma dimensão valorativa essencialmente referida à situação em que a medida em apreciação coloca pessoas individualmente consideradas e que é funcionalmente orientada à garantia da quantidade e qualidade de um espaço de liberdade individual remanescente que as intervenções restritivas num Estado de Direito devem respeitar. Como este juízo de razoabilidade não é intrinsecamente dotado de necessidade lógica ou de uma objectividade empiricamente verificável, o apuramento do excesso ou da desrazoabilidade da medida restritiva é sempre relativo, atento à situação concreta, dependente dos argumentos invocáveis na situação, real ou imaginada, em apreço.

Nesse sentido, o juízo de razoabilidade nunca é completamente alheio, mesmo que marginalmente e enquanto factor de correcção ou de confirmação, a valorações relacionadas com a importância ou a premência das razões que justificam a medida restritiva, pelo que, se bem que centrado na personalidade do particular afectado e na margem e natureza do espaço de liberdade em que a restrição o coloca—e daí que seja, como vimos, conceptualmente distinto do controlo de proporcionalidade—, não dispensa a necessidade de contextualização no âmbito dos interesses relevantes no caso concreto. Não que a existência de desrazoabilidade dependa das razões invocadas a favor da restrição, mas porque a sua evidenciação não deixará de ser influenciada por todas as circunstâncias presentes.

Ou seja, ainda que esse não seja factor constitutivo do apuramento da desrazoabilidade, uma situação desrazoável fica mais evidente se a justificação que apoia a restrição for débil e é menos perceptível se as razões que justificam a existência da norma forem ponderosas.

BIBLIOGRAFIA SOBRE O PRINCÍPIO DA PROIBIÇÃO DO EXCESSO

JORGE REIS NOVAIS, *As Restrições aos Direitos Fundamentais não Expressamente Autorizadas pela Constituição*, Coimbra, 2003 (3ª ed., Lisboa, 2021), págs. 729 e segs.

M. AROSO DE ALMEIDA, *O Princípio da Razoabilidade como Parâmetro de Atuação e Controlo da Administração Pública*, Coimbra, 2020

VITALINO CANAS, *O Princípio da Proibição do Excesso na Conformação e no Controlo de Atos Legislativos*, Coimbra, 2017

PEDRO MACHETE/TERESA VIOLANTE, "O princípio da proporcionalidade e da razoabilidade na jurisprudência constitucional, também em relação com a jurisprudência dos Tribunais europeus", Relatório apresentado na XV Conferência dos Tribunais Constitucionais de Espanha, Itália e Portugal, 2013, *in Anuário Português de Direito Constitucional*, vol. VIII, 2012-2014, págs. 89 e segs.

VIRGÍLIO AFONSO DA SILVA, *Direitos Fundamentais*, 2ª ed, São Paulo, 2010, págs. 167 e segs.

Capítulo V
Princípio da Proibição do Défice

1. Direitos positivos e inconstitucionalidade

a) A invocação mais comum dos princípios estruturantes verifica-se nas situações em que se contesta a legitimidade constitucional de uma actuação dos poderes públicos que afecta desvantajosa ou negativamente os interesses individuais, o que é ainda mais problemático no caso das restrições a direitos fundamentais, ou seja, quando aquelas intervenções afectam interesses jusfundamentalmente protegidos. Mas, cada vez mais frequentemente nos nossos dias, esses mesmos interesses podem ser afectados, não através de actos, mas por omissões dos poderes públicos. Nessas alturas, numa situação em que se parte do princípio de que a Constituição obrigaria a actuar, a fazer ou prestar algo, a eventual censura constitucional, em caso de incumprimento, é dirigida a um não-acto, a um *non facere*.

A omissão é mais facilmente reconhecível quando o próprio texto da Constituição impõe expressamente aos poderes públicos a realização de algo através de um preciso comando específico que não foi cumprido. Mas, mesmo não havendo um comando constitucional específico explícito, os poderes públicos têm obrigações constitucionais de prestar, de *facere*, que decorrem genericamente da concepção contemporânea dos direitos fundamentais em Estado social de Direito, nos termos da qual se entende que, relativamente a todo e qualquer direito fundamental, o

Estado tem não apenas o dever de o respeitar, mas também o dever de o proteger e o dever de promover o acesso individual ao respectivo exercício.

Perante este conjunto multifacetado de deveres, facilmente se percebe que, em quaisquer deles, umas vezes se impõe uma obrigação estatal de não fazer, de se abster, mas, em muitas outras, da existência daqueles deveres, designadamente no caso dos deveres de protecção e de promoção —mas também, ainda que aí seja menos frequente, quando há um dever de respeito—, decorre uma obrigação de prestar. Neste último caso, do ponto de vista jurídico-constitucional o importante é, sobretudo, determinar os critérios ou parâmetros que permitam identificar a existência de incumprimento das obrigações constitucionais, ou seja, a existência de inconstitucionalidade por violação de deveres estatais de prestação a que correspondem, do lado dos titulares dos direitos fundamentais, direitos à realização de algo, os chamados direitos positivos.

b) Como se disse, a tarefa fica facilitada nas situações em que a Constituição impõe, através de norma-*regra* ou através de enunciado suficientemente definido, a realização de acções específicas nesse domínio, quando, por exemplo, fixa um objectivo ou um meio precisos e o faz de forma inequívoca e com um alcance imediatamente determinável. Então, o incumprimento da obrigação é imediatamente perceptível e identificável como omissão inconstitucional.

No entanto, na generalidade das situações, a Constituição consagra os direitos fundamentais de forma lapidar, genérica, não impondo específicas garantias ou deveres estatais concretos propiciadores do acesso individual aos bens jusfundamentalmente protegidos. Nessa altura, sendo certo que se extrai da Constituição de Estado social de Direito, expressa ou implicitamente, uma imposição de garantia da efectividade dos direitos fundamentais, coloca-se o problema nuclear da fixação dos critérios ou parâmetros que ajudem a determinar a eventual existência de inconstitucionalidade: em que circunstâncias ou a partir de que patamar se pode considerar estar o Estado a incumprir deveres genéricos de realização positiva incorrendo em omissão inconstitucional?

De facto, se os poderes públicos não realizam as obrigações constitucionais que os vinculam, existirá omissão. Mas, o problema jurídico fundamental não é o de saber se há omissão —num sentido menos rigoroso, e relativamente a deveres genéricos, omissão há sempre, já que é sempre possível fazer mais ou fazer melhor relativamente ao que já foi realizado—, mas o de saber quando essa omissão é inconstitucional. Ora, a resposta a essa outra questão é de enorme dificuldade.

c) Em primeiro lugar, para realizar o objectivo constitucional visado, supondo que se trata, por exemplo, de um objectivo de protecção do acesso individual a bens jusfundamentalmente garantidos, raramente há apenas um meio, uma via, uma forma de alcançar o objectivo, havendo, normalmente, inúmeras possibilidades para o atingir. E essas possibilidades não se distinguem entre si apenas pela respectiva eficácia, mas também pelos efeitos colaterais diferenciados que produzem (mais ou menos restritivas, mais ou menos dispendiosas), pelo que, em função das concepções, dos prognósticos, dos diferentes programas de governo e das diferentes políticas públicas que se prosseguem, as preferências distribuem-se por essas diversas vias legítimas de alcançar o fim.

Por exemplo, no caso dos deveres de protecção dos direitos fundamentais —que constituem uma dimensão relevantíssima dos referidos deveres de prestação—, há que ter em conta que a protecção de um dado direito fundamental contra agressões ou ameaças de outros particulares obriga o Estado a restringir possibilidades de acção que esses outros particulares pretenderiam desenvolver. Mas, como eles são, também, titulares de direitos fundamentais e agem invocando o respectivo exercício, o Estado só pode, em geral, proteger os direitos fundamentais de alguns particulares através da restrição de direitos fundamentais dos outros, o que exige uma ponderação complexa de interesses, avaliação de riscos, definição de prioridades, opção por meios de protecção mais ou menos eficazes, mas também, mais ou menos restritivos.

Em segundo lugar, e não menos decisivo, um qualquer dever de prestação, normativa ou material, pode sempre obter maior ou menor realização. Em alguma medida, pode-se dizer que é sempre possível fazer mais, é sempre possível dar mais protecção ou melhor ajuda. Mesmo quando um determinado nível de realização aceitável foi já alcançado, é sempre possível ir mais longe, garantir mais efectividade, abranger mais situações, conferir mais densidade à realização já alcançada, garantir-lhe mais estabilidade no futuro, mais rigidez contra eventual retrocesso.

Então, perante esta extrema variabilidade que constitui, afinal, a normalidade no domínio dos deveres estatais de prestação, onde deve ser colocada a fronteira ou o limite da inconstitucionalidade? Quando é que um não fazer (no sentido de algo que podia ter sido feito e não foi) passa a ser inconstitucional? A partir de que patamar é que se cumpre a obrigação constitucional de realizar um dever que é, em si mesmo, indeterminado no plano constitucional?

Por exemplo, para proteger o acesso individual a bens jusfundamentalmente protegidos contra agressões de outros particulares é possível recorrer a campanhas pedagógicas ou a dissuasão através de sanções administrativas ou, em último caso, recorrer à tutela penal; mas também nesta última hipótese, a pena prevista ou aplicada pode sempre variar, é possível aumentá-la ou reduzi-la, ampliar a previsão normativa, determinar consequências acessórias, permitir ou não excepções ou atenuantes.

Ou seja, é sempre possível garantir mais protecção, torná-la mais efectiva, dissuadir ou reprimir com mais eficácia eventuais agressões, mas também, normalmente, a custo da restrição de possibilidades de acção que, de outra forma, estariam contidas na esfera da liberdade geral de acção de outros particulares. Mas, sendo assim, a partir de que nível de protecção traçamos o limite de inconstitucionalidade?

Tudo o que não seja protecção óptima ou optimizada será inconstitucional, como pretendem algumas teorias? É que, nessa altura, viveríamos em inconstitucionalidade permanente porque, mesmo quando se conseguisse, num momento determinado, uma protecção maximizada, logo a seguir, desde logo com a simples passagem do tempo, com novas necessidades e com a mudança de circunstâncias, seria possível ou imaginável fazer mais e melhor. Porém, num estado de inevitável *inconstitucionalidade permanente*, a própria ideia de inconstitucionalidade muda de sentido e a sua declaração perde qualquer efeito útil, já que a sua eventual superação é apenas efémera.

d) O problema jurídico-constitucional não deverá ser, portanto, o de saber se o Estado pode fazer mais no domínio de realização dos direitos positivos, mas sim o de saber quando lhe era constitucionalmente exigível que tivesse feito e não fez, quando a Constituição lhe impunha que fizesse e o poder público responsável, embora tendo actuado, não o fez na medida constitucionalmente devida, situação essa que se configura, então, como omissão e, nesse contexto de prévia existência da referida imposição da Constituição, se configura como omissão inconstitucional.

Todavia, nem é simples, fora dos casos de disposição constitucional determinada e inequívoca, saber *quanto*, *quando* e *como* a Constituição impõe, nem o constitucionalmente devido é objectivamente apurável, já que depende, normalmente, das perspectivas políticas de quem avalia, da forma como dá prioridade à segurança pública ou à liberdade individual, ao bem-estar colectivo ou à competição concorrencial, ou de como valoriza a maior ou a menor intervenção do Estado e a responsabilização dos cidadãos. Porém, em grande medida, estamos nesse domínio perante opções relativamente às quais o poder judicial nem tem mais legitimidade nem parece ter mais aptidão do que o legislador democraticamente eleito.

Por outro lado, basta considerar as decisões relativas à realização dos direitos sociais, intimamente associadas a políticas públicas dependentes de opções orçamentais e de alocação de recursos escassos, para nos darmos conta da substancial indefinição dos deveres de prestação concretos que se podem extrair directamente das normas constitucionais.

Isto é, uma vez que a delimitação dos fins concretamente definidos como sendo de realização prioritária ou a escolha dos meios mais aptos para os realizar depende, em grande medida, de preferências políticas de alocação de disponibilidades financeiras ou de avaliação de oportunidade e de adequação politicamente condicionadas, e não detendo o juiz especiais habilitações e legitimidade nesse domínio, então, à luz da separação de poderes própria de Estado de Direito, a densidade de controlo judicial das escolhas do legislador e, mesmo, da administração sofre a atenuação reflexa.

e) Para além disso, como se referiu, há a permanente pressão resultante do facto de que a realização de direitos positivos de uns particulares exige ou se reflecte na restrição de direitos fundamentais de outros titulares. Por exemplo, a protecção de um direito fundamental contra *agressões* provindas de outros particulares implica a limitação da liberdade de acção destes outros; a realização de direitos sociais de alguns cidadãos reflecte-se na alocação suplementar de recursos financeiros que podem gerar prejuízos ou perturbação da realização dos mesmos ou de outros direitos sociais de outros particulares; a protecção contra riscos naturais só pode fazer-se, muitas vezes, à custa da limitação de liberdades individuais.

Significa isso que o legislador, frequentemente, se move num dilema de resolução não unívoca: só pode garantir uma maior realização de um direito fundamental restringindo um outro ou, na perspectiva recíproca, só pode aliviar a restrição de um direito se prescindir da manutenção do nível de realização assegurado a um outro direito.

Logo, o juízo sobre eventual inconstitucionalidade por insuficiência de realização de direitos positivos não pode ignorar que o poder público responsável está simultaneamente juridicamente limitado e politicamente condicionado pelo dever de respeitar, de proteger ou de promover os direitos fundamentais dos outros particulares, o que torna ainda mais complexa a análise de constitucionalidade.

Sobretudo, ao contrário do que sucede quando se avalia se um direito está a ser excessivamente restringido —o que se faz, como acabámos de ver, recorrendo à sujeição da restrição ao crivo constituído pelo princípio da proibição do excesso (proporcionalidade)—, no âmbito dos direitos positivos, quando um particular invoca um pretenso direito a prestação estatal, o juiz não dispõe, à partida, de um instrumento de controlo adequado para verificar se há um incumprimento desse dever, nem dispõe de *testes* estabilizados para *medir* quando esse incumprimento é inconstitucional. É que, neste novo contexto, não se trata de verificar se o Estado está a ir longe de mais, se a sua actuação limitadora da liberdade individual é excessiva, desproporcionada, mas exactamente do oposto, isto é, de saber se o Estado não está a ficar aquém do que lhe foi constitucionalmente imposto, ainda que de forma genérica e indeterminada, quanto à realização daquele direito ou ao cumprimento de uma obrigação.

1.1. Surgimento histórico do princípio da proibição do défice

a) Confrontada com estas dificuldades, alguma doutrina germânica, nos anos oitenta do século passado, sugeriu a existência de um novo princípio constitucional capaz de reivindicar, no domínio dos deveres de prestação estatal, desempenho e importância análogos aos que o princípio da proibição do excesso (*Übermaßverbot*) alcançara no domínio dos deveres de respeito dos direitos fundamentais.

Em contraponto semântico a esse outro, o novo princípio foi designado de *proibição do défice* ou *proibição da insuficiência* (*Untermaßverbot*)[16] e, no fundo, constituiria o instrumento de controlo orientado ao esclarecimento daquelas dúvidas sobre a definição da fronteira ou do patamar aquém dos quais haveria inconstitucionalidade: a obrigação de prestação considerar-se-ia inconstitucionalmente incumprida quando fosse violado o princípio da *proibição do défice*, conclusão essa obtida a partir da verificação de que o Estado ficara *aquém* do que lhe era imposto.

Ou seja, tal como um direito fundamental negativo é violado quando o Estado restringe excessivamente o acesso individual a um bem jusfundamental, quando viola, portanto, o princípio da *proibição do excesso* (em qualquer das suas várias dimensões), também um direito fundamental positivo seria violado quando o Estado ficasse aquém da prestação constitucionalmente devida, infringindo, portanto, o princípio da *proibição da insuficiência*.

Ecoando essa discussão, em 1993, na sua segunda sentença sobre o aborto, o Tribunal Constitucional alemão viria a acolher expressamente a fórmula e o princípio sugeridos e propostos doutrinariamente e, a partir de então, apesar da forte controvérsia teórica que entretanto se gerou na Alemanha, o princípio da proibição da insuficiência, com designações diversas, transformou-se em mais um bem-sucedido produto de *exportação* gerado na notável doutrina germânica de direitos fundamentais.

b) Na elaboração originária (Canaris), este princípio da proibição do défice, enquanto critério de controlo constitucional do cumprimento dos deveres de prestação estatal, havia sido proposto como *controlo de resultado* e como *controlo de mínimos*. Significava essa configuração que se expressava aqui, de forma sublinhada, a preocupação com a conformidade às exigências da separação de poderes que salientámos existirem igualmente na visão *clássica* do controlo de proporcionalidade.

[16] Veremos, posteriormente, como desta simples contraposição semântica (proibição do *demasiado* e proibição do *de menos*) se costuma extrapolar para uma ideia de afinidade substancial dos dois princípios sob o manto pretensamente comum da proporcionalidade. De facto, aquela contraposição é muitas vezes discutivelmente interpretada no sentido da integração da *proibição de insuficiência* na mesma lógica de *proporcionalidade* (a dita "dupla face da proporcionalidade" de que fala alguma doutrina e jurisprudência brasileiras) em que se movimenta a proibição do excesso, o que, a nosso ver, distorce o sentido do novo princípio.

A ideia prevalecente era a de que, perante a relativa indeterminação das normas constitucionais de onde se deduziam obrigações de *facere* para os poderes públicos e na ausência de pontos de referências de orientação e de objectividade do controlo, deveria prevalecer tendencialmente o reconhecimento da margem de apreciação, de avaliação e de prognose do legislador democrático, a não ser nas situações em que a inconstitucionalidade da omissão surge de forma evidente. Logo, na aplicação do controlo da *proibição do défice*, a verificação da eventual inconstitucionalidade da omissão estatal vem limitada a um controlo de evidência, mas, mais do que isso, vem referido agora a um controlo destinado a verificar se o legislador falhou os mínimos do dever de realização que lhe era imposto, se não ficou ostensivamente aquém da prestação constitucionalmente devida (e, quanto aos deveres positivos, se a Constituição não os discrimina pormenorizadamente, só se pode partir da presunção de que, pelo menos, os mínimos estão a ser impostos).

c) É certo que naquelas situações em que, para proteger um direito fundamental, há que limitar ou restringir o exercício de um outro direito fundamental, acabam por estar em causa dois diferentes deveres agora assumidos pelo Estado social e democrático de Direito: o dever de proteger um direito fundamental, mas também o dever de respeitar o outro direito fundamental que terá de ser restringido para proteger o primeiro. Então, no eventual conflito entre esses deveres impostos ao Estado (a que corresponde, na perspectiva dos particulares, a ocorrência das chamadas colisões de direitos fundamentais), para além das questões atinentes a eventual insuficiência de protecção, a restrição em causa confronta-se directamente com o limite permanentemente imposto às restrições a direitos fundamentais, o princípio da proibição do excesso.

Parte-se, então, da concepção segundo a qual a margem do legislador ordinário —que numa colisão típica se vê forçado a restringir o direito fundamental de uma das partes para proteger o direito fundamental da outra— tem um limite máximo ou superior (o legislador não deve ir além do necessário, não deve restringir excessivamente o direito do *agressor* ou do *perturbador*) e um limite mínimo ou inferior (o legislador não deve ficar aquém do exigível para assegurar um mínimo de protecção ao direito fundamental da *vítima*).

Surge então, aí, a ideia directriz de que entre esses dois limites, máximo e mínimo, superior e inferior, se abre objectivamente um *corredor* ou uma faixa onde o legislador se move livremente. Ou seja, nesse espaço o legislador não está constitucionalmente pré-condicionado: pode proteger mais ou menos, pode restringir mais ou menos, de acordo com a sua avaliação e margem de decisão, desde que nem transponha o limite máximo (fixado pela *Übermaßverbot*, isto é, desde que não restrinja excessivamente) nem fique aquém do limiar mínimo, não proteja insuficientemente (a *Untermaßverbot*).

Entre o limite do constitucionalmente vedado (determinado pelo controlo de proibição do excesso) e o limite do constitucionalmente devido (determinado pelo controlo da proibição do défice), o legislador move-se livremente num espaço onde impera uma margem de decisão pela qual ele responde em função do que considera ser politicamente adequado ou oportuno; não caberá, nesses termos, ao poder judicial efectivar uma tal responsabilização.

Por último, nessa mesma lógica de deferência judicial relativamente ao legislador, esta verificação constitucional de realização de um *mínimo de protecção* que, consequentemente, vem muito associada a um *controlo de evidência* ou à garantia de um *conteúdo essencial*, refere-se exclusivamente ao *resultado* alcançado ou previsível, não à forma como esse resultado foi alcançado, ou seja, o importante é apurar o grau de protecção que acabou por ser garantida (se ela é efectiva, eficaz, suficiente), mantendo-se o *como* da respectiva realização fora do controlo judicial.

1.2. Autonomia dogmática do princípio da proibição do défice

Porventura por causa da sua relativa *novidade*, contesta-se frequentemente a autonomia dogmática ou a necessidade de adopção de um novo princípio como o da proibição do défice. Sustenta-se, por um lado, que ele não se distingue do reconhecimento —esse, sim, praticamente pacífico— da existência de um dever de protecção dos direitos fundamentais em Estado social de Direito; de outro lado, invoca-se a pretensa redundância ou inutilidade de um controlo baseado no novo princípio, uma vez que, no domínio do dever de protecção dos direitos fundamentais, o mesmo resultado de verificação de eventual inconstitucionalidade já poderia ser obtido, e na mesma exacta medida, através do controlo de proibição do excesso.

No fundo, a crítica corresponde à ideia de que, quando o Estado restringe um direito fundamental de um particular para proteger um outro, então a eventual inconstitucionalidade da actuação estatal pode ser aferida em função da aplicação do controlo típico de proibição do excesso (proporcionalidade): tudo se resumiria a saber se o Estado restringiu excessivamente um direito fundamental, o que equivale a dizer que se resume a saber se foi para além daquilo que era estritamente necessário para proteger o direito fundamental do outro particular. É que a própria determinação do eventual excesso não poderia ser feita sem avaliar a importância ou premência das necessidades de protecção ou de realização de um determinado fim. Ou seja, só se pode apurar o eventual excesso na restrição de um direito fundamental, através da aplicação do princípio da proporcionalidade, tendo em conta o peso ou a premência de realização da protecção devida ao outro direito fundamental.

Nesse sentido, seria redundante a intervenção de um outro princípio que não poderia produzir qualquer resultado que não tivesse já sido alcançado através da activação do princípio da proibição do excesso. É que a simples aplicação deste princípio já tinha revelado e fixado o *ponto* até onde o legislador estava autorizado a ir para proteger ou promover o direito ou interesse contraposto.

Nesse sentido, a proibição do défice integrar-se-ia, supostamente, na lógica geral do princípio e dos controlos de proporcionalidade, constituindo, tão só, o reverso de um princípio com uma *dupla face*, isto é, seria o *outro lado* da proporcionalidade. Susceptível de ser percebido nessa dimensão, tudo dependeria, afinal, da diferente perspectiva que presidisse ao controlo, ou a da *face* do excesso (apurar se houve intervenção restritiva *a mais*) ou a da *face* da insuficiência (se houve prestação de protecção ou de ajuda *a menos*), mas sempre sobre o pano de fundo da mesma indagação sobre a existência de proporção, de equilíbrio, que retiraria autonomia ao novo princípio.

Por outro lado, como esta lógica se combina frequentemente (sobretudo nas posições influenciadas pela teoria dos direitos como princípios) com a concepção dos direitos fundamentais como comandos de optimização, o resultado seria exactamente o mesmo num e no outro controlo. Como há um único *ponto* onde as exigências de protecção e as exigências de respeito se realizam de forma optimizada —no fundo tratar-se-ia, como vimos, do resultado de uma ponderação entre dois princípios (direitos)[17]— e a obrigação de determinar esse *ponto de optimização* vincula igualmente legislador e juiz, então a existência de um novo tipo de controlo seria perfeitamente redundante relativamente ao resultado que já deveria ter sido apurado no controlo de proibição do excesso da medida restritiva de um direito fundamental actuada para proteger o outro.

Porém, a nosso ver, nem a aplicação da proibição do défice se limita a esse círculo das chamadas relações triangulares, isto é, a situação em que um poder público afecta a esfera jurídica de um particular para proteger a de um outro, nem, mesmo quando essa situação se verifica, a lógica subjacente aos dois princípios (excesso e insuficiência) é igual ou sequer afim. Os respectivos controlos não se sobrepõem, como vamos ver.

1.2.1. *Princípio da proibição do défice e deveres de prestação*

a) Para além do domínio onde o dever de protecção tem relevância privilegiada enquanto protecção dos direitos fundamentais contra agressões ou ameaças de outros particulares, a proibição de insuficiência e o controlo de constitucionalidade a ela associado têm um âmbito mais abrangente, na medida em que podem ser invocados em todos os domínios onde se possa retirar da Constituição a imposição de prestações positivas a cargo dos poderes públicos.

Se a Constituição impõe um *facere*, abre-se objectivamente a possibilidade e eventual necessidade de verificar se o comando constitucional foi ou não violado, se foi ou não cumprido na medida, na extensão e com o alcance constitucionalmente devidos. Essa é a vocação de controlo que a *Untermaßverbot* pretende realizar e, nesse sentido, tem um domínio potencial de aplicação bem mais amplo que o domínio normativo delimitado pelo dever de protecção e, especialmente, pelo dever de protecção de direitos fundamentais no âmbito das relações entre particulares.

[17] Cf. *supra*, cap. IV, págs. 127 e segs.

Desde logo, praticamente todas as potencialidades de controlo de constitucionalidade que a proibição de insuficiência desenvolve nos deveres estatais de protecção podem também ser replicadas no domínio do dever de promoção dos direitos fundamentais, ou seja, nas situações em que o Estado está constitucionalmente obrigado a promover ou ajudar os particulares a acederem aos bens jusfundamentalmente protegidos sempre que, pelos seus próprios meios, eles não disponham de condições para o fazer.

Também nesse outro domínio, a incerteza acerca daquilo que estão os poderes públicos constitucionalmente obrigados a fazer para proporcionar o acesso aos bens jusfundamentalmente protegidos, designadamente na área dos chamados direitos sociais, onde sem ajuda estatal o acesso individual a bens essenciais pode resultar significativamente frustrado, convoca um tipo de controlo diverso do controlo de proibição do excesso ou de proporcionalidade. Justifica-se, também aí, a intervenção da *Untermaßverbot* enquanto meio essencial de controlo de inconstitucionalidade por omissão ou por realização deficitária das obrigações constitucionais.

E, diferentemente do que sucede no dever de protecção nas relações entre particulares, trata-se, aí, de relações bipolares, envolvendo exclusivamente Estado e indivíduo titular do direito fundamental, ainda que a função da proibição de insuficiência na determinação do constitucionalmente exigível se faça de forma tendencialmente semelhante.

b) Logo, quanto ao dever de protecção ou quanto ao dever de promoção dos direitos fundamentais, dir-se-ia, na resposta à crítica da falta de autonomia, que, nas suas devidas proporções, a proibição do défice pode desempenhar um papel equivalente ao que a proibição do excesso desempenha no domínio do dever de respeito dos direitos fundamentais e com um espaço de autonomia normativa equivalente.

De facto, quando se trata de apurar se o dever de respeito de um direito fundamental está ou não a ser incumprido, e, portanto, se o direito fundamental está ou não a ser violado, o princípio da proibição do excesso (proporcionalidade) é um parâmetro de controlo imprescindível e da maior relevância. Não é o único factor a ter em conta naquele apuramento, nem o princípio esgota nessa função as suas virtualidades de princípio estruturante de Estado de Direito, mas dificilmente se resolvem problemas *difíceis* de direitos fundamentais sem o recurso a um escrutínio da acção dos poderes públicos à luz da proibição do excesso.

Estando normalmente perante um acto (normativo, geral e abstracto, ou pontual, individual e concreto) da responsabilidade de um dos poderes públicos e que vem arguido de desrespeito de um direito fundamental, não é normalmente possível apreciar juridicamente a consistência dessa alegação sem sujeitar o referido acto (uma restrição ou uma intervenção restritiva num direito fundamental) a um controlo de proporcionalidade que verifique se a restrição é excessiva e, nessa hipótese, inconstitucional. Mais rigorosamente, esse controlo só é dispensável naquelas situações em que a Constituição já inequivocamente proibiu ou, ao invés, autorizou o acto controvertido ou quando um controlo realizado em fase anterior já determinou a lesão directa da norma jusfundamental.

Ora, também no que respeita aos deveres de protecção e de promoção, que normalmente se traduzem em deveres de prestações materiais e/ou normativas e onde o controlo judicial lida com o problema da omissão inconstitucional, a necessidade de um parâmetro de controlo que ajude a identificar o patamar de realização aquém do qual há inconstitucionalidade é ainda maior, já que a questão jurídica se afigura aí de maior complexidade. Com efeito, é estruturalmente mais complexo apreciar a inconstitucionalidade de um *não acto* do que a de um *acto*.

É verdade que, em rigor, sempre que há omissão de um dever constitucional há, em princípio, inconstitucionalidade. Isto é, neste plano, só há omissão quando a Constituição manda fazer e não se fez e, se não se fez, então esse *não fazer* é inconstitucional. Logo, toda a omissão seria, por definição, inconstitucional. No entanto, em termos práticos, não é tão simples assim ou só é tão simples assim quando lidamos com imposições constitucionais precisas, concretas, inequívocas, se se quiser, quando lidamos com *regras* constitucionais que imponham um *facere*. Já quando lidamos com normas-*princípio*, como são normalmente as normas de direitos fundamentais, então os deveres que dessas normas resultam para os poderes públicos, para além de terem uma natureza muito diversificada, são também relativamente indeterminados.

No caso dos deveres de protecção, é certo que se entende hoje que das normas de direitos fundamentais em Estado social de Direito resulta para os poderes públicos uma obrigação de proteger, desde logo contra agressões, lesões, riscos ou ameaças provenientes de outros particulares.

Mas, raramente a Constituição especifica em que actos concretos se deve traduzir esse dever, qual o seu alcance concreto, qual o nível exigível de protecção que o Estado deve garantir, até porque, normalmente, esse alcance depende também de circunstâncias de caso concreto, da relevância, iminência e premência das ameaças, da própria capacidade de autodefesa do titular do direito fundamental em risco e da variação das necessidades específicas de protecção.

Ora, podendo normalmente o Estado recorrer a todo um conjunto de meios para prosseguir o fim de protecção em vista, e dependendo essa escolha do prognóstico, das concepções e da avaliação políticas dos poderes públicos, designadamente do legislador democraticamente legitimado, é uma tarefa particularmente complexa determinar quando existe ou não inconstitucionalidade por incumprimento ou por cumprimento insuficiente do dever de protecção.

Então, se ninguém contestaria a necessidade, a existência e a autonomia dogmática do princípio da proporcionalidade e de um controlo de proibição do excesso pelo facto de ele operar e ter uma aplicação privilegiada no âmbito de um dever estatal —o dever estatal de respeito dos direitos fundamentais—, menos sentido faria contestar o surgimento e o apuramento dogmático de um meio auxiliar de controlo e de determinação de existência de eventual inconstitucionalidade num domínio em que o respectivo apuramento é bastante mais complexo e difícil, o domínio dos deveres estatais de prestação, seja o dever de protecção, seja o dever de promoção dos direitos fundamentais.

Exactamente, tal como nem toda a afectação do dever de respeito dos direitos fundamentais se traduz mecanicamente em inconstitucionalidade —e o princípio da proporcionalidade é um meio auxiliar da correspondente filtragem—, também, por maioria de razão, nem toda a afectação dos deveres de protecção e de promoção dos direitos fundamentais se traduz em inconstitucionalidade, sendo o controlo de proibição do défice um meio auxiliar e, porventura, indispensável na determinação de existência de inconstitucionalidade por omissão nesses domínios.

c) É certo que para uma concepção fundada na ideia de optimização dos direitos fundamentais e dos deveres estatais correlativos (as normas de direitos fundamentais deveriam obter uma realização maximizada dentro das possibilidades existentes), aquela distinção entre afectação do dever de protecção e inconstitucionalidade tende a perder sentido: o dever estatal de protecção deve ser optimizado e, logo, se a respectiva realização ficou aquém de um *ponto* até onde poderia ter ido (considerando as circunstâncias fácticas e as contra-razões jurídicas), então esse dever foi incumprido e, se o foi, existe inconstitucionalidade.

De acordo com essa lógica, o *ponto* optimizado de realização do dever de protecção é obtido através de ponderação —e do recurso ao princípio da proporcionalidade, designadamente o seu terceiro elemento—, procedimentos que obrigam em igual medida legislador e juiz, pelo que nem a *proibição de insuficiência* teria autonomia relativamente à obrigação geral de realização do dever de protecção, nem produziria resultados distintos dos do próprio princípio da proporcionalidade.

Já quando nos situamos fora da lógica de optimização, há lugar e conveniência em distinguir. Se, num caso concreto, não conseguimos determinar ou temos dificuldade em determinar o alcance que deve atingir o dever estatal de protecção enquanto imposição constitucional —o que, no fundo, corresponde à dificuldade em determinar os limites concretos da inconstitucionalidade por omissão no domínio dos deveres positivos de prestação correlativos dos direitos fundamentais—, coloca-se-nos a dificuldade de definir a quem deve caber a última palavra nesse domínio, ao legislador democrático ou ao juiz.

Se atribuirmos sempre ao juiz a última palavra, então colocamos o poder judicial a replicar e substituir a função legislativa no domínio do desenvolvimento das políticas públicas de protecção e de promoção, o que contrariaria o princípio da separação de poderes. Em contrapartida, não deveríamos, em alternativa, atribuir completamente ao legislador a última palavra, já que, com essa amplitude, privaríamos os deveres de prestação da sua natureza constitucional e jusfundamental.

Então, assumindo, como inevitável, a dificuldade em determinar o patamar da inconstitucionalidade por omissão no domínio dos deveres estatais de prestação (incluindo deveres de protecção e deveres de promoção), ou seja, não conseguindo definir com objectividade aquilo que estava o Estado constitucionalmente obrigado a fazer num determinado caso concreto, há algo que poderemos estabelecer com elevado grau de razoabilidade, ou seja, podemos partir do princípio de que pelo menos *um mínimo*[18] o Estado estava obrigado a realizar ou, noutra perspectiva, que estava obrigado a realizar aquilo que, com toda a evidência, era a sua obrigação. Ora, a *Untermaßverbot* serve precisamente para definir esse mínimo no âmbito de um *controlo de evidência*. Nesse sentido, tem autonomia dogmática e não se confunde com o próprio dever de prestação (incluindo deveres de protecção e deveres de promoção).

d) Por outro lado, a autonomia dogmática da *Untermaßverbot* relativamente aos deveres de prestação manifesta-se igualmente no plano da chamada *ressubjectivização* ou *subjectivização*. Isto significa que, se a existência de um dever de protecção ou de promoção é pacificamente aceite nos quadros de um Estado social de Direito que se assuma enquanto tal, daí não decorre necessariamente a existência de correspondentes direitos subjectivos que os particulares tenham relativamente à respectiva realização.

Se é certo que da própria consagração constitucional de uma norma de direitos fundamentais resultam sempre deveres para o Estado e os diferentes poderes públicos —de respeitar, de proteger e de promover— e resultam, correlativamente, vantagens e correspondentes pretensões de realização desses deveres na esfera dos titulares dos direitos fundamentais, nem sempre da simples consagração constitucional decorre, igualmente, a existência de verdadeiros direitos subjectivos, ou seja, de direitos a exigir judicialmente o cumprimento daqueles deveres no interesse e por iniciativa dos próprios particulares.

[18] Note-se que, apesar de esta conclusão abranger por igual deveres de protecção e deveres de promoção do acesso individual aos bens jusfundamentalmente protegidos e abranger tanto direitos de liberdade quanto direitos sociais, tal está longe de significar que os direitos fundamentais —designadamente os direitos sociais— só estejam garantidos num mínimo. Tal seria pressupor que os deveres de prestação positivos são os únicos a que o Estado está obrigado no domínio da sua vinculação constitucional aos direitos sociais e que a proibição do défice é o único limite que vincula os poderes públicos relativamente a esse tipo de direitos. Ao invés, e tal como acontece relativamente aos direitos de liberdade, o Estado está aí obrigado a deveres positivos de prestação, mas também a deveres negativos, logo, deveres de fazer e de não fazer, deveres de promoção e deveres de respeito, e, em consequência, está vinculado, em quaisquer deles, à observância da norma jusfundamental e à observância das exigências dos restantes *limites aos limites*, do princípio da igualdade à proibição do excesso, da protecção da confiança à reserva de lei.

Em geral, direito subjectivo só existe quando aqueles deveres estão tão suficientemente determinados que, a partir de uma afectação relevante das correspondentes posições de vantagem dos particulares titulares de direitos fundamentais, é possível ao juiz, sem extravasar dos limites da sua função e recorrendo exclusivamente a critérios jurídicos, impor o respectivo cumprimento no interesse e por iniciativa dos particulares afectados, o que, entre outros requisitos, significa que é possível ao juiz concluir pela inconstitucionalidade em caso da sua não realização.

Logo, no caso dos direitos fundamentais a prestações, a existência de subjectivização do dever estatal —quando traduzida num direito a exigir judicialmente do Estado a respectiva realização— vem estreitamente associada à proibição de insuficiência, na medida em que a inconstitucionalidade só existe quando este princípio é violado.

1.2.2. *Princípio da proibição do défice e proporcionalidade*

a) A proibição do excesso vem normalmente aplicada no âmbito do dever de respeito de um direito fundamental negativo, quando o legislador invoca a prossecução de um fim legítimo que exige, a seu ver, a compressão do direito fundamental através de um meio que nele intervém restritivamente com vista à realização daquele fim.

Nesse contexto de aplicação do controlo de proibição do excesso, a legitimidade da restrição será, então, apreciada em função da adequação ou do equilíbrio da relação entre grandezas que entram na equação: a importância do fim prosseguido com a restrição e a força de resistência do interesse de direito fundamental restringido, bem como a aptidão e a necessidade do meio restritivo utilizado para atingir o fim visado em comparação com outras alternativas disponíveis.

Já no controlo da insuficiência inscrito num dever de prestação relativo a um direito fundamental positivo, há inicialmente, e em abstracto, uma referência ou fim a ter em conta: a exigência de uma prestação que se retira da norma constitucional que consagra o direito fundamental. Mas, como a norma constitucional é, a esse respeito, geralmente indeterminada, não há pontos de apoio que permitam apurar objectivamente o *quantum* da prestação devida. Por outro lado, como aquilo que é controvertido é uma alegada *omissão*, portanto, um *nada* ou um *não-acto* (já que mesmo quando há alguma prestação, aquilo que se problematiza é se não devia haver mais e é a *ausência* da parte da acção em falta que suscita dúvidas de constitucionalidade), não há, por definição, *grandezas* que se possam colocar idealmente em relação/comparação. Haveria uma prestação que seria supostamente devida, mas que não foi realizada, o que deixa o escrutinador simplesmente perante um *nada*, um vazio que deveria eventualmente estar preenchido e não está.

Assim sendo, a lógica de proporção, de equilíbrio, que estava subjacente e orientava o controlo de proibição de excesso é aqui inaplicável: entre um comando de realização e um *nada* não há uma relação de proporcionalidade apurável, é de uma outra lógica qualitativamente diversa aquilo de que falamos. Podemos e devemos indagar se a omissão é justificada, se o grau ou medida da prestação eventualmente realizada é aceitável, se é suficiente, mas não há objectivamente espaço para juízos de aptidão, de necessidade ou de proporcionalidade, como veremos mais desenvolvidamente a seguir.

2. A indefinição do conteúdo da *Untermaßverbot* e a multiplicidade de propostas de preenchimento

A principal dificuldade atinente ao conteúdo normativo do princípio da proibição do défice acaba por consistir na resposta à pergunta: quando e aquém de que patamar se pode dizer que se viola a Constituição por insuficiência de protecção ou de promoção de um direito fundamental, como identificamos a violação do princípio da proibição do défice?

Considerando que lidamos com um princípio *constitucional* que, apesar do seu reconhecimento progressivo por parte das jurisdições constitucionais em diferentes latitudes, não encontra directa expressão textual em qualquer Constituição; que há uma elaboração doutrinária e jurisprudencial sobre o princípio ainda não estabilizada ou até relativamente incipiente, seria ilusório pretender chegar a uma determinação de conteúdo normativo firme ou indiscutível. Não é aconselhável, em contrapartida, deixar de desenvolver esforços porfiados nesse sentido, pois, de outro modo, e ao contrário do que aconteceu sistematicamente com todos os outros princípios estruturantes de Estado de Direito, ao princípio da proibição do défice nunca chegaria a ser atribuído um conteúdo autónomo que permitisse a sua utilização para os fins de controlo para que está vocacionado e para que é necessário.

Nos últimos anos têm sido apresentados vários estudos sobre o tema e praticamente todo o autor que elabora com mais desenvolvimento sobre o princípio sente-se *obrigado* a apresentar uma proposta de conformação própria relativamente ao seu conteúdo. No fundo, essa pressão revela que o conteúdo normativo da proibição do défice ainda não está estabilizado, mas também, por outro lado, que apesar dessa relativa indefinição, a actual doutrina de direitos fundamentais, particularmente quando labora sobre os chamados direitos positivos, não pode dispensar a sua utilização ou, no mínimo, ela é aconselhável.

Aqui não vamos percorrer as diferentes e inúmeras propostas mais recentes, mas apenas distinguir os grande grupos e tendências, já que, no essencial, as diferentes posições dos autores tendem a introduzir não mais que um ou outro elemento de *diferenciação* no âmbito de cada uma dessas principais orientações.

Assim, num alinhamento que não tem, por si, qualquer significado substantivo, trataremos sucessivamente:

(i) a proposta que se traduz na *inversão* dos parâmetros de controlo utilizados tradicionalmente na aplicação do princípio da proibição do excesso (proporcionalidade), também chamada por vezes, pela mesma razão, de modelo *trifásico* (atendendo à existência dos três subprincípios normalmente inscritos nesse princípio);

(ii) a proposta de remissão genérica para a ponderação dos direitos em colisão; e, por fim,

(iii) o chamado *controlo de mínimos* que, no essencial, corresponde à elaboração originária do princípio da proibição do défice por parte dos seus principais defensores na época.

Posteriormente, no número seguinte, apresentaremos a proposta de preenchimento do conteúdo normativo da proibição do défice que vimos desenvolvendo há alguns anos[19].

[19] Cf. a proposta originariamente apresentada em J. Reis Novais, *Direitos Sociais*, 1ª edição, Coimbra, 2010, págs. 304 e segs.

2.1. A chamada inversão dos parâmetros de controlo da proporcionalidade

a) Grande parte da doutrina que aborda o tema da proibição da insuficiência propõe o preenchimento do respectivo conteúdo normativo segundo a modalidade porventura mais imediata e intuitiva, ou seja, partindo do pressuposto, a nosso ver equivocado, de que nos continuamos aqui a mover no âmbito mais geral da proporcionalidade. Então, essa doutrina simplesmente pretende reaplicar às omissões de prestação que estão a ser sindicadas os critérios tradicionalmente utilizados no controlo da proporcionalidade das acções estatais restritivas.

Assim, se no caso das restrições o objecto do controlo jurisdicional de constitucionalidade era verificar se a norma ou o acto restritivo eram adequados, necessários e proporcionais para atingir o fim visado com a restrição —para utilizar a terminologia mais divulgada em língua portuguesa, apesar da sua incorrecção—, também no controlo jurisdicional da proibição do défice o objectivo seria verificar se a omissão ou a norma/acto insuficientes são adequados, necessários e proporcionais para atingir o suposto fim que as justificam.

No fundo, como dissemos atrás relativamente à posição que contestava a autonomia dogmática da proibição do défice, a lógica subjacente a esta proposta é a da consideração do princípio da proibição do défice como um simples reverso do princípio da proibição do excesso ou como "dupla face" da proporcionalidade. Logo, se as exigências da idoneidade, da necessidade e da proporcionalidade tinham provado ser adequadas no controlo da proibição do excesso (proporcionalidade), haveria simplesmente que as reaplicar no contexto do controlo, já não do excesso, mas da insuficiência. A existência de um pretenso *tecto* comum aos dois princípios (proibição do excesso e proibição da insuficiência), e que seria constituído pela proporcionalidade em sentido lato, justificaria o método: os parâmetros de controlo aplicados a actos seriam igualmente aplicáveis a omissões, a não-actos.

Vamos verificar, porém, que a proposta falha rotundamente os seus objectivos —não obstante a paradoxal adesão que continua a suscitar— e, a nosso ver, falha por três razões. Em primeiro lugar, porque o controlo de proibição do défice não tem que ver com uma relação de proporcionalidade entre duas ou três grandezas; em segundo lugar, porque os referidos critérios de controlo tipicamente aplicados à proporcionalidade são estruturalmente inaptos para um controlo das omissões; e, finalmente, na base de todo o equívoco, pela razão, eventualmente inesperada aos olhos de muitos, de que também, como vimos aquando do estudo da proibição do excesso, um controlo bem-sucedido da proporcionalidade das restrições não se traduz sequer na aplicação linear e sucessiva daqueles parâmetros. Ou seja, o controlo da proibição do excesso (proporcionalidade) nada ou pouco tem a ver com o dito suposto controlo em sequência "da adequação, da necessidade e da proporcionalidade" de uma medida restritiva.

b) A primeira ordem de dificuldades, que se revelarão insuperáveis, refere-se à própria inaplicabilidade da proporcionalidade e dos seus parâmetros típicos ao controlo da insuficiência de protecção. Assim, num controlo típico de proporcionalidade de uma restrição a direitos fundamentais encontramos três pontos de referência inevitavelmente presentes e de consideração imprescindível à racionalidade de todo o procedimento: o direito fundamental restringido, a justificação ou fim da restrição (bem, interesse, direito) e a concreta medida restritiva utilizada para atingir o fim. Então, aquilo que está em causa no apreciação de constitucionalidade desenvolvida no âmbito do controlo de proporcionalidade é, fundamentalmente, apurar se essas três grandezas se encontram ou não numa relação equilibrada, balanceada, de proporcionalidade ou de justa medida.

De acordo com essa ideia de fundo, aquilo que se verifica sucessivamente é se a medida restritiva é "adequada" (no sentido, não de adequação, como a designação sugere, mas de aptidão, de idoneidade) para atingir o fim visado, se é necessária (indispensável, exigível) para o prosseguir e se os danos provocados com a restrição de um direito fundamental são proporcionais (ou não desproporcionados) face aos benefícios produzidos (ou se o grau de não realização de um direito é proporcional à importância da realização do direito contraposto). Portanto, um controlo que tem sempre subjacente a relação tripolar entre fim, meio e direito restringido, ou, se quisermos, entre direito fundamental, restrição do direito fundamental e justificação da restrição.

No entanto, quando pretendemos aplicar os mesmos parâmetros a um controlo de insuficiência, tudo aquilo que encontramos numa situação típica de aplicação deste princípio é um direito fundamental que deveria ter sido protegido e não foi. Ou seja, aquela outra estrutura tripolar não existe aqui, pelo que a tentativa de aplicação dos mesmos critérios de controlo jurisdicional de proporcionalidade carece da racionalidade que a justificava no controlo das restrições. No controlo de insuficiência não está em causa saber se as três grandezas referidas se encontram ou não numa relação de equilíbrio, numa relação de proporcionalidade, mas apenas saber se a protecção (não)prestada a um direito (a um bem, a um interesse) foi ou não suficiente em função das exigências constitucionais. Não é um problema de proporcionalidade, é um problema de a protecção (não)garantida ser bastante ou ser insuficiente à luz dos comandos constitucionais.

Se há uma catástrofe natural e alguém pede protecção aos poderes públicos ou pretende responsabilizar os poderes públicos por falta da protecção suficiente, o que temos de indagar é verificar, em primeiro lugar, se o Estado tem um dever constitucional de protecção e, em caso afirmativo, se observou ou não as imposições constitucionais. Se alguém viu a sua casa arder num incêndio florestal e não obteve ajuda estatal para combater o incêndio, não há uma relação de proporcionalidade ou de desproporcionalidade que importe verificar. O que temos de apurar é se o Estado tinha uma obrigação constitucional de proteger e, em caso afirmativo, se observou ou não, de forma suficiente ou insuficiente, os comandos constitucionais de protecção a que estava obrigado. A ideia de proporção, de equilíbrio, de proporcionalidade, é totalmente estranha a esta indagação.

No fundo, a similitude semântica acaba a confundir conceitos e princípios que a única coisa que têm em comum é o facto de serem princípios constitucionais, em geral não explicitamente acolhidos, mas decorrentes da ideia de Estado de Direito social, e que funcionam como limites à actuação dos poderes públicos (à sua acção e à sua omissão) em domínio de direitos fundamentais. Não têm, porém, ao contrário do que vem comummente sustentado, um *tecto* ou um *chão* comum na ideia de proporcionalidade. A proibição do excesso, se bem que não se esgote aí, tem, de facto, muitos pontos de associação à proporcionalidade; já a proibição de insuficiência pouco ou nada tem a ver com esse conceito e princípio[20].

[20] Cf., todavia, como exemplos de monografias que fazem uma associação de integração/inclusão total entre proporcionalidade e proibição do défice, C. BERNAL PULIDO, *El Principio*

c) Em segundo lugar, os parâmetros de controlo típicos de um controlo de proporcionalidade não são objectivamente aplicáveis num controlo de proibição de insuficiência.

Quando temos uma norma/acto que restringe um direito fundamental, a primeira pergunta que fazemos é saber qual o fim da restrição, qual o objectivo, o que é que a justifica. Porém, quando temos um direito fundamental que não foi protegido, temos, desde logo, uma enorme dificuldade em saber qual o fim da omissão de protecção, qual o seu objectivo, o que a justifica, pela simples razão de que a algo que não existe não preside, necessariamente, um fim ou uma razão para a sua não existência. Alguém, um indivíduo, que não praticou um acto, podendo ou devendo tê-lo feito, pode ter uma razão para tanto. Mas, como vamos apurar o fim de uma omissão legislativa pela qual são responsáveis 230 deputados dos quais apenas sabemos que não aprovaram uma determinada norma tal como não aprovaram milhares de outras possíveis normas?

Ora, tendo dificuldades em apurar sequer o fim, mais dificuldades teremos em pôr em relação fins e meios, pois se temos dúvidas em saber qual é o fim, pura e simplesmente os meios podem nem sequer existir, ou seja, numa omissão de protecção o problema é, exactamente, o da ausência de meios de protecção.

No exemplo referido atrás: havia algum propósito, alguma finalidade, na não protecção das vítimas dos incêndios? Obviamente, não; simplesmente, não foram protegidas, não puderam ser protegidas ou não foram suficientemente protegidas. Não há, porém, um fim que devesse ser alcançado com a omissão de protecção; ninguém desejava, naturalmente, a situação de desprotecção objectiva, ninguém optou ou escolheu não os proteger, simplesmente, não foram protegidos.

Imaginemos que partimos do princípio de que as toupeiras dos jardins privados carecem de protecção contra as armadilhas anti-ecológicas instaladas pelos respectivos proprietários. Se a Assembleia da República ou o Governo não aprovaram entretanto normas proibitivas da instalação dessas armadilhas, como podemos saber qual foi o fim,

de Proporcionalidad y los Derechos Fundamentales, 3ª ed., Madrid, 2007; L. Clérico, *El Examen de Proporcionalidad en Derecho Constitucional*, Buenos Aires, 2009; V. Canas, *O Princípio da Proibição do Excesso...*, cit.

qual é o objectivo ou qual a justificação de Assembleia da República e Governo para a não aprovação das referidas normas? Se não foi apresentado nenhum projecto de lei nesse sentido, se o problema não foi sequer discutido no Parlamento, se não é motivo de discussão pública, como apuramos o fim ou o objectivo de algo que não existe, de um não acto?

Temos, é certo, um interesse que precisa eventualmente de ser protegido e não foi, mas se não apuramos previamente o fim da não protecção, como podemos a seguir controlar se a omissão é adequada para prosseguir o fim, se é necessária ou se é proporcional em relação a um fim que não existe?

d) Pode-se pretender escapar à dificuldade pressupondo que o fim que está em causa numa situação de eventual insuficiência de protecção é o próprio direito fundamental que carece de protecção ou, em alternativa, que é o direito fundamental que será afectado se esse direito fundamental for protegido (não se protegeu para não prejudicar aquele objectivo) ou, última hipótese, que são ambos os direitos fundamentais que devem ser considerados como fim. Porém, qualquer que seja o ponto de partida —e note-se que a dificuldade está a surgir imediatamente nesta fase preliminar de tentativa de resolução do problema— o desenvolvimento revelará a impossibilidade/inutilidade do controlo efectuado segundo estes parâmetros.

e) Com efeito, pressupondo que, mesmo sem fundamento racional suficiente, se opta pela primeira alternativa —o fim da omissão é a realização do direito fundamental que carece de protecção—, então, obviamente, a omissão de protecção (e nesta altura é apenas esta situação que consideramos, a omissão total) em nada contribui para atingir o fim, o que significa que o controlo terminaria exactamente quando começava: a falta de protecção era inconstitucional por violação do princípio dito da *adequação*; toda a omissão seria inconstitucional, independentemente das razões que o legislador pudesse ter para a não realização de um acto ou da aprovação de uma norma de protecção e que poderiam ser milhares de razões, pois há sempre potencialmente milhares de razões que podem justificar uma omissão (desde a realização do direito fundamental que seria afectado pela protecção até à definição de outras prioridades, incluindo de protecção de outros interesses ou de prossecução de outros objectivos, considerados implicitamente pelo legislador de realização mais premente ou simplesmente prioritária relativamente àquele outro que pode, até, nunca ter sido considerado).

Perante a imprestabilidade desta solução, poderia então considerar-se a hipótese alternativa, ou seja, o fim a tomar em conta no controlo da insuficiência deveria ser o direito fundamental que seria afectado com a acção de protecção em falta. Diga-se em todo o caso, desde logo, que este tipo de fundamentação já seria completamente inaplicável no caso das relações bipolares, ou seja, naquele tipo de situação em que temos um eventual dever de protecção numa relação entre Estado e indivíduo (o exemplo dos incêndios, isto é, da protecção contra eventos ou catástrofes naturais). Ora, se o objectivo é fazer o preenchimento normativo do princípio da proibição do défice, não faria sentido uma proposta que abdicava, à partida, de o preencher numa das situações típicas da sua aplicação.

Ainda assim, mesmo desvalorizando esta objecção, todavia importante, e considerando a hipótese de configurar como fim da omissão o direito fundamental que teria sido afectado se não tivesse havido omissão, vejamos se seria adequado recorrer aos parâmetros tradicionais da proporcionalidade.

Nessa altura, verificar-se-ia exactamente o oposto da situação referida na primeira hipótese, ou seja, não haveria possibilidade de violação do princípio da adequação já que todas as omissões contribuem significativamente para alcançar o fim; o controlo de adequação seria completamente inútil e deveria *saltar-se* imediatamente para o controlo seguinte, o de necessidade. Mas, também aí não haveria hipóteses de inconstitucionalidade, já que, perante uma omissão —que obviamente não prejudicava em nada o fim em vista, pressupondo que esse fim era o da garantia do direito fundamental que seria afectado caso houvesse uma protecção efectiva— nunca haveria um outro meio que contribuísse igualmente para alcançar o referido fim e fosse menos restritivo; se o *nada* em nada restringe um direito, não é possível existir meio menos restritivo que o *nada*.

Nessa altura, tudo se resolveria no controlo de proporcionalidade, na dita ponderação entre os dois direitos (e qualquer outra hipótese de determinação de qual o fim a considerar, por exemplo a proposta de consideração dos dois direitos como fim visado, redundaria no mesmo resultado, ou seja, na remissão da solução para uma ponderação entre os dois direitos), mas, nessa altura, esse era exactamente o mesmo controlo que deveria ser feito no controlo de proibição do excesso, ou seja, a ponderação entre os dois direitos em colisão já constituía, segundo esta teoria, o meio de controlar a sua proporcionalidade. Logo, o controlo de proibição do défice não serviria para nada, seria uma inutilidade face ao já apurável através da proibição do excesso.

f) Pode-se, por último, procurar encontrar algum sentido útil para o controlo de proibição de insuficiência remetendo para uma outra situação, não já a da omissão total de protecção, que é a que temos vindo a considerar, mas a da omissão parcial, designadamente a situação em que se considera que, mesmo tendo sido activados meios de protecção, eles são, todavia, insuficientes. Haveria, então, que sujeitar essa situação ao controlo de proibição de insuficiência.

No entanto, uma primeira questão a esclarecer era saber o que se sujeitava especificamente ao controlo: a omissão das medidas em falta, isto é, o referido *vazio*, ou as próprias medidas que foram tomadas, mas apreciadas na sua insuficiência?

No primeiro caso, reproduzir-se-ia, *grosso modo*, a situação que acabámos de analisar, ou seja, a conclusão pela falta de préstimo do dito controlo *trifásico* de proibição de insuficiência. Com efeito, acabámos de analisar precisamente essa situação, a da omissão de medidas. Mas também a outra hipótese conduziria a resultado analogamente desolador. É que controlar a adequação, a necessidade e a proporcionalidade dessas medidas era precisamente equivalente ao controlo de adequação, de necessidade e de proporcionalidade das mesmas medidas, tomadas não enquanto medidas de protecção, mas na sua qualidade de medidas restritivas do outro direito fundamental. Donde, idêntica redundância e consequente inutilidade do controlo proposto, já que ele seria exactamente desenvolvido, da mesma maneira e em igual medida, através do controlo de proibição do excesso.

g) Em terceiro lugar, e como vimos quando analisámos esse outro princípio, ao contrário do que esta teoria pressupõe —e, aliás, se entende de uma forma generalizada—, um verdadeiro controlo operativo de proibição do excesso (proporcionalidade) não se traduz em controlar sucessivamente, como se costuma dizer, a *adequação*, a necessidade e a proporcionalidade da medida restritiva. Esse tipo de controlo serviria, quando muito, para fundamentar a resolução de casos *fáceis*, os que verdadeiramente não constituem um problema jurídico.

De facto, invalidar uma medida restritiva porque ela em nada contribui para atingir o fim proclamado, ou invalidá-la porque há uma outra igualmente eficaz para alcançar esse fim e que é menos restritiva para o direito fundamental afectado ou porque o prejuízo infligido é manifestamente desproporcional ao benefício, são raciocínios tão simples e de verificação tão pouco problemática que, na realidade da vida jurídica, raramente se verificam. Ou, quando se verificam, são facilmente resolvidos sem chegarem a constituir um *caso*. Mas, verdadeiros problemas *difíceis* de direitos fundamentais, os que realmente apelam à sua complexa apreciação através do princípio da proibição do excesso, não se resolvem dessa forma simplista e linear.

Como temos vindo a defender, esse tipo de problemas encara-se através de uma comparação de alternativas (a medida restritiva em análise e uma outra em alternativa, que, consoante o caso, tanto pode ser uma norma que se imagine em substituição da norma vigente, se for esta última que está sob análise, ou a própria norma vigente, na situação em que a norma sob análise se propõe substituí-la); nessa comparação, tendo em conta eficácia ou aptidão para atingir o fim, gravidade do sacrifício produzido e do benefício alcançado, põe-se em relação o acréscimo do benefício produzido pelas propostas em alternativa com o acréscimo do sacrifício provocado e verifica-se se a relação é ou não desproporcionada[21].

Portanto, se nem no controlo de proibição do excesso se faz, verdadeiramente, uma utilização compartimentada e sucessiva daqueles referidos parâmetros —*adequação*, necessidade e proporcionalidade— muito menos eles teriam aplicabilidade num contexto em que são estruturalmente inaptos, o do controlo de proibição da insuficiência. Veremos, no ponto seguinte, quando apresentarmos uma proposta de preenchimento do conteúdo normativo do princípio da proibição do défice, que esta mesma lógica de comparação de alternativas é aplicável a uma das

[21] Cf., *supra*, cap. IV, págs. 139 e segs.

dimensões do conteúdo deste princípio, não a da proporcionalidade, que dele está ausente, mas a da razoabilidade.

2.2. A ponderação enquanto procedimento de controlo destinado a garantir uma protecção adequada e efectiva

a) Parte substancial da doutrina que adere à possibilidade de utilização da *Untermaßverbot* como parâmetro de controlo das omissões dos poderes públicos, sobretudo no domínio das relações entre particulares, mesmo quando tem uma posição crítica sobre a aplicação dos subprincípios da proibição do excesso (proporcionalidade) no apuramento da eventual inconstitucionalidade, tende a remeter a resolução do problema para uma ponderação entre o direito carente de protecção e o direito considerado *agressor*, portanto, o direito susceptível de ser restritivamente afectado pelas medidas de protecção que venham a ser adoptadas.

Independentemente das dúvidas que essa proposta merece, não se pode dizer que ela seja desrazoável. De facto, não é possível resolver problemas difíceis de direitos fundamentais sem, em alguma medida, se ser obrigado a recorrer a juízos de ponderação e, também aqui, a complexidade dos problemas que há que resolver não dispensa o recurso à metodologia.

Quando está em causa saber se o Estado está ou não constitucionalmente obrigado a proteger, em que medida o deve fazer e com que alcance, há factores que não podem deixar de ser considerados e ponderados, como sejam, as necessidades concretas e especiais de protecção, a relevância dos bens em jogo, as capacidades e as responsabilidades individuais de autodefesa e de acesso aos bens jusfundamentais por meios próprios, a gravidade das agressões, dos riscos ou das ameaças, a assimetria ou a igualdade de *armas* em presença no caso concreto. Seja da parte do legislador, da administração ou do juiz que avaliam o *se*, o *quanto* e o *como* das obrigações constitucionais de protecção que se lhes impõem, será sempre necessário ter em conta, avaliar e ponderar a presença e a premência daqueles factores na previsão ou na resolução do caso concreto.

b) Porém, retoma-se aqui a objecção já suscitada a propósito da proposta anterior. Ou seja, densificar a proibição do défice através da remissão genérica para a ponderação entre os dois direitos em colisão é redundante relativamente ao que se faria sempre estando em causa a restrição do direito fundamental afectado. De facto, como o direito fundamental cuja omissão de protecção se analisa é simultaneamente o fim ou a razão invocada para justificar aquela restrição, então essa ponderação já teria sido feita ou poderia ser exclusivamente feita no contexto de apuramento da eventual inconstitucionalidade da restrição.

Por outro lado, mesmo quando não se remete tudo, pura e simplesmente, para a ponderação e se procuram condensar os critérios de determinação do *se*, *quanto* e *como* da protecção numa fórmula explicativa, pode também aí vir abrigada, ainda que sem referência expressa, a possibilidade e necessidade de recurso àquela metodologia. Referimo-nos concretamente, como exemplo paradigmático desta concepção, à já referida fórmula utilizada pelo Tribunal Constitucional alemão quando pela primeira vez se referiu expressamente à *Untermaßverbot*, no segundo acórdão sobre o aborto de 1993, e aí traduziu o sentido da exigência e da imposição constitucional na pretensa necessidade de garantia de uma protecção *adequada e efectiva*.

Naturalmente, de um critério como esse não é possível retirar qualquer indicação precisa sobre como decidir um problema *difícil* de determinação do nível de protecção —e, muito menos, do *como*— constitucionalmente exigível num caso concreto.

Sabe-se, é certo, no contexto em que foi tomada a referida decisão do Tribunal Constitucional alemão, que com aquele critério se pretendia ir para além de um *controlo de evidência*, se pretendia chegar a um patamar mais exigente de protecção que tivesse em conta o valor do bem (a vida) que estava em causa. Fundamentalmente, o sentido útil da generalização da fórmula ali utilizada seria o de abrir ao juiz constitucional uma margem de livre ponderação orientada a apurar se, em seu entender, a protecção oferecida, que deveria ir para além de um *mínimo*, se deveria considerar *adequada* e se deveria considerar *efectiva*.

Mas, nessa indeterminação reside a debilidade essencial deste critério. Ele afirma-se, à partida, mais exigente do que um *controlo de mínimos* ou do que um *controlo de evidência* e, portanto, abre uma mais ampla margem de actuação ao juiz constitucional, mas, não fixando outros limites à respectiva intervenção que não seja o apelo vago ao respeito da separação de poderes, no fundo permite ao juiz substituir a ponderação através da qual o legislador se propunha garantir uma protecção *adequada* e *efectiva* —pois ninguém pode pretender outra coisa— pela sua própria ponderação.

No entanto, se a necessidade de observância da separação de poderes —entre legislador e juiz, mas também entre juiz comum e juiz constitucional— assume aqui uma importância capital, sob pena de transformarmos opções legítimas de oportunidade e de adequação políticas em questões constitucionais e de jusfundamentalizarmos todo e qualquer problema jurídico emergente das relações entre particulares, então, um critério que fornece aquela amplitude de intervenção à ponderação judicial não preenche os requisitos exigíveis.

No fundo, acaba-se sempre a substituir a ponderação efectuada pelo legislador pela ponderação a que chegam os juízes constitucionais, sem que, no domínio dos deveres de protecção e de promoção, haja justificação funcional e de separação de poderes para tanto.

c) Por último, a mesma objecção é ainda mais evidente quando nos deslocamos do âmbito normativo típico dos deveres de protecção para os problemas suscitados pelo dever estatal de promoção do acesso individual aos bens protegidos pelos direitos fundamentais. Com efeito, aqui, não estando em causa a afectação recíproca de dois direitos fundamentais que pudessem ser ponderados entre si —como acontece nos problemas envolvendo os deveres de protecção suscitados no âmbito das relações entre particulares—, aquilo que encontramos é uma relação bipolar entre Estado e indivíduo (que também ocorre no âmbito dos deveres estatais de protecção contra eventos ou catástrofes naturais).

Ora no âmbito desse tipo de relação bipolar Estado-indivíduo, o apelo à promoção *adequada e efectiva* ou à ponderação de bens significa apenas, de forma ainda mais evidente, atribuir ao juiz uma maior margem de controlo das decisões do legislador democrático sem que pré-existam pontos de referência jurídicos que possam balizar objectivamente esse escrutínio.

2.3. O controlo de mínimos (controlo de evidência)

a) Tal como vimos, na sua elaboração originária a proibição de insuficiência vinha estreitamente associada a um *controlo de mínimos*, no sentido de que haveria inconstitucionalidade se não estivesse assegurado um patamar mínimo de protecção cuja presença o juiz deveria apurar através do chamado *controlo de evidência*. Assim, haveria inconstitucionalidade juridicamente determinável sem afectação do princípio da separação de poderes quando fosse objectivamente evidente que a protecção assegurada pelo Estado ao interesse ou ao bem dela carecido não atingia o mínimo constitucionalmente exigível.

Pode-se dizer que, tal como acontecia nas outras propostas, também aqui não é exactamente determinável o ponto onde deve ser colocada a fasquia da inconstitucionalidade, mas, em qualquer caso, fica uma orientação para o julgador que é de concretização bem mais objectiva, no sentido de que, uma vez que o controlo se satisfaz com uma protecção mínima, se deve, então, tratar de uma omissão objectivamente reconhecível qualquer que seja a perspectiva de avaliação política ou de mérito de que partamos, portanto, uma inconstitucionalidade de determinação evidente.

Comparativamente, e independentemente da subjectividade sempre inerente a juízos de avaliação deste tipo, há uma clara vantagem relativamente às propostas concorrentes, na medida em que, não sendo possível, em função da variação de perspectivas, o acordo sobre o patamar de protecção que consideramos dever ser prestado, há em qualquer caso uma base onde todas as concepções convergem: podendo ir mais além ou ficar mais aquém, pelo menos o mínimo deve ser sempre garantido pelo Estado.

Portanto, e não obstante a relativa indeterminação, há aqui uma postura qualitativamente distinta ou até frontalmente oposta à perspectiva de optimização anteriormente criticada. Aqui, no *controlo de mínimos*, o juiz constitucional não está obrigado nem deve concorrer com o legislador na busca da melhor solução, não lhe cabe procurar a maximização ou optimização dos interesses em disputa; está obrigado a verificar e, eventualmente, a substituir-se ao legislador ou ao juiz comum só quando não tenha sido garantido o mínimo. Logo, há uma preocupação central com a observância dos limites impostos pela separação de poderes e com a compatibilidade do parâmetro de controlo com a justificação funcional da justiça constitucional.

b) Todavia, se quanto a esses objectivos a avaliação é comparativamente vantajosa face às propostas concorrentes, a crítica que pode ser feita a esta postura minimalista coloca-se num outro plano, o da eventual insuficiência da protecção judicial garantida simplesmente através de um controlo de evidência. Ou seja, a proposta minimalista teria como fragilidade o facto de podermos reconhecer a existência de situações que reputamos exigirem impreterivelmente uma protecção suplementar garantida pelo Estado, mesmo quando os níveis mínimos estão assegurados.

Ora, uma Constituição de Estado de Direito, que atribui aos poderes públicos o uso da força coerciva legítima e que, em consequência desse monopólio, exige dos seus cidadãos um dever de paz nas relações sociais, convive mal com a ausência de censura constitucional relativamente a situações em que resulte evidente a necessidade de um dever de protecção estatal suplementar que vá para além dos mínimos já assegurados. Uma situação real da ordem jurídica portuguesa pode auxiliar-nos a equacionar a probabilidade de ocorrência desse tipo de casos.

Tomemos o exemplo do actual regime jurídico do processo de inventário[22] na partilha por óbito que, numa lógica de celeridade e de simplificação do processo, dispõe que, na fase da conferência preparatória, onde na lei anterior se exigia a unanimidade dos interessados para a deliberação sobre a composição dos quinhões hereditários e a avaliação do valor dos bens que os integram, agora se estabelece que a respectiva deliberação requer apenas uma maioria qualificada de dois terços dos titulares do direito à herança[23]. Isso significa, na prática, que, por exemplo, havendo três herdeiros legitimários, dois deles se possam concertar em benefício próprio contra o terceiro a quem, por decisão maioritária e

[22] Cf. Lei nº 23/2013, de 5 de Março, especialmente o artigo 48º, nº 1, alínea a).

[23] Artigo 48º: "1. Na conferência podem os interessados deliberar, por maioria de dois terços dos titulares do direito à herança e independentemente da proporção de cada quota, que a composição dos quinhões se realize por algum dos modos seguintes:
a) Designando as verbas que devem compor, no todo ou em parte, o quinhão de cada um deles e os valores por que devem ser adjudicados;
b)......."

sem possibilidade de remissão, atribuem um quinhão objectiva e substancialmente desvantajoso considerando o respectivo valor de mercado.

Numa situação destas, quando se indaga se o legislador cumpriu o constitucionalmente exigível para proteger os diferentes participantes no processo contra eventuais agressões aos seus interesses jusfundamentalmente protegidos por parte dos outros particulares, ou seja, se o legislador protegeu, designadamente, o herdeiro que acaba por poder ser substancialmente afectado no seu direito de propriedade, poderíamos concluir duas coisas: por um lado, que, tendo em conta todo o que se dispõe no diploma em causa, os mínimos de protecção foram efectivamente garantidos, mas, por outro lado, que há uma omissão ostensiva de protecção que persiste caucionada e até induzida pela lei em vigor.

De facto, a lei em causa assegura possibilidades reais de participação igualitária de todos os participantes em todas as fases do processo, logo, também as assegura ao herdeiro prejudicado, incluindo na conferência preparatória onde os seus interesses podem ser substancial e gravemente afectados, facultando-lhe ainda a possibilidade de requerer uma avaliação dos bens e, em última análise, a possibilidade de recurso judicial do despacho do notário que homologue aquela deliberação. Portanto, há todo um conjunto de disposições orientadas à protecção mínima dos direitos dos participantes; não se pode, portanto, concluir que haja omissão de um mínimo de protecção.

Voltaremos a este caso[24], mas, desde já, não deixa de ser chocante a insuficiência de protecção em que o legislador abandonou o herdeiro que viu a sua posição significativa e intencionalmente diminuída por uma acção concertada dos herdeiros "maioritários" que é caucionada pela lei. Ora, à luz da protecção dos direitos fundamentais em Estado de Direito, esse abandono é intolerável, pelo que a proposta de garantia de protecção exclusivamente construída em torno de um *controlo de mínimos* pode, em circunstâncias como esta, revelar-se insatisfatória e inadequada. Ou seja, a insuficiência de protecção era aqui indiscutível sem que, seguindo exclusivamente os parâmetros de um *controlo de mínimos*, fosse possível considerar a lei inconstitucional. Nesse sentido, o critério dos *mínimos* é insatisfatório.

[24] Cf. *infra*, págs. 207 e segs, *maxime*, pág. 210.

3. O conteúdo da proibição do défice: posição proposta

3.1. Os pressupostos dogmáticos

a) Para além das situações típicas de chamada colisão de direitos fundamentais que irrompem, por natureza, no domínio das relações entre particulares, o princípio da proibição do défice apresenta potencialidades de aplicação em muitos outros domínios. No essencial, pode-se dizer que o controlo de constitucionalidade fundado na proibição de insuficiência cobra aplicação em todas as situações em que, directa ou indirectamente, é possível retirar da Constituição comandos de prestação dirigidos aos poderes públicos que, sendo incumpridos, geram potenciais situações de inconstitucionalidade por insuficiência de prestação.

Assim, em primeiro lugar, uma proposta constitucionalmente adequada de preenchimento normativo deste princípio deveria, tanto quanto possível, ser aplicável nesses vários domínios e não apenas nas situações em que encontramos a necessidade de restringir um direito fundamental a fim de proteger um outro.

b) Em segundo lugar, haverá que relevar a característica comum que tem origem na indeterminabilidade normativa já referida com que lidamos neste tipo de controlo e que, avaliada à luz do princípio da separação de poderes, tem implicações na natureza da densidade do controlo de proibição do défice que consideramos a seguir.

Referimo-nos ao facto de, no controlo de proibição do défice, nos depararmos sempre com uma omissão ou com uma insuficiência de protecção ou de promoção que vamos ter de apurar no confronto com uma imposição constitucional de conteúdo relativamente indeterminado (quando a imposição constitucional é inequívoca e de conteúdo determinado, o problema perde a sua complexidade jurídica, não chega verdadeiramente a existir um *caso difícil*).

Ora, numa situação de indeterminação desse tipo, podendo sempre o dever estatal ser realizado mais ou menos, através geralmente de inúmeras vias e com resultados diferenciados em função dos prognósticos e avaliações que no caso cabem, o princípio da separação de poderes obriga a uma contenção judicial que parta do reconhecimento de uma ampla margem de definição de prioridades, de escolhas e de ponderação ao poder político democraticamente legitimado, ou seja, aquilo que designamos por existência de uma reserva do politicamente adequado e oportuno que afecta os deveres de protecção e de promoção dos direitos fundamentais. Veremos, num segundo ponto, como essa reserva se reflecte na densidade do controlo de proibição do défice.

3.1.1. *Um preenchimento unitário do conteúdo normativo do princípio*

a) Estando, na sua origem, estreitamente associado aos deveres estatais de proteção no domínio das relações entre particulares, o princípio da proibição do défice tem uma potencialidade de aplicação mais abrangente, na medida em que, respeitando à eventual insuficiência de prestação estatal (normativa ou pontual, jurídica ou fáctica) no cumprimento de deveres constitucionais, é aplicável tanto aos deveres de proteção quanto aos deveres de promoção dos direitos fundamentais. Nestes últimos entram especialmente em consideração as exigências específicas de controlo de constitucionalidade em domínio da realização dos chamados direitos sociais, ainda que o dever de promoção não se limite a eles, já que respeita genericamente à obrigação estatal de garantia de acesso individual a bens protegidos por qualquer tipo de direito fundamental.

Nesse mesmo sentido, o princípio desenvolve ainda os seus potenciais efeitos nas situações de carência individual provocadas pelos fenómenos ou catástrofes naturais, onde o dever de protecção (neste caso, não contra outros particulares, mas contra contingências de que os afectados não são responsáveis) surge intimamente associado ao dever de promoção, de ajuda, sobretudo no domínio dos direitos à vida, à integridade, à saúde, à propriedade, que retiramos normativamente, não apenas das próprias normas de direitos fundamentais, como também do princípio do Estado de Direito social.

b) Para lá de outras diferenças, entre as quais releva, sobretudo, a reserva que afecta especialmente o dever de promoção, a chamada reserva do financeiramente possível, há uma diferença estrutural entre os dois deveres (de protecção e de promoção dos direitos fundamentais) que assume especial relevância para a determinação do conteúdo normativo do controlo de constitucionalidade que se lhes aplica. Assim, enquanto que o dever de protecção se desenvolve tipicamente segundo uma estrutura tripolar ou triangular em que o poder público estadual se relaciona com os titulares dos dois direitos em colisão, já no dever de promoção ou de ajuda de acesso individual aos bens jusfundamentalmente protegidos temos normalmente uma estrutura de relacionamento bipolar, entre o poder público e o titular do direito fundamental para cujo exercício se requer a ajuda estatal.

Nessa diferenciação estrutural residem algumas das dificuldades que experimentam as teorias de construção da proibição da insuficiência baseadas num controlo típico de proporcionalidade, segundo o chamado modelo *trifásico* ou mesmo como resultado de ponderação entre os dois direitos, quando se vêem impossibilitados de aplicar essa lógica de controlo a uma estrutura bipolar onde não exista a referida colisão de direitos.

Porém, em nosso entender, o controlo de proibição do défice deve ser unitariamente preenchido. Não faria muito sentido definir o conteúdo do princípio, por exemplo, no domínio da protecção contra outros particulares, segundo uma lógica de proporcionalidade e dar-lhe um conteúdo normativo completamente distinto, embora sob a mesma designação, quando se tratasse de protecção contra catástrofes ou eventos naturais.

A perspectiva unitária é exigível ainda porque há uma estrutura normativa comum em quaisquer destas situações. O princípio da proibição do défice é sempre aplicável nas situações de verificação de um incumprimento ou de um cumprimento insuficiente de um dever estatal constitucionalmente enunciado em termos relativamente indeterminados em domínio de direitos fundamentais. Tanto os deveres de protecção contra outros particulares, como os deveres de promoção dos direitos sociais ou da garantia do acesso a bens jusfundamentalmente protegidos afectados por eventos ou riscos naturais têm invariavelmente o seu fundamento normativo em enunciados indeterminados, sejam os próprios direitos fundamentais, seja o princípio de Estado de Direito social.

Por outro lado, a justificação para a exigência de intervenção estatal nessas circunstâncias de relativa indeterminação normativa tem a ver com uma concepção das relações entre Estado e indivíduo segundo os princípios de um Estado de Direito social que preza a autonomia individual, a igualdade material e a segurança jurídica nas condições de uma sociedade de risco. Então, essa comunhão de condições de aplicação e de justificação do princípio deveria conferir-lhe o mesmo conteúdo normativo e esse conteúdo deveria ser igualmente apto a permitir a verificação de eventual insuficiência de prestação qualquer que fosse a estrutura da relação a que vai ser aplicado.

c) É verdade que há especificidades a considerar naquelas diferentes situações, mas elas não devem afectar o conteúdo de um princípio que se pretende estruturante de Estado de Direito.

Por exemplo, em algumas daquelas situações só temos de considerar a existência de uma reserva do politicamente adequado ou oportuno que intervém a favor da margem reconhecida ao legislador democrático; já noutras situações, essa margem é ainda reforçada pela necessária consideração da reserva do financeiramente possível. Em algumas situações há que ter em conta que a protecção de um bem se vê constrangida pela necessidade de não afectação excessiva de um outro; noutras situações só temos de relevar as necessidades de protecção ou de promoção de um interesse para determinar a eventual existência de insuficiência de protecção ou de promoção.

Porém, e apesar dessas especificidades, que devem ser relevadas para efeitos do resultado a obter, a estrutura e conteúdo do controlo de insuficiência deve manter-se inalterada. Aplicamos os princípios da igualdade, da proporcionalidade ou da protecção da confiança às mais diferentes situações e contextos mantendo o respectivo conteúdo normativo inalterado; o mesmo deve ocorrer, na qualidade comum de princípio estruturante de Estado de Direito, com o princípio da proibição do défice.

3.1.2. *Um controlo de evidência*

a) Um primeiro dado para um preenchimento adequado do conteúdo normativo da proibição do défice é a necessidade de definir a densidade específica deste tipo de controlo de constitucionalidade à luz do princípio da separação de poderes, tanto no que respeita ao controlo constitucional da actuação do legislador, como no que se refere às margens recíprocas de que dispõem administração e juiz comum face ao legislador e ao juiz constitucional. Tal como temos vindo a sustentar, a lógica de um controlo de constitucionalidade assente no princípio da proibição do défice só é compatível com a densidade característica do chamado *controlo de evidência*.

Concluímos, da exposição anterior, por uma autonomia conceptual, estrutural e funcional da *Untermaßverbot* relativamente à proibição do excesso (proporcionalidade). Em sentido afim, apesar da sua íntima conexão com os deveres de proteção e de promoção, a proibição do défice, enquanto controlo destinado a apurar a eventual violação desses deveres, tem igualmente, face a estes, um conteúdo normativo autónomo. Ou seja, tendo os poderes públicos um dever de proteção e um dever de promoção dos direitos fundamentais, ao legislador deve caber uma ampla margem de conformação do respectivo desempenho em função da reserva do politicamente adequado ou oportuno e/ou da reserva do financeiramente possível que afectam estruturalmente esses deveres.

Assim, se é certo que o legislador tem uma obrigação política de encontrar as melhores soluções de protecção e de promoção de acordo com as suas próprias concepções e do programa que presidiu à escolha política dos eleitores, ao controlo de proibição do défice cabe apenas procurar determinar quando, no desenvolvimento dessas opções, terá o legislador ficado ilegitimamente aquém da realização das obrigações que lhe foram constitucionalmente impostas.

De outra forma, se atribuíssemos ao controlo judicial de proibição do défice uma função mais ambiciosa, o risco que se corria seria o de projectar o juiz e, designadamente, o Tribunal Constitucional para a disputa com o legislador democraticamente legitimado na busca das melhores soluções políticas e, mais grave, com a pretensão de, em caso de divergência, substituir as concepções políticas do legislador pelas suas próprias concepções acerca da melhor forma de realizar os deveres de prestação próprios de Estado social de Direito.

Neste sentido, sob pena de violação do princípio da separação de poderes e dadas as diferentes reservas que os afectam, o controlo jurisdicional de proibição do défice em domínio dos deveres de prestação não deve mimetizar a natureza do controlo de proibição do excesso aplicável ao cumprimento do dever de respeito dos direitos fundamentais. Afectados por diferentes reservas, apresentando uma natureza diversa, os dois controlos não devem ser confundidos; se quisermos, ao carácter *intensivo* do controlo jurisdicional do excesso no âmbito do dever de respeito dos direitos fundamentais deverá corresponder um *controlo de evidência* na aplicação da proibição de insuficiência em domínio dos deveres de prestação.

b) Por outro lado, no que respeita às relações entre juiz constitucional e juiz comum, passa-se algo de semelhante ao que deve existir nas relações entre juiz constitucional e legislador. Não sendo aquela distinção —juiz constitucional, juiz comum—susceptível de se fazer do ponto de vista orgânico nos países em que todos os juízes comuns têm acesso directo à Constituição, ela opera funcionalmente, ou seja, uma coisa é a função do juiz comum quando decide um conflito jurídico que lhe é apresentado e outra é o exame das questões de constitucionalidade que a resolução desse caso suscita.

Significa isso que o controlo de proibição de insuficiência, enquanto parâmetro de verificação de eventual inconstitucionalidade da decisão do juiz comum, continua aí a ser um *controlo de evidência*, no sentido de que o juiz constitucional não deve pura e simplesmente replicar o *trabalho* do juiz comum e substituir-se a ele.

Ao juiz comum cabe decidir o conflito, não numa lógica de garantia de *mínimos*, mas numa lógica de procurar encontrar a melhor solução possível dentro dos parâmetros, segundo os critérios, as práticas, as normas, os princípios e as cláusulas gerais do respectivo ramo de Direito. Porém, quando a decisão que aí tome é *revista* na perspectiva de um juízo de constitucionalidade, a fazer pelo próprio ou por outro juiz à luz da proibição de insuficiência, aquilo que se aprecia ou se julga é apenas se a respectiva decisão judicial não deixou o direito fundamental insuficientemente protegido em função dos comandos e exigências constitucionais e esse controlo deve ser igualmente feito em termos de *controlo de evidência*.

Como se disse, essa distinção funcional é muito mais precisa, e também pacificamente aceite, nos países em que o juiz constitucional é organicamente distinto do juiz comum —aí, fica muito clara a distinção funcional: o juiz comum decide o feito que lhe é submetido e a questão de constitucionalidade sobe ao Tribunal Constitucional, seja a pedido do próprio juiz, seja, a final, através de recurso ou queixa constitucional do próprio particular—, mas não deixa de estar igualmente presente e dever ser tida em conta quando o juiz comum é simultaneamente juiz constitucional.

O juiz comum procurou encontrar a melhor solução e ao juiz constitucional cabe verificar se, quando o fez, protegeu ou promoveu insuficientemente o direito fundamental ou se, de outra parte, no caso das relações triangulares, restringiu excessivamente o outro direito fundamental. Naturalmente, esta contenção funcional do juiz constitucional relativamente ao juiz comum opera exclusivamente em domínio deste específico controlo de constitucionalidade referente a eventual violação do princípio da proibição do défice, não abrangendo nem se confundindo com as restantes questões jurídicas, incluindo as restantes questões de constitucionalidade que tenham sido suscitadas.

c) Com efeito, considerando especificamente a vinculação do juiz comum aos direitos fundamentais no domínio das relações entre particulares, sendo certo que o juiz comum está obrigado permanentemente ao desenvolvimento do dever de proteção de um direito fundamental que dela careça, em grande parte das situações a realização desse dever implica a afectação desvantajosa de outro direito fundamental a cujo respeito o juiz está igualmente vinculado. Nesse sentido, como a intervenção restritiva num direito fundamental está, em Estado de Direito, sujeita à observância da reserva de lei, fica o juiz comum intrinsecamente limitado pela existência de prévia habilitação legal para restringir o direito fundamental de outro particular.

Admitir que o juiz comum pudesse, em quaisquer circunstâncias, com base no dever de proteção a que está obrigado, intervir restritivamente nos direitos fundamentais de outros particulares colocaria, no fundo, o juiz a disputar o papel que cabe ao legislador democrático na resolução dos problemas correntes de colisão entre direitos fundamentais.

No entanto, em contrapartida, uma compreensão da reserva de lei entendida enquanto comando absoluto a observar estritamente em quaisquer circunstâncias, deixaria o juiz perante o dilema de, no caso de o legislador não o ter previamente habilitado a intervir restritivamente no outro direito fundamental, se ter de conformar com a violação, nesse caso por insuficiência de protecção, do direito fundamental que carecia de ser protegido.

Portanto, neste tipo de situação, é necessário verificar se a eventual ausência de intervenção restritiva judicial no direito fundamental de um dos particulares não significa a violação do outro direito por insuficiência de protecção, uma vez que, estando directamente vinculado por ele, o juiz comum está obrigado a protegê-lo. Mas, por outro lado, o controlo de proibição do défice que se leva a cabo para apurar essa eventual violação terá de ser, igualmente, um *controlo de evidência*, sob pena de um menor rigor no apuramento da violação colocar o juiz comum a invadir, por defeito, o domínio reservado ao legislador democrático em Estado de Direito, na medida em que o simples apelo ao cumprimento do dever de protecção dos direitos fundamentais o habilitaria, pretensamente, a intervir restritivamente noutros direitos fundamentais mesmo sem previsão legal.

d) Finalmente, também a administração se encontra tolhida pelo mesmo dilema com que se confrontava o juiz comum: no domínio da sua intervenção nas relações entre particulares, vinculada directamente aos direitos fundamentais, também a administração só pode intervir restritivamente num direito fundamental em caso de possuir a respectiva habilitação legal. Mas, por outro lado, em contexto da chamada colisão de direitos fundamentais, mesmo na ausência de lei habilitadora, a administração pode ver-se excepcionalmente forçada a intervir restritivamente na ocorrência de uma situação em que, se não o fizesse, tal significasse, por insuficiência de protecção, a violação do direito fundamental que carecia de ser protegido.

No entanto, tal como em relação ao juiz comum, também a atribuição à administração de uma autorização implícita para restringir direitos fundamentais de particulares sempre que tal fosse necessário para observar o dever de protecção de outros direitos fundamentais, e dada a normalidade da existência de tais colisões de direitos fundamentais, dotaria a administração, com desconsideração do princípio da legalidade próprio de Estado de Direito, de uma habilitação genérica e autónoma para restringir equivalente à daquela que se reconhece ao legislador democraticamente legitimado. E, também aí, a alternativa para *escapar* ao dilema será a de admitir excepcionalmente aquela possibilidade só naquelas situações em que se possa concluir, de forma *evidente*, pela existência de violação do direito fundamental por insuficiência de protecção nos casos em que a administração omitisse a intervenção restritiva orientada à protecção do direito. Portanto, também aí o controlo baseado na proibição de insuficiência deve ser dogmaticamente configurado como *controlo de evidência.*

3.2. Conteúdo normativo do princípio: mínimo e razoabilidade

Com base nas conclusões da elaboração anterior, vamos propor a densificação do conteúdo normativo do princípio da *proibição do défice* em torno de duas dimensões ou finalidades do controlo de constitucionalidade feito sob sua égide:

(i) a garantia de realização de um *mínimo*;
(ii) a proibição de desrazoabilidade.

Uma tal bipartição tem a ver, em nosso entender, com a existência de duas lógicas distintas, mas complementares, na determinação da insuficiência de prestação: uma, centrada na delimitação positiva do conteúdo mínimo do dever que o Estado está obrigado a realizar (e era esse o sentido da elaboração originária, doutrinária e jurisprudencial, da criação do princípio) e, combinada com ela, e esse é o sentido que corresponde à nossa proposta específica, uma outra dimensão focada na identificação de eventual desrazoabilidade na situação objectiva e subjectiva em que a omissão ou o incumprimento insuficiente dos deveres estatais de prestação deixam os titulares do direito a prestação.

3.2.1. *A garantia de realização de um mínimo*

a) Como já referimos, nesta proposta de garantia de realização de um mínimo enquanto exigência decorrente do princípio da proibição do défice, alinhamo-nos segundo a orientação da elaboração doutrinária original do princípio (designadamente a de Canaris) e da proposta da respectiva conformação como *controlo de mínimos.*

As dificuldades e as diferenças relativamente a essa elaboração traduzem-se na tentativa de resolução de dois tipos de dúvidas. O primeiro grupo está relacionado, sobretudo, com a determinação tão precisa quanto possível do que se entende por "mínimo", já que a ideia de *controlo de mínimos*, como sendo a proposta mais adequada de preenchimento normativo do controlo de proibição do défice, nos parece de racionalidade relativamente estabelecida à luz da separação de poderes, tal como aqui a defendemos. O segundo tipo de dúvidas respeita à insuficiência deste critério para responder a todas as solicitações que são dirigidas ao controlo de proibição do défice.

b) Quanto às dificuldades na delimitação conteudística do *mínimo*, uma primeira nota é a de que não se pode ter a pretensão de o definir com um carácter geral e abstracto. Desde logo, a determinação do mínimo exigível suscita problemas diferenciados consoante o tipo de dever que está em causa. Assim, se bem que haja pontos de contacto, o mínimo exigível relativamente à promoção dos direitos sociais[25] não pode ser definido nos mesmos termos do mínimo que deve ser garantido no plano da protecção contra agressões de outros particulares.

Há, no entanto, pontos comuns, na medida em que há tópicos utilizáveis na delimitação do *mínimo* que têm uma vocação de generalidade de aplicação. É esse o caso da dignidade da pessoa humana e da garantia do conteúdo essencial. Pode haver grandes dificuldades na identificação das exigências de uma e de outra garantia, mas haverá unanimidade na conclusão de que existe inconstitucionalidade quando a actuação do Estado não satisfaz as exigências da dignidade da pessoa humana ou quando viola a garantia do conteúdo essencial dos direitos fundamentais. Há Constituições que consagram expressamente estas duas garantias, mas, mesmo quando o texto constitucional nada diz, elas são aplicáveis: a dignidade da pessoa humana porque se considera um princípio estruturante de Estado de Direito e a garantia do conteúdo essencial porque, sendo os direitos fundamentais garantias de nível constitucional, não faria sentido que os poderes constituídos os pudessem lesar mesmo quando tal os afectasse no seu âmbito de protecção nuclear.

De qualquer forma, se bem que pacificamente aceite, a identificação do mínimo de prestação devida, através da utilização daqueles dois tópicos acaba por ser pouco produtiva. No que se refere à garantia do

[25] Cf., para esse, o que dizemos em *Direitos Sociais*, 2ª ed., Lisboa, 2017, págs. 393 e segs.

conteúdo essencial, como temos referido noutros locais[26], há uma natural dificuldade em determinar-lhe um conteúdo normativo específico que não possa ser retirado também de outros princípios ou que constitua o resultado de uma violação ostensiva da norma de direito fundamental e da intenção que presidiu ao respectivo acolhimento constitucional; como se sabe, na sua chamada concepção absoluta da garantia do conteúdo essencial ela tende a ser identificada com a dignidade da pessoa humana e, na concepção dita relativa, com o princípio da proporcionalidade.

Por sua vez, quando, apesar da dificuldade, se consegue apurar a existência de violação ao princípio da dignidade da pessoa humana, essa alegação é tão drástica e de consequências tão fulminantes que não faria sentido, a seguir, *reduzi-la* a violação da proibição da insuficiência.

c) Por fim, uma derradeira dificuldade na identificação do *mínimo* neste contexto tem a ver com as dúvidas sobre se a sua determinação deve ser feita de forma absoluta, através da definição de critérios fixos, gerais e abstractos, a que depois haveria que subsumir as circunstâncias do caso concreto, ou se só perante essas circunstâncias e através de uma avaliação casuística é possível apurar o patamar de prestação exigível.

Em nosso entender, a multiplicidade de factores e variáveis que há a considerar desaconselha as tentativas de delimitação prévia, geral e abstracta, de um núcleo irredutível com carácter absoluto. É que nem mesmo quando há ausência total de prestação se pode concluir, sem mais, como muitas vezes se faz, ocorrer violação da proibição da insuficiência. Eventualmente, a inacção pode estar ali justificada por uma definição atendível de prioridades que fazem alocar, temporariamente, os meios disponíveis a outros fins ou, por exemplo, a gravidade da lesão noutros direitos fundamentais que a protecção exigiria pode ser tão *pesada* que justifique a desprotecção pontual do direito fundamental numa relação entre particulares.

Em todo o caso, se bem que orientados pela ideia de remissão da delimitação definitiva do *mínimo* constitucionalmente exigível para o contexto da situação relevante, diríamos que uma ausência total ou

[26] Cf., sobretudo, com desenvolvimento, *As Restrições aos Direitos Fundamentais...*, cit., págs. 779 e segs; *Limites dos Direitos Fundamentais*, cit., págs. 238 e segs, págs. 241 e seg.

significativa de prestações devidas desloca, sob pena de inconstitucionalidade, o ónus de justificação para o poder público responsável.

d) Por outro lado, o apuramento da existência de uma omissão inconstitucional tem de ser percebida no contexto do exercício de um *controlo de evidência*. Assim, haverá violação do princípio da proibição do défice quando, atendendo às circunstâncias da situação concreta, real ou idealmente antecipada, for manifesta a necessidade e a possibilidade de garantia de um mínimo de prestação que, todavia, sem justificação aceitável, não foi realizada.

Pode-se considerar que é pouco, que o princípio da proibição do défice só opera, de acordo com esta posição, em situações-limite, mas não pode esquecer-se que a própria existência de um dever de prestação com relevância jurídico-constitucional concretizada pelo poder judicial é um *avanço* de grande sensibilidade na sua compatibilização com o princípio da separação de poderes e que, por isso, exige uma aplicação essencialmente contida. Por outro lado, na proposta que aqui fazemos, o princípio da proibição do défice não se reduz à garantia de um *mínimo*; essa garantia é complementada por uma exigência de *razoabilidade* que, em última análise, confere efectividade ao princípio mesmo nas situações em que uma prestação mínima já está assegurada.

3.2.2. *Proibição de desrazoabilidade*

a) Complementarmente ou em combinação com a ideia de delimitação de um *mínimo*, há uma segunda dimensão na ideia de proibição do défice, que designamos como razoabilidade, e que proporcionará um último critério para avaliar a constitucionalidade da omissão de prestação estatal.

O controlo de *razoabilidade* (que já encontráramos no controlo da actuação restritiva do Estado, no âmbito do princípio da proibição do excesso) desloca-se, agora, do terreno da delimitação do conteúdo da prestação ausente ou insuficiente para o plano da avaliação das consequências que a omissão estatal em causa gera na esfera jurídica pessoal dos afectados. A verificação judicial de existência de *desrazoabilidade* centra-se na situação objectiva em que a omissão de prestação deixa os titulares do direito, considerando-se, então, que há um défice inconstitucional de protecção quando a omissão estatal deixa os cidadãos afectados numa situação pessoal intolerável, desrazoável, à luz dos padrões de um Estado de Direito social.

Também aqui, sabendo-se como esses padrões não são fixáveis de forma definitiva, absoluta e abstracta, lidamos com um critério *aberto*, mas, tal como acontecia com o critério do *mínimo*, com uma abertura susceptível e carente de ser preenchida através da intervenção legítima do poder judicial.

Recorremos, assim, a uma ideia de *razoabilidade* que já havíamos integrado no princípio da proibição do excesso, mas adaptando-a agora às circunstâncias objectivas de aplicação do princípio da proibição do défice, ou seja, lidando com omissões e não com acções estatais.

É certo que uma tal adaptação pode ser criticada por, afinal, partir de algo que se supõe só ser demonstrável existir no fim do processo de controlo, isto é, como vimos, a própria omissão estatal só pode em rigor ser apurada quando determinamos que pré-existe o correspondente dever estatal de prestação. Logo, em pura lógica, não poderíamos controlar a eventual desrazoabilidade de uma omissão, porque só há omissão se pré-existir um dever estatal preciso de realização, mas, nessa altura, a omissão já era inconstitucional independentemente da sua desrazoabilidade.

No entanto, a ideia de omissão estatal ou o cumprimento insuficiente do dever de prestação funcionam aqui como pressupostos lógicos do controlo de razoabilidade. De resto, tal como ocorre também no controlo de proibição do excesso, nos casos verdadeiramente difíceis aquilo que é sujeito a apreciação quase nunca é, em termos práticos, um meio, um acto, uma medida ou, no caso da proibição do défice, uma omissão, um não-acto.

Como vimos, aquilo que se sujeita a apreciação/comparação no domínio do controlo da proibição do excesso, do controlo de desproporcionalidade (desde que o caso tenha alguma complexidade, isto é, não seja, dada a desproporcionalidade manifesta de uma medida, de resolução fácil e imediata), são, pelo menos implicitamente, alternativas de acção: um certo acto, com um certo grau de aptidão, produzindo certos efeitos negativos, restritivos, comparado com os efeitos e a eficácia de uma alternativa de acção. O que se compara são acções ou meios alternativos, aquilo que se pretende determinar é a desproporção ou o eventual excesso da opção estatal provocada por uma *constelação* (um meio com um certo grau de aptidão ou eficácia, com um certo grau de restrição da liberdade, produzindo um certo benefício ou um certo sacrifício marginal) quando comparada com a opção por uma diferente *constelação* alternativa, com diferentes eficácia e grau de limitação da liberdade.

Ora, também no domínio da proibição do défice os procedimentos são próximos e o facto de, ao contrário do que sucede com os outros subprincípios da proibição do excesso, a dimensão de razoabilidade ter aqui aplicabilidade tem a ver com a sua própria natureza enquanto meio de controlo de constitucionalidade. É que, diferentemente do que ocorre com aqueles outros subprincípios (aptidão, necessidade, proporcionalidade), a razoabilidade é independente dos fins em vista, dos benefícios a alcançar, da relação de proporcionalidade entre uns e outros. Relevamos apenas, e exclusivamente, os efeitos produzidos na esfera do afectado pela acção ou pela omissão; então, se é certo que, como dissemos, numa omissão nunca se conseguem determinar os respectivos fins, isto é, os objectivos subjacentes a um não-acto, já podemos, todavia, determinar quais as suas consequências, quais os efeitos verificáveis na situação de quem não obteve protecção ou ajuda, ou seja, conseguimos determinar a situação de desrazoabilidade em que fica alguém que *sofre* a omissão.

Logo, aquilo que se verifica, o que se compara neste tipo de controlo, são os efeitos e as consequências em que se encontra alguém que não beneficiou de uma actuação estatal ou que beneficiou de uma actuação com um alcance insuficiente, comparados com os efeitos e as consequências que ocorreriam provavelmente com a adopção de uma outra *constelação* possível e disponível.

A eventual desrazoabilidade, a intolerabilidade da situação deduzida em conformidade às exigência e padrões de um Estado social de Direito, resultará, então, da verificação da situação negativa, desvantajosa, dos titulares do direito, quando comparada com os efeitos que seriam previsivelmente gerados com uma outra actuação estatal de prestação objectivamente comportável no quadro dos recursos e disponibilidades do Estado.

Recuperando o exemplo dado atrás sobre o actual regime jurídico português do processo de inventário[27], podemos ilustrar a aplicação do critério de razoabilidade numa situação real.

Verificámos ali que, estando embora garantido um nível mínimo de protecção —desde logo em termos de participação equitativa e igualitária de todos os herdeiros no procedimento—, a lei permite que na conferência preparatória uma maioria de 2/3 dos herdeiros se concerte em benefício próprio e em prejuízo de outro(s) na composição dos quinhões hereditários e na sua atribuição a cada herdeiro. Um herdeiro legitimário poderia, assim, ver-se intoleravelmente discriminado e significativamente prejudicado no seu direito de propriedade, ficando numa situação que, qualquer que seja a perspectiva por que seja considerada, é desrazoável em Estado de Direito.

No entanto, bastaria que o legislador exigisse a realização de sorteio para atribuição dos quinhões, no caso de recurso à deliberação maioritária por 2/3, para que a desrazoabilidade fosse superada. O concerto discriminatório entre os herdeiros *maioritários* seria inviabilizado pela incerteza do resultado do sorteio. Então, a desrazoabilidade deriva da intolerabilidade da situação em que alguém fica por facto de uma insuficiência de prestação que poderia perfeitamente ter sido evitada pelo legislador sem quaisquer custos ou inconvenientes suplementares.

Logo, mesmo estando garantida uma protecção mínima, as normas em causa poderiam e deveriam ser jurisdicionalmente configuradas como inconstitucionais por violação do princípio da proibição do défice na sua dimensão de proibição da desrazoabilidade.

[27] Cf. *supra*, neste capítulo, págs. 194 e seg.

BIBLIOGRAFIA SOBRE O PRINCÍPIO DA PROIBIÇÃO DO DÉFICE

JORGE REIS NOVAIS, *Direitos Fundamentais nas Relações entre Particulares —do Dever de Protecção à Proibição do Défice*, Coimbra, 2018, págs. 255 e segs.

VITALINO CANAS, *O Princípio da proibição do Excesso na Conformação e no Controlo de Atos Legislativos*, Coimbra, 2017, págs. 899 e segs.

JORGE PEREIRA DA SILVA, *Deveres do Estado de Protecção dos Direitos Fundamentais*, Lisboa, 2015, págs. 585 e segs.

ISABELLA DEMETERCO, "A proibição de insuficiência na jurisprudência do STF", *Dissertação de mestrado apresentada na Faculdade de Direito da Universidade de Lisboa*, 2020

MARCELA ABRAHÃO, "Os direitos fundamentais de liberdade e a omissão legislativa: o não-fazer e o fazer insuficiente como violação dos deveres do legislador", *Relatório apresentado no Curso de mestrado da Faculdade de Direito da Universidade de Lisboa*, 2012

Capítulo VI
Princípio da Protecção da Confiança

1. Estado como pessoa jurídica e Estado de Direito como *pessoa de bem*

A construção doutrinária, desenvolvida no século XIX, que concebe o Estado como *pessoa jurídica* foi um elemento decisivo na teorização da limitação da soberania estatal e na normalização da ideia de submissão do Estado ao Direito. A partir do momento em que o relacionamento entre Estado e indivíduos passa a ser visto como relação entre *pessoas jurídicas* igualmente sujeitas ao Direito e à observância da lei, estavam criadas as condições para o reconhecimento da existência de direitos subjectivos, não apenas dirigidos contra outros particulares, mas também contra a pessoa jurídica-Estado, os chamados *direitos subjectivos públicos*.

Assim, mesmo quando os direitos fundamentais individuais não eram revolucionariamente concebidos como direitos naturais, pré e supra-estaduais, portanto, como direitos que o Estado não criava, mas que seria simplesmente obrigado a reconhecer, a construção doutrinária da personalidade jurídica do Estado e dos direitos subjectivos públicos criava as condições, em combinação com a teoria de autolimitação do poder estatal (com a outorga de uma Constituição e o consequente reconhecimento dos direitos fundamentais), para a expansão da ideia de Estado de Direito na Europa, enquanto Estado organizado juridicamente (através da separação de poderes) e vinculado (através do império da lei e do princípio da legalidade) ao respeito e à garantia dos direitos fundamentais.

Nos termos dessa construção, quando o Estado se passa a relacionar com os indivíduos sob sua jurisdição, não como súbditos, mas como pessoas jurídicas titulares de direitos fundamentais, para além de ser *pessoa jurídica*, o Estado de Direito tem, por força da necessária adesão a essa pauta material de valores, de ser também *pessoa de bem*. Precisamente, dessa sua natureza de *pessoa de bem* deriva a igual sujeição do Estado e dos poderes públicos ao princípio geral da boa fé e à garantia da segurança jurídica e da tutela da confiança que os particulares depositam na *palavra* do Estado.

1.1. Boa fé e segurança jurídica

a) Uma vez que os fins do Estado de Direito não são os do seu interesse próprio, os do engrandecimento do Estado, mas o interesse público, que é, hoje, igualmente densificado à luz da realização dos direitos fundamentais, então, como *pessoa de bem* que se espera que seja, deve o Estado de Direito actuar de boa fé no relacionamento com os particulares e, por sua vez, estes podem esperar que o Estado se comporte como *pessoa* em quem se pode confiar, podendo, com base nesse relacionamento, planear a sua vida num ambiente de previsibilidade, de paz e de segurança jurídica.

No entanto, apesar dessa afinidade de origem e de fundamentação da boa fé e da protecção da confiança, trata-se de princípios jurídicos diferentes e com autonomia dogmática. Assim, pode por vezes a tutela da confiança dos particulares surgir como dimensão da observância da boa fé, mas apresentar, noutras situações, desenvolvimento dogmático e âmbito de aplicação substancialmente distintos.

A tutela jurídica das expectativas e da confiança dos particulares é garantida, desde logo, quando os poderes públicos estabelecem específicas e concretas relações jurídicas com os indivíduos, situação onde o princípio da boa fé encontra também terreno privilegiado de invocação, já que, não obstante a sua eventual inaplicabilidade por força do que possa ser determinado pelo princípio da legalidade ou a sua eventual redundância relativamente ao que possa ser igualmente obtido do princípio da proibição do excesso, se replicam, nesse tipo de relações jurídicas, quase integralmente as condições do relacionamento típico entre particulares em que a cláusula da boa fé já se impunha tradicionalmente. Mas, para além dessas relações, a tutela da confiança dos particulares abrange toda a actuação do Estado, incluindo a actuação legítima do legislador na prossecução geral e abstracta do interesse público.

Mais especificamente, a tutela da confiança é invocável quando os particulares viram um quadro jurídico em cuja continuidade tinham razões legítimas para confiar ser alterado de forma imprevisível, provocando, com essa alteração, prejuízos sérios na esfera jurídica dos afectados pela mudança.

Com esse alcance, enquanto padrão normativo que vincula a actuação dos poderes públicos em Estado de Direito, o princípio da protecção da confiança pode ser violado mesmo quando a actuação estatal não é censurável do ponto de vista da boa fé dos seus agentes. Por exemplo, o legislador pode alterar um dado regime jurídico porque, ponderando todos os interesses em causa, essa é, em seu entender, a forma adequada e necessária de prosseguir o interesse público —portanto, não estando em causa a boa fé do Estado-legislador— e, todavia, frustrar de forma intolerável a confiança que alguém havia justificadamente depositado na continuidade do regime legal anterior. Então, o princípio da protecção da confiança desenvolve aí efeitos normativos próprios, autónomos e independentes do princípio da boa fé.

b) Por sua vez, considerando agora as afinidades com o princípio da segurança jurídica, não apenas a violação de expectativas constitui uma afronta directa à segurança, mas também, quando a tutela da confiança apela à continuidade e estabilidade dos regimes jurídicos vigentes, o princípio evoca igualmente o fim de segurança jurídica próprio de Estado de Direito.

Assim, mesmo que a Constituição não consagre referências expressas à segurança jurídica e à protecção da confiança, esses são princípios essenciais da Constituição material do Estado de Direito, enquanto factores imprescindíveis a uma estruturação da vida social em paz jurídica e, na perspectiva dos particulares, tais princípios são condição da previsibilidade da actuação estatal enquanto pressuposto de autonomia individual na conformação de planos de vida próprios.

De resto, a luta pela Constituição e pelo Estado de Direito foi também, desde os primórdios das revoluções liberais, uma luta pela segurança jurídica, no sentido de um projecto de organização racional do Estado e da sua actuação que mantivesse a esfera dos particulares, nomeadamente no domínio do direito de propriedade e da actividade económica, ao abrigo das arbitrariedades típicas de um exercício dos poderes de autoridade discricionária que caracterizavam o anterior Estado absoluto.

c) Enquanto elemento essencial a um Estado de Direito e, nesse sentido, pacificamente dedutível, entre nós, do artigo 2º da Constituição, este princípio da segurança jurídica projecta exigências diferenciadas dirigidas ao Estado, que vão desde as mais genéricas de previsibilidade da actuação estatal, de certeza, clareza e densidade normativa das regras jurídicas e de publicidade e transparência dos actos dos poderes públicos, designadamente os susceptíveis de afectarem negativamente os particulares, até às mais específicas de observância concreta e pontual dos direitos, expectativas e interesses individuais legítimos dignos de protecção.

Por sua vez, a protecção da confiança relativamente à acção dos órgãos estatais, igualmente dedutível da ideia de Estado de Direito, é um elemento essencial, não apenas da segurança da ordem jurídica, mas também da própria estruturação do relacionamento entre Estado e particulares, todos concebidos como pessoas jurídicas igualmente sujeitas ao Direito. Sem a possibilidade, juridicamente garantida, de poder calcular e prever os possíveis desenvolvimentos da actuação dos poderes públicos susceptíveis de repercutirem na sua esfera jurídica, o indivíduo converter-se-ia, em última análise, com violação do princípio fundamental da dignidade da pessoa humana, em mero objecto do acontecer estatal.

A tutela da confiança dos particulares relativamente à continuidade das garantias e limites que a ordem jurídica estabelece, bem como à prática de actos em conformidade aos precedentes estabelecidos pela actividade estatal pretérita é, se quisermos, o lado subjectivo da garantia mais geral de segurança jurídica inerente ao Estado de Direito.

d) Na sua dimensão objectiva, o princípio da segurança jurídica vale para todas as áreas da actuação estatal, desdobrando-se por exigências especialmente dirigidas à Administração (veja-se a relevância do chamado *caso decidido*), ao poder judicial (a estabilidade assegurada ao *caso julgado* ou a importância dos acórdãos de uniformização da jurisprudência), mas também ao legislador democrático.

Assim, relativamente ao legislador, a garantia objectiva de segurança jurídica requer, entre outros institutos, pelo menos:

(i) tanto quanto possível, a transparência e publicidade do processo de elaboração das leis (o que encontra refracção constitucional expressa na reserva de lei parlamentar e nos diferentes institutos de apreciação parlamentar dos diplomas aprovados pelo Executivo) e, em qualquer caso, exige a necessária publicação antes da entrada em vigor (sob pena de ineficácia jurídica ou, associada a outros institutos como a promulgação ou a referenda, a própria inexistência jurídica);

(ii) clareza das normas jurídicas e sua suficiente determinabilidade, sobretudo quando essas normas desenvolvem efeitos restritivos sobre os direitos dos particulares (cf., *infra*, o princípio da determinabilidade), sem prejuízo, porém, da possibilidade ou, até, necessidade de o legislador recorrer normalmente a cláusulas gerais e a conceitos indeterminados;

(iii) a normatividade do ordenamento jurídico e a sua estabilidade, enquanto garantias estruturais de uma paz jurídica assente no império da lei, mas que pressupõe também a existência de um interesse público no reconhecimento e observância dos direitos e posições individuais juridicamente protegidos;

(iv) autolimitação e autovinculação do Estado relativamente às normas vigentes aprovadas pelos seus órgãos, o que neste domínio significa que podendo o legislador, observadas as disposições e competências constitucionais, alterar as normas em vigor, ele próprio está submetido e obrigado à respectiva observância enquanto elas vigorarem. Esta exigência significa, por exemplo, que se uma lei dispuser acerca do processo de elaboração e formação de outras leis —e, com esse sentido de *lei-quadro* tiver o estatuto, expressamente reconhecido ou implícito, de lei de *valor reforçado*—, a aprovação de novas normas nesse domínio

estará viciada de *ilegalidade* ou, no caso de reconhecimento constitucional expresso daquela relação de subordinação, estará viciada de *inconstitucionalidade indirecta* se o processo de elaboração legalmente fixado na *lei-quadro* não for devidamente observado pelo legislador.

1.2. Protecção da confiança como dimensão subjectiva da segurança jurídica

a) É sobretudo relativamente ao legislador —até porque relativamente à administração e ao poder judicial é possível verter em regras jurídicas suficientemente precisas os termos da garantia institucional da segurança— que os efeitos desenvolvidos pela segurança jurídica no seu lado subjectivo, o da protecção da confiança dos particulares na continuidade do quadro legislativo vigente, suscita maiores dificuldades de determinação.

Com efeito, confrontam-se, aqui, exigências de sentido oposto e com peso igualmente relevante em Estado de Direito, na medida em que, em geral, às expectativas de continuidade, estabilidade e segurança jurídica se opõem exigências de sentido contrário ou divergente, genericamente derivadas da necessidade de alteração e da ideia de natural revisibilidade das leis e da ampla margem de conformação que nesse domínio deve ser simultaneamente reconhecida ao legislador democrático em Estado de Direito.

O quadro típico de intervenção do princípio da protecção da confiança é caracterizado pela confluência dos dois factores seguintes que podem, todavia, como se verá, assumir no caso concreto modalidades e intensidade substancialmente diferenciadas.

Há, em primeiro lugar, a necessária existência de uma base que tenha gerado a confiança dos particulares, ou seja, um dado, um facto ou um acto da responsabilidade ou sob controlo dos poderes públicos com potencialidade objectiva para gerar no particular interessado uma esperança convicta de que no futuro se verificarão determinadas consequências jurídicas. Essa confiança traduz-se normalmente numa expectativa quanto à simples continuação em vigor do enquadramento jurídico que confere estabilidade a uma posição jurídica já constituída ou a constituir, mas pode também respeitar à prática futura de um acto ou à subsistência de uma omissão por parte de poderes públicos de que resultem vantagens para o particular.

Em segundo lugar, essa confiança deve ter sido frustrada por força de uma actuação comissiva ou omissiva inesperada dos poderes públicos com um sentido contrário às expectativas anteriormente geradas e que provoca um sacrifício ou prejuízo sensíveis na esfera do particular.

b) Por um lado, os particulares têm, não apenas a possibilidade de antecipar minimamente o que podem esperar da parte do Estado, como, também, o direito a não ver frustradas as expectativas que legitimamente formaram quanto à permanência de um dado quadro ou curso legislativo, desde que, obviamente, essas expectativas sejam legítimas, haja indícios consistentes de que, de algum modo, elas tenham sido estimuladas, geradas ou toleradas por comportamentos do próprio Estado e os particulares não possam ou devam, razoavelmente, prever alterações radicais no curso normal do desenvolvimento legislativo.

Em contraponto, há que ter em conta que o legislador de Estado de Direito democrático está igualmente vinculado à prossecução do interesse público e que, aí, tem de dispor de uma ampla margem de conformação da ordem jurídica ordinária vigente, incluindo, naturalmente, a possibilidade, em princípio incondicionada, de alteração das leis em vigor, pois, de outro modo, e pressupondo que os fins do legislador são constitucionalmente legítimos, seria decisivamente posto em causa o próprio mandato democrático que os eleitores conferiram aos governantes.

Assim, perante a igual dignidade constitucional dos valores em confronto, o alcance prático do princípio da protecção da confiança não é concretamente determinável de forma independente de uma avaliação *ad hoc* que tenha em conta as circunstâncias do caso concreto e permita concluir, com base na avaliação do peso variável dos interesses em disputa, qual dos interesses deve merecer a prevalência.

Nesta avaliação devem ser devidamente apreciados factores como o merecimento e dignidade objectiva de protecção da confiança que o particular depositava na inalterabilidade de um quadro legislativo que o levara a programar a sua vida num determinado sentido, a relevância dos interesses dos particulares e a intensidade da sua afectação e, do outro lado, o peso relativo do interesse público que motivou a alteração legislativa e, não menos importante, a própria margem de livre conformação que deve ser reconhecida ao legislador democrático em Estado de Direito.

Desde logo, como se verá a seguir, há significativas variações dessa margem de livre conformação em função do momento em que a nova lei entra a produzir efeitos e o esclarecimento dessas variações permite delimitar o campo por excelência de intervenção do princípio da protecção da confiança.

2. Retroactividade e retrospectividade

a) Do lado da margem de conformação que deve ser reconhecida ao legislador democrático, para efeitos do apuramento de eventual violação da confiança, há que distinguir três possibilidades relacionadas com a aplicação da lei no tempo: as leis retroactivas, as leis retrospectivas e as leis aplicáveis só a situações jurídicas que se venham a constituir no futuro.

Quanto a estas últimas, leis intencionalmente elaboradas e aprovadas para valerem exclusivamente para o futuro, no sentido de aplicação a factos, posições ou a situações que venham a surgir e desenvolver-se só após a entrada em vigor da norma, a liberdade de conformação do legislador é quase total.

Só em casos extremos dificilmente imagináveis de relevância máxima das expectativas dos particulares é que uma lei destinada a valer *ex nunc* e com esse tipo de efeitos poderia ser invalidada com base em violação do princípio da protecção da confiança. Em função das suas previsões, os particulares podem depositar esperanças no que devam ser as decisões futuras do legislador, podem ter expectativas de natureza política de que o legislador se oriente num determinado sentido, eventualmente até com base nas promessas do respectivo programa eleitoral ou anúncios políticos, mas muito dificilmente essas expectativas, quando se trata de legislação que apenas conforma relações a desenvolver no futuro, poderiam adquirir relevância jurídica impeditiva e, muito menos, uma relevância que pudesse determinar a invalidação da lei. À partida, uma lei com esta natureza é, do ponto de vista do princípio da segurança jurídica e da protecção da confiança, inatacável.

Ao invés, uma lei retroactiva restritiva de direitos é, à partida, constitucionalmente ilegítima, de tal forma ela afecta desvantajosamente posições dos particulares já estabilizadas ou resolvidas no passado, de uma forma com que estes não podiam razoavelmente contar nem a ordem jurídica de Estado de Direito poderia admitir. Uma lei retroactiva restritiva de direitos é, por definição, uma lei que, apesar de aprovada num dado momento, ficciona a sua entrada em vigor em momento anterior e pretende produzir integralmente os seus efeitos, no caso efeitos restritivos, desvantajosos para os particulares, a partir desse momento ficcionado, portanto, produzindo efeitos sobre situações já estabilizadas no passado e constituídas legitimamente ao abrigo do quadro jurídico então vigente.

Nesse sentido, ainda que a retroactividade não seja em si mesma inconstitucional —em princípio não se levantarão problemas a uma retroactividade ampliativa, que atribua vantagens aos interessados—, a Constituição determina, desde logo, a proibição de leis retroactivas naqueles domínios em que a retroactividade será mais contundentemente ofensiva dos direitos dos particulares. São os casos típicos da proibição de lei penal e de lei fiscal retroactivas, e ainda, no caso da Constituição portuguesa, a proibição genérica de leis retroactivas restritivas de direitos, liberdades e garantias (artigo 18º, nº 3).

Para além disso, mesmo nas situações não específica e expressamente protegidas contra a retroactividade, só a existência de um interesse público de realização premente, compulsiva e inadiável poderia excepcionalmente justificar que situações ou posições dos particulares já juridicamente estabilizadas e consumadas viessem a ser afectadas negativamente de forma retroactiva, ou seja, através de uma lei que ficciona a própria existência em momento anterior ao da sua real aprovação e entrada em vigor. Assim, independentemente da natureza do direito fundamental em causa, direito de liberdade ou direito social, seria evidentemente inconstitucional uma lei que, por exemplo, relativamente a pessoa que, em plena observância da legalidade vigente, tivesse recebido uma pensão de sobrevivência no montante determinado pela lei em vigor na altura, a obrigasse, por força de aplicação retroactiva de novo regime jurídico de pensões, a devolver parte do montante recebido.

b) Há, no entanto, que atender aos possíveis diferentes tipos e graus de retroactividade, pois dessa gradação pode depender a eventual admissibilidade de leis que não valem exclusivamente para o futuro.

Com efeito, a doutrina identifica vários graus de retroactividade que vão desde a potencial afectação de todos os efeitos no passado, incluindo os de caso julgado, até uma retroactividade *aparente* que respeita efeitos já produzidos pela legislação anterior, mas afecta outros. Pela gravidade diferenciada com que podem afectar a segurança jurídica e, do ponto de vista subjectivo, as expectativas e a confiança dos cidadãos, esses diferentes graus de retroactividade são relevantes para efeitos de determinação de eventual inconstitucionalidade.

Autores e jurisprudência distinguem essencialmente entre a *retroactividade*, quando a lei nova pretende afectar situações definitivamente estabilizadas no passado e reclama, portanto, um início ficcionado de vigência temporalmente anterior à sua própria existência como lei, e a *retrospectividade* ou *retroactividade inautêntica*, quando a lei nova só reclama uma vigência *ex nunc*, a partir do momento em que entra a vigorar, ainda que com a virtualidade de afectar direitos, situações ou posições que, embora constituídos no passado por força ou com a cobertura de lei anterior, se prolongam no presente.

Como dissemos, no que respeita à primeira, ou seja, lei restritiva dotada de *retroactividade autêntica*, ela não suscita, verdadeiramente, um problema constitucional autónomo, já que, pela gravidade das suas consequências e pela sua natureza estrutural, uma tal lei é, nos casos referidos, expressamente considerada inconstitucional. É inconstitucional porque a Constituição assim o determina, quando veda leis restritivas retroactivas, mas também porque, na medida em que uma retroactividade com tais características se aplique exclusivamente a situações passadas e, enquanto tal, determinadas ou determináveis, é configurável como lei não geral e/ou não abstracta, pelo que, sendo restritiva de direitos, liberdades e garantias, incorre, igualmente, na violação dessa outra proibição constante da primeira parte do nº 3 do artigo 18º da Constituição.

Mesmo nas outras situações, e desde que afecte desvantajosamente posições dos particulares juridicamente protegidas —e, por maioria de razão, jusfundamentalmente protegidas—, uma lei retroactiva será, à partida, inconstitucional por violação do princípio da protecção da confiança.

É verdade que, em Constituições como a nossa, e diferentemente do que sucede com as situações especificamente referidas, não há norma constitucional expressa a vedar essa retroactividade (expressamente vedada é só a retroactividade de leis restritivas de direitos, liberdades e garantias), mas, precisamente, o princípio da tutela da confiança desenvolve, aí, todas as suas virtualidades de protecção dos particulares e que derivam da caracterização do Estado de Direito como *pessoa de bem*. Como no exemplo atrás referido sobre devolução de pensão já recebida ao abrigo de lei em vigor e em plena observância do regime jurídico de atribuição de pensões de sobrevivência, não se vê como teria uma *pessoa de bem* —como se exige que o Estado de Direito seja— justificação ou até legitimidade para exigir tal devolução.

c) Problemas *difíceis* relativos à protecção da confiança relativamente ao legislador restritivo surgem, sobretudo, nas situações da referida *retrospectividade*, uma vez que, aí, a não plena consolidação das situações vindas do passado, e a que a nova lei se pretende aplicar, gera uma diminuição do peso dos interesses relativos à segurança jurídica e à protecção da confiança dos cidadãos. Seria, por exemplo, o caso, frequente, de lei sobre condições de aposentação e reforma das pessoas que ainda se encontram ao serviço e que vêem piorados, e por vezes significativamente, a duração do período de descontos exigido para requerer a reforma ou os montantes que vão ser auferidos a título de pensão no futuro. Nessas circunstâncias, a resistência à *retroactividade* apresenta uma menor rigidez normativa: o juízo de inconstitucionalidade não poderá ser afirmado sem prévia avaliação e ponderação de bens ou interesses em confronto.

Uma eventual pretensão de equiparar a proibição de retroactividade às situações de retrospectividade com base na necessidade de protecção da confiança dos particulares na manutenção do regime jurídico vigente seria insustentável, mesmo quando a lei retrospectiva também afecta direitos ou expectativas dos particulares, de tal forma essa equiparação aniquilaria a margem de actuação constitutiva do legislador ordinário e conferiria uma *rigidez* injustificada a praticamente todos os grandes domínios da ordem jurídica ordinária.

É que, do Código Civil ao Código Comercial, do Código Laboral ao direito de família, não há praticamente quaisquer hipóteses de alteração legislativa sem que, com isso, de alguma forma se estejam a afectar situações ou posições jurídicas constituídas no passado e que permanecem activas e em desenvolvimento quando da entrada em vigor da nova lei. Vedar a possibilidade de o legislador alterar a legislação em vigor ou obrigá-lo a considerar, excluir ou tratar diferenciadamente todas as posições ou situações provindas do passado, seria fragmentar de uma forma praticamente inadmissível a ordem jurídica ordinária, suscitando problemas sérios de observância do princípio da igualdade e degradando inconstitucionalmente a própria posição do legislador democrático.

3. Conteúdo normativo do princípio da protecção da confiança: parâmetros de controlo e factores de racionalização da ponderação

a) Em última análise, em todas as situações *difíceis* em que se suscite a eventual violação da protecção da confiança, não é possível chegar a resultados constitucionalmente adequados sem partir de uma ponderação entre o peso do interesse público prosseguido pelo legislador quando pretende alterar a lei em vigor e a força de *resistência* das expectativas e direitos dos particulares.

Ao legislador cabe prosseguir o interesse público e fazê-lo da forma que considere mais adequada ou oportuna, sem deixar de ter em conta, nesse juízo essencialmente político, as expectativas que os particulares afectados pelas novas normas restritivas depositavam na continuidade do regime jurídico anteriormente em vigor. Mas, precisamente porque essas expectativas são dignas de tutela, ao juiz constitucional cabe verificar, à luz do princípio da protecção da confiança, se elas foram devidamente tidas em conta ou se o podiam ter sido. Ora, nas situações mais complexas não é possível chegar a um resultado de constitucionalidade que não passe por uma ponderação entre a premência de realização do interesse público e o *peso* das expectativas dos particulares.

Aqui, tal como relativamente a outros princípios estruturantes, desenvolveu-se igualmente, nos últimos tempos, a tendência para decompor o parâmetro constitucional constituído pela protecção da confiança numa sucessão de testes que deveriam ser cumulativamente superados sob pena de inconstitucionalidade, mimetizando, de algum modo, aquilo que se supõe constituir o *modus faciendi* do controlo de proporcionalidade.

Porém, a racionalização do procedimento de controlo, se bem que necessária, não se faz por essa via, tal como não é assim, como se viu, que funciona o próprio controlo de proporcionalidade. No fundo, o que se faz nessa proposta de decomposição analítica é a selecção de alguns dos factores a ter em conta na avaliação do peso dos interesses em confronto e designá-los de *testes* em número variável segundo as diferentes propostas. É que, quando se consideram os vários factores a ter em conta na ponderação a que nos referimos, tanto podemos considerar a existência de três ou de quatro *testes*, como de dez: tudo depende do esforço de decomposição analítica.

O importante é, a nosso ver, e sem pretensões de exaustividade incompatíveis com a complexidade dos problemas na sua variabilidade concreta, ter em conta os principais factores que, influenciando o *peso* relativo dos interesses em confronto —expectativas dos particulares e interesse público—, podem auxiliar na racionalização do inevitável procedimento de ponderação.

3.1. Expectativas dos particulares

Do lado das expectativas dos particulares, a possibilidade constitucional de invocação bem sucedida do princípio pressupõe sempre, como vimos, a reunião cumulativa dos seguintes pressupostos: a existência de expectativas legítimas na continuidade de uma dada situação jurídica ou de um regime jurídico e uma alteração inesperada do comportamento do Estado relativamente ao quadro jurídico em vigor que frustra a confiança dos particulares e se traduz na lesão dos seus interesses.

Nesse quadro geral, o *peso* dessa confiança varia em função, pelo menos, dos factores a seguir considerados.

3.1.1. *Natureza, solidez e justificação das expectativas ou direitos dos particulares*

a) A alteração do regime jurídico em vigor pode ter afectado meras expectativas ou direitos em formação, mas também podemos estar perante direitos já constituídos e consolidados na esfera jurídica dos particulares, apesar de serem de realização continuada e de actualização permanente.

Assim, mantendo-nos no exemplo das pensões de sobrevivência — área sujeita a grande instabilidade nas crises do Estado social dos últimos anos e, por isso mesmo, domínio privilegiado de invocação do princípio da protecção da confiança—, não é a mesma coisa a nova lei alterar o valor da próxima pensão a atribuir a alguém que ainda não se aposentou ou "cortar" no montante e nas condições da pensão já atribuída e em pagamento. Não apresenta a mesma gravidade a alteração do regime em vigor para alguém que está a dez anos de atingir a idade de aposentação ou de alguém que já completou o tempo exigido para se aposentar; de alguém que já tinha requerido a pensão quando a nova lei entrou em vigor ou de alguém que ainda não o havia feito.

b) Por outro lado, a posição jurídica do particular pode ter sido formada ou concedida ao abrigo de um regime jurídico ou de uma decisão pública racionalmente fundamentados, eventualmente politicamente controversos, mas aceitáveis dentro da divergência política normal nas nossas sociedades, mas pode, em perspectiva muito diversa, ter resultado pura e simplesmente da concessão de um privilégio injustificado e de legitimidade duvidosa.

Já referimos que, como pressuposto liminar da possibilidade de invocação da protecção da confiança, se exige o carácter legítimo das expectativas. Não teriam qualquer peso (ou, quando muito, o peso seria diminuto) posições dos particulares sustentadas em ilegalidades praticadas por eles ou pela administração ou toleradas pela passividade ou por omissões indevidas do Estado ou dos seus agentes relativamente a essas ilegalidades.

Para além disso, mesmo quando legítimas, há expectativas de particulares que foram geradas em seu benefício, e com o seu conhecimento, mas que, embora constituídas ao abrigo de lei vigente ou criada para o efeito, se traduzem na instituição de privilégios privados, injustificados ou extravagantes, e que se consolidaram a custo de sobrecarga significativa ou absolutamente desrazoável do erário público e sem que haja justificação para a sua manutenção. Nessas circunstâncias, a frustração de expectativas, todavia reais, não se traduz verdadeiramente na imposição de um sacrifício, mas simplesmente na supressão ou na diminuição de um privilégio eventualmente chocante, pelo que não tem peso suficiente para contrariar a reposição legislativa de tratamento equitativo dos cidadãos em Estado de Direito.

Então, sem prejuízo da eventual natureza legítima da expectativa do particular na sua manutenção, esta terá uma força de resistência enfraquecida ou, em última análise, até inexistente perante a justiça da correcção da iniquidade por parte das novas decisões dos poderes públicos.

3.1.2. *Papel e intervenção do Estado na criação das expectativas*

Quando se considera o papel e a atitude do Estado na criação da base de confiança que alimenta as expectativas dos particulares, mesmo considerando exclusivamente a formação de expectativas razoáveis (portanto, não constituídas com base em ilegalidades ou sobre privilégios injustificadamente concedidos), podem existir variações significativas e essa diferenciação é um factor da maior relevância no peso das expectativas dos particulares.

Num alinhamento em que se detecta um reforço progressivo da consistência das expectativas dos particulares, podemos ter:

(i) posições de vantagem individual que os poderes públicos simplesmente desconheciam;

(ii) posições criadas sem verdadeira consciência do alcance da decisão por parte dos seus responsáveis;

(iii) situações que, embora conhecidas, foram sendo simplesmente toleradas, eventualmente por inércia ou por omissão dos poderes públicos responsáveis;

(iv) situações criadas com a intenção pública ou com finalidade objectiva de continuidade e de estabilidade; e, finalmente,

(v) as expectativas dos particulares podem ter sido estimuladas ou alimentadas pelo próprio Estado que, por exemplo, tenha criado regimes de incentivos ou convidado os particulares a orientarem o seu comportamento na perspectiva de formação de situação vantajosa e estável no futuro.

3.1.3. *Existência de um investimento de confiança por parte dos particulares*

a) A força de resistência das expectativas dos particulares depende também da reacção que um determinado enquadramento jurídico ou situação de relacionamento com o Estado provocou ou era objectivamente susceptível de ter provocado.

Com efeito, uma coisa é uma expectativa se desenvolver ou uma posição jurídica resultar com base na produção objectiva de efeitos das normas em vigor ou das decisões dos poderes públicos, sem que o particular seja chamado a participar ou a tomar qualquer decisão que inflicta ou modifique o que seria o seu comportamento normal, e, situação bem diversa, é aquela em que, reagindo a uma decisão ou estímulo públicos, o particular modifica os seus planos de vida ou toma decisões marcantes para o seu futuro em função do que lhe está a ser *dito* ou *prometido* pelo Estado, fazendo aquilo a que se costuma chamar um *investimento de confiança* (na *palavra* do Estado).

Por sua vez, esse *investimento* tanto se pode expressar através de uma mudança de comportamento, de uma opção traduzida em actos, mas também pode resultar de uma omissão, por exemplo, a simples continuação na situação em que se encontrava porque acreditou nas vantagens que, no futuro, resultariam das *promessas* objectivamente deduzidas do regime jurídico em vigor quando, sem elas, poderia ter feito outras opções ou orientado o seu comportamento e planos de vida numa outra direcção, eventualmente, na altura, mais vantajosa.

b) Em contrapartida, o *investimento de confiança* não vale por si mesmo, independentemente do contexto em que é realizado. Naturalmente, como atrás se referiu, ele deve ser mais relevado quando foi a resposta dos particulares a um estímulo ou a um convite de realização feito pelos poderes públicos; o particular não teria agido dessa forma se não tivesse havido o referido incentivo estatal.

Porém, em sentido inverso, podemos ter situações ou comportamentos criados e estimulados com o sentido referido, mas que, logo no momento da sua constituição, foram objecto de grande controvérsia, não apenas com dúvidas sobre o respectivo mérito, mas também com *promessas* de posterior revogação por parte da oposição política ao legislador da altura. Imagine-se a situação de uma lei que introduz um novo regime em contexto de grande controvérsia e contestação políticas. Então, ainda que sem prejuízo da legitimidade das expectativas dos particulares na sua continuidade, eles não podem alegar a seu favor o carácter inesperado da alteração ou da mudança de posição, uma vez que essa possibilidade era conhecida desde a origem dado o carácter controverso das alterações.

Ou seja, o investimento de confiança existiu, deve ser relevado, mas foi feito com consciência da precariedade da posição, por exclusiva conta e risco dos interessados. Se, por exemplo, um Governo abre a possibilidade jurídica de exercício privado do notariado (numa altura em que ele era exclusivamente público) e, em alguma medida, estimula ou dá condições favoráveis para o desenvolvimento privado da profissão, podemos dizer que a iniciativa de alguém que até aí desempenhava essas funções no sector público e que, por força da existência dessas condições, decide mudar o seu anterior plano de vida, abandonando a função pública e abrindo um cartório notarial privado, constitui o exemplo típico do referido *investimento de confiança.*

Se o Estado, posteriormente, através de iniciativas de desburocratização ditadas pelo que é, na sua perspectiva, o interesse público, degrada objectivamente as condições de exercício lucrativo da profissão privada —já que, por força dessa iniciativa, muitos dos actos que até aí necessitavam de intervenção notarial deixam de existir—, então os referidos particulares poderiam alegar, como prova da gravidade da correspondente frustração de expectativas, o *investimento de confiança* que haviam sido levados a realizar.

Já, porém, se o novo Governo puder alegar que, no momento de abertura da possibilidade de abertura de exercício privado da profissão, havia alertado, na altura enquanto oposição ao Governo em funções, que discordava da estratégia de privatização nas condições anunciadas e que, em caso de vitória nas próximas eleições, se orientaria sobretudo para o referido esforço de desburocratização, então, sem que o argumento do *investimento de confiança* deixe de existir —porque na realidade ele se verificou e foi estimulado pelo Estado—, perde, todavia, o *peso* que, em abstracto, aparentava ter. Neste caso, seria muito difícil invocar, com sucesso, uma frustração intolerável de expectativas quando, no próprio momento da sua pretensa formação, elas eram já relativamente precárias.

Outra coisa qualitativamente distinta é a inflexão inesperada e surpreendente do conteúdo de uma legislação estabilizada, até então consensual e pacificamente sustentada, dados esses que, por si só, justificavam objectivamente uma confiança dos particulares na respectiva continuidade. Em todo o caso, mesmo aí, a natural revisibilidade das leis enfraquece estruturalmente uma confiança ilimitada na continuidade de um regime, na medida em que o particular deve estar sempre consciente da possibilidade de alteração de todo e qualquer regime jurídico por mais consensual que ele aparente ser em determinado momento.

3.1.4. *A importância da passagem do tempo na consistência das expectativas*

Terão diferente consistência expectativas solidificadas ao longo dos anos e estabilizadas por força de uma aceitação reiterada no tempo comparadas com meras esperanças de que benefícios precários, recentes ou conjunturais não venham a ser retirados.

De resto, o carácter inesperado da alteração de norma ou de comportamento que frustra as expectativas dos particulares tem directamente a ver com o tempo de vigência de um determinado regime jurídico. Uma lei que é sucessivamente alterada, revogada e reposta em vigor dificilmente sustenta expectativas com alguma consistência; já um regime de atribuição de benefícios ou de regulação de posições dos particulares que dura durante dezenas de anos, convivendo e subsistindo durante mandatos de governos com programas políticos diferentes e opostos, eventualmente mantendo-se inalterado nos seus aspectos essenciais mesmo quando a lei geral em que se insere é alterada ao longo do tempo, gera objectivamente uma interiorização reflexa de improbabilidade de revogação, justificando, da parte dos particulares, correspondentes planos de vida baseados na respectiva subsistência.

Da mesma forma, as expectativas de usufruir de um regime de pensões para o qual se contribuiu durante décadas e numa altura em que se está prestes a atingir o vencimento do benefício são dignas de uma consideração mais cuidada, por exemplo, para efeitos de criação de um regime de transição, do que as de alguém que só agora entrou no mercado de trabalho e iniciou os descontos para o sistema de pensões.

3.1.5. *O montante ou a gravidade do prejuízo sofrido com a frustração de expectativas*

Este é, naturalmente, um factor a ter em conta na avaliação do *peso* das expectativas e da respectiva frustração. Não que seja ele a determinar autonomamente a existência de inconstitucionalidade, mas porque um Estado-*pessoa de bem* tem de considerar os sacrifícios que uma sua actuação, mesmo legítima e destinada a prosseguir o interesse público, provoca na esfera dos particulares afectados.

Com efeito, uma coisa é um prejuízo insignificante, facilmente recuperável, e situação bem diferente será a de alguém que já não tem condições de adaptar os seus planos à nova realidade jurídica e a quem, por isso, a frustração de expectativas provoca danos potencialmente irreparáveis. Estes danos não têm necessariamente a ver com direito de propriedade, mas são, normalmente, patrimonialmente comensuráveis, pelo que uma absoluta inevitabilidade de prossecução do interesse público em termos que provoquem uma frustração de expectativas com um tal impacto pode ver a respectiva constitucionalidade *salva* através da correspondente compensação financeira.

No fundo, o elemento de avaliação relacionado com o montante/gravidade dos sacrifícios projecta directamente a sua relevância na dimensão de valoração/ponderação dos factores a considerar do outro lado da relação, ou seja, atinente ao *peso* da prossecução do interesse público tal como venha definido pelos poderes públicos responsáveis.

3.2. O interesse público justificador da alteração do regime

a) Apurado o *peso* relativo das expectativas dos particulares com recurso aos factores atrás indicados e outros que surjam nas circunstâncias do caso, deve esse *peso* ser tido em conta na ponderação com o interesse público que pretende justificar a alteração jurídica que motivou a quebra da confiança que os particulares depositavam na continuidade de um dado regime ou na estabilidade de uma posição jurídica.

Cabe, então, do outro lado, valorar a importância e a premência de realização desse interesse público e, aí, por razões de separação de poderes, o juiz constitucional deve reconhecer uma ampla margem de prognose e de decisão ao poder político democraticamente legitimado. Não apenas o Governo e o legislador democrático estão em posição privilegiada, tanto do ponto de vista técnico quanto de legitimidade, para proceder primariamente a essa valoração, como também, de outro lado, dificilmente o poder judicial tem condições para escrutinar fundamentadamente esse tipo de juízos de prognose e de avaliação essencialmente políticos.

Isso não pode significar, contudo, uma deferência total relativamente às escolhas e justificações do legislador, dado que isso constituiria uma abdicação do poder judicial relativamente ao exercício das suas funções, especialmente quando está em causa a afectação de direitos fundamentais dos particulares e essa afectação tem como consequência um prejuízo sério dos seus interesses.

b) Qualquer poder político justificará as medidas que toma como sendo imprescindíveis para a prossecução do interesse público, pois, de outra forma, sobretudo quando elas produzem consequências negativas graves na esfera dos particulares, não teria como as sustentar. Cabe ao poder judicial, sem pôr em causa os objectivos legítimos do legislador, verificar se a premência de realização do interesse público tem uma base real, se a fundamentação é consistente e sobretudo se, no caso, se justifica a frustração das expectativas dos particulares.

Por exemplo, em Portugal, na altura da crise, em 2013, o Governo justificou um corte substancial nas pensões dos beneficiários da Caixa Geral de Aposentações (funcionários públicos) com o fundamento de reposição da justiça relativa, já que, em seu entender, estes pensionistas beneficiavam de um regime privilegiado a que os outros reformados (do sector privado) não tinham acesso. Note-se que este corte, de 10% no montante nominal daquelas pensões, acrescia a todos os outros sacrifícios que tinham sido já impostos aos reformados em geral.

Porém, ao mesmo tempo que justificava nesses termos a restrição ao direito à pensão —isto é, tratar-se-ia de um problema de justiça relativa, de correcção de privilégios, de equalização tendencial entre sector público e privado—, logo a seguir, na mesma lei, o Governo incluía o que chamava "cláusula de reversibilidade", segundo a qual seria reposto o anterior montante da pensão quando a situação financeira do país revelasse algum alívio, ou seja, seria reposto o montante que o Governo agora *cortava* supostamente porque, de acordo com o fundamento invocado, era injusto e manifestação de privilégio[28].

Obviamente, uma fundamentação de restrição a direito fundamental que, ela própria, revela no mesmo diploma a artificialidade da justificação oficialmente apresentada, não pode ser levada a sério e, sobretudo, não pode ser aceite pelo Tribunal Constitucional como boa justificação para frustrar as expectativas dos particulares quanto a mais um *corte* numa pensão que já lhes tinha sido atribuída, estava a pagamento e, naturalmente, teria servido aos pensionistas para desenvolverem os respectivos planos de vida. Com a dita "cláusula de reversibilidade" ficava evidente que, na realidade, não se tratava de medida de justiça relativa, mas, obviamente, de uma medida justificada por um objectivo de redução do défice que, todavia, o Governo não queria admitir porque, aí, tratando-se da afectação de uma categoria já sobrecarregada com outros *cortes*, ficaria difícil justificá-la em termos de observância do princípio da igualdade.

4. Protecção da confiança, proibição do excesso e importância de disposições transitórias que procedam à *concordância prática* dos interesses em tensão

De uma forma geral, pode-se dizer que a especificidade do controlo da observância do princípio da protecção da confiança se sustenta, em última análise, na combinação de duas dimensões: o peso relativo dos interesses contrapostos (importância da prossecução do interesse público contraposta à consistência das expectativas dos particulares) e (in) viabilidade de concordância prática desses interesses.

a) Em primeiro lugar, o interesse público prosseguido pelo legislador tem de superar o peso das expectativas dos particulares na continuidade de um dado quadro legislativo ou na estabilidade de uma dada situação ou relação jurídicas e, na correspondente ponderação a que há que proceder, têm de ser tidas em conta, de um lado a legitimidade, solidez e relevância dessas expectativas e, com um sentido oposto, a

[28] Cf. Acórdão do Tribunal Constitucional nº 862/2013.

importância ou premência de realização do interesse público prosseguido pelo legislador.

Reconhecida a margem de avaliação e de prognose do legislador, dado que, como dissemos, a avaliação judicial do peso do interesse público não pode ignorar a ampla margem de conformação que deve ser reconhecida ao legislador em Estado de Direito democrático, em contrapartida, essa margem de conformação será substancialmente reduzida se em causa estiverem, do lado dos particulares, expectativas relacionadas com a salvaguarda de direitos fundamentais, caso em que o próprio legislador está constitucionalmente vinculado à respectiva observância e deve ser especialmente relevada a dimensão e gravidade do sacrifício imposto.

Há inevitavelmente, nesse último factor, uma associação do controlo de protecção da confiança a juízos relacionados com a proibição do excesso que, de resto, irrompem também no domínio da maior relevância que a seguir consideramos.

b) Em segundo lugar, e assente que seja, em termos globais, a prevalência da realização do interesse público sobre as expectativas dos particulares, ainda assim será necessário verificar se não era possível, sem pôr em causa a prossecução do interesse público, ou afectando-a apenas minimamente, proteger também as expectativas e a confiança dos particulares.

É precisamente aí que, por exemplo, a necessidade de disposições transitórias que salvaguardem as posições vindas do passado (sempre que tal não se traduza na multiplicação incomportável de diferenciações eventualmente violadoras do princípio da igualdade) ou compensações indemnizatórias atenuadoras do sacrifício imposto se podem revelar como aconselháveis ou mesmo exigíveis. Se tal for razoavelmente possível à luz de uma orientação de *concordância prática* (Hesse) entre interesses igualmente dignos de tutela e de consideração, a não observância da indispensabilidade na afectação das expectativas dos particulares determinará inconstitucionalidade por força da aplicação combinada dos princípios da proibição do excesso e da protecção da confiança.

Ou seja, com diminuição pouco significativa de realização do interesse público visado, através da emissão de disposições transitórias que salvaguardem as esferas dos particulares de bruscas alterações do quadro jurídico vigente ou através de mecanismos especiais de compensação, eventualmente traduzida em indemnização, seria possível uma concordância prática dos interesses contrapostos.

Neste sentido, quando os juízes, mormente o Tribunal Constitucional, apreciam a eventual inconstitucionalidade de lei violadora do princípio da protecção da confiança, a ponderação de valores a que procedem não deve ser independente da consideração das potenciais alternativas de que dispunha o legislador para prosseguir o interesse público. Se o fim do legislador podia ser alcançado por via menos agressiva da confiança e dos interesses dos particulares —por exemplo, através da previsão de disposições transitórias ou indemnizatórias—, então tudo aquilo que, em agressividade, vai para além desse sacrifício apto a alcançar os fins legislativos deve ser considerado inconstitucional por constituir uma afectação gratuita, desnecessária ou arbitrária da confiança que os particulares depositavam na continuidade do regime jurídico ou da situação vigente.

Há, aí, uma óbvia associação ao princípio da proibição do excesso, o que, de resto, nada tem de surpreendente pois não se pode esquecer que se trata de princípios genética e materialmente derivados do mesmo princípio geral, o princípio da dignidade da pessoa humana em que se sustenta o Estado de Direito. A estratégia de comparação de alternativas restritivas é comum, como vimos, aos dois princípios, ainda que a autonomia do princípio da protecção da confiança justificativa da sua consideração autónoma se expresse, tanto na específica ponderação a que se procede neste contexto, como na referência permanente de todos os juízos de eventual inconstitucionalidade ao parâmetro da violação das expectativas dos particulares.

BIBLIOGRAFIA SOBRE O PRINCÍPIO DA PROTECÇÃO DA CONFIANÇA

JORGE REIS NOVAIS, *As Restrições aos Direitos Fundamentais não Expressamente Autorizadas pela Constituição*, Coimbra, 2003 (3ª ed., 2021), págs. 816 e segs.

VITALINO CANAS, *O Princípio da Proibição do Excesso na Conformação e no Controlo de Atos Legislativos*, Coimbra, 2017, págs. 1123 e segs.

PAULO MOTA PINTO, "A protecção da confiança na 'jurisprudência da crise'" *in* AAVV, *O Tribunal Constitucional e a Crise*, Coimbra, 2014, págs. 135 e segs.

PEDRO MONIZ LOPES, *Princípio da Boa Fé e Decisão Administrativa*, Coimbra, 2011, págs. 256 e segs.

Capítulo VII
Reserva de Lei

1. Conceito e sentido da evolução histórica

a) Genericamente, entende-se por *reserva de lei* a delimitação do que, em Estado de Direito, deve ser considerado como reserva de normação primária por acto legislativo, constituindo, por esse facto, objecto de uma prerrogativa, mas também de uma obrigação de regulação pelo legislador.

Uma tal definição remete, imediatamente, para preocupações de separação de poderes, de diferenciação entre funções, órgãos e actos do Estado (entre parlamento e executivo, entre lei e regulamento ou acto administrativo), mas também, indirectamente, para preocupações de garantia dos direitos fundamentais, porque na delimitação daquilo que deve ficar reservado à lei entram sempre as questões mais importantes, ditas essenciais, portanto, em Estado de Direito, os direitos fundamentais.

Assim, estando intimamente associada à garantia (formal) dos direitos fundamentais e à ideia de separação e distribuição de poderes, a reserva de lei tenderá a acompanhar a evolução histórica das concepções sobre esses dois temas e a respectiva realização institucional, sendo a natureza do princípio, por isso, estruturalmente incompatível com qualquer ilusão, mesmo que oriunda do poder constituinte, de *petrificação* da configuração com que tenha sido acolhido num dado momento.

b) Historicamente, a discussão sobre a existência desta reserva só adquiriu verdadeiro sentido após o advento do Estado de Direito liberal, com a instituição de uma separação orgânico-funcional de poderes, uma vez que, até então, a concentração de poderes na pessoa do monarca absoluto privava o problema de interesse político e prático.

Já quando, após as revoluções liberais ou durante as monarquias dualistas no século XIX, se separaram organicamente as funções legislativa e executiva, passando a existir diferentes *poderes* ou *potências* e legitimidades distintas na sustentação sociológica e política de cada uma daquelas funções, a questão da reserva de lei, sendo formalmente um problema jurídico, tinha subjacente uma forte componente política respeitante à disputa e repartição de poder entre aquelas diferentes *potências*. Essencialmente, embora com diferenças particulares de país para país, ao lado de um parlamento, com legitimidade progressivamente democrática, encarregado da função legislativa, havia um monarca que nomeava um executivo que constituía a *cabeça* da administração, mas que passou progressivamente a ser obrigado a responder e a responsabilizar-se perante a assembleia parlamentar.

Então, num quadro de separação Estado/sociedade em que a burguesia ascendente, ou já socialmente dominante, lutava também pela hegemonia política e pelo controlo do aparelho estatal a partir da base que constituía a sua presença na assembleia parlamentar representativa, as ideias e institutos de *império da lei*, princípio da legalidade da administração e de reserva de lei, na altura identificada com reserva de lei parlamentar, viriam a desempenhar um papel vital na prossecução desse objectivo estratégico. De um lado, no plano político, servindo a imposição da supremacia do parlamento sobre o executivo monárquico e os restantes órgãos estatais; mas também, de outro lado, no plano jurídico, estruturando o processo de organização jurídica integral dos poderes do Estado e da sua actividade em ordem a garantir a respectiva sindicabilidade, para o que as noções de *competência* e de diferenciação hierarquizada dos actos estatais foram fundamentais.

A *lei* era o acto supremo, identificado com a ideia de justiça que resultava do facto de ser aprovada pelo órgão da *vontade geral* e possuir características (generalidade e abstracção) que, por natureza, asseguravam a separação orgânico-funcional entre criação do Direito e sua aplicação e, nesse sentido, postergavam o arbítrio e estabeleciam os pressupostos da igualdade de todos perante a lei. Protegidas, por essa via, as esferas de autonomia individual contra as intervenções arbitrárias do Estado, tudo o que, numa primeira fase, havia a garantir era que, de acordo com o princípio da legalidade, os actos da administração e do poder judicial não pudessem dispor contra a lei.

Porém, para além desta ideia de *preferência da lei*, desenvolver-se-ia uma visão mais exigente do princípio da legalidade que se traduzia na garantia que viria a ser proporcionada pela *reserva de lei*. Não bastava só que os actos da administração fossem conformes ou compatíveis com a lei, mas era também exigível que os domínios mais sensíveis da autonomia individual —no fundo, tudo o que respeitasse a liberdade e propriedade— só pudessem ser regulados por lei ou com base numa lei. Esse era o princípio da reserva de lei.

Identificada, na altura, com *reserva do Parlamento*, a reserva de lei tinha a sua *ratio* na necessária *precedência* de um consentimento dos cidadãos em tudo o que respeitasse a intervenções restritivas na liberdade individual e na propriedade privada. Ou seja, os poderes públicos só poderiam intervir nas esferas individuais precedendo o consentimento dos próprios, expresso, de forma geral e abstracta, através da lei aprovada pelos seus representantes. Assim, ainda que se admitissem intervenções excepcionais na liberdade e na propriedade dos cidadãos, pelo menos a regulação primária desses domínios deveria ficar reservada ao parlamento, donde que a administração e o poder judicial só podiam intervir restritivamente nesses domínios com autorização e habilitação legais.

Então, a reserva de lei estabelecia-se, nessas duas dimensões, com o carácter que, em grande medida, ainda hoje apresenta: de um lado, como instrumento de racionalização da estruturação e do funcionamento do Estado (sujeição de todos os actos e órgãos do Estado à lei que deveria regular as questões mais importantes); do outro, instrumento de protecção das esferas de autonomia individual (intervenções restritivas na liberdade e na propriedade só com fundamento em lei aprovada pelo órgão da *vontade geral*).

c) Naturalmente, desde o século XIX até aos nossos dias, a concepção clássica da reserva de lei *não poderia deixar de sofrer* os impactos e a pressão de adaptação motivados, de um lado, pela transformação dos fins do Estado e das relações que mantém com a sociedade, com a alteração das concepções sobre racionalização da sua estruturação e do seu funcionamento (separação dos poderes) e, de outro, pela evolução da natureza e âmbito dos direitos fundamentais e dos deveres estatais que lhes correspondem.

Em primeiro lugar, e progressivamente, o executivo perdeu ou quebrou os laços com a legitimidade monárquica e todos os poderes do Estado passaram a colher a sua legitimidade da Constituição e, directa ou indirectamente, da legitimidade democrática (o que acontecia também, mas aí desde sempre, nos presidencialismos americanos). Então, a dimensão política do problema da *reserva de lei,* no que respeita à relação entre legislador e administração, deixou de ser uma questão de repartição ou de distribuição de poder entre *potências* em competição para passar a ser essencialmente um problema de optimização e de estruturação adequada das funções do Estado e das competências dos seus órgãos. Desde logo, também aos executivos passaram a ser atribuídas competências legislativas, ou próprias ou delegadas, pelo que se, por um lado, desaparecera na reserva de lei aquela dimensão de disputa política, surge o novo problema jurídico dos critérios de delimitação do que, ainda assim, deve continuar reservado à lei aprovada pelo parlamento.

d) Em segundo lugar, passa a ser insuficiente a clássica referência às intervenções na liberdade e na propriedade enquanto critério de preenchimento do âmbito material da reserva de lei.

Por um lado, alteram-se as concepções sobre direitos fundamentais e deveres correlativos do Estado, com a desvalorização relativa do direito de propriedade, com a nova relevância atribuída aos deveres de protecção e de promoção dos direitos fundamentais, bem como à dimensão positiva dos direitos clássicos e com o surgimento de novos direitos, como os direitos sociais, os direitos de participação política ou os direitos ambientais e de nova *geração.*

Nesse sentido, desenvolve-se, naturalmente, uma tendência objectiva para um alargamento *espacial* e funcional da reserva de lei *clássica,* desde logo no sentido de que a relevância jusfundamental não se limita à garantia contra restrições, mas respeita igualmente aos deveres de protecção e de promoção dos direitos fundamentais, incluindo tanto a *administração agressiva* quanto a *administração de prestações.*

Por outro lado, a exigência de reserva de lei passa a englobar todo um conjunto de áreas ou de matérias anteriormente consideradas ora como *internas* ou *próprias* da administração, ora como domínio político do governo. Ainda que dependendo do preenchimento de critérios materiais de relevância, a reserva de lei passa a abranger a área das clássicas relações ou estatutos especiais de poder, como o da função pública, das escolas, dos hospitais, das prisões, não mais consideradas como relações puramente interiores ao aparelho do Estado, mas incluindo também o domínio das medidas organizatórias institucionais e das decisões de planeamento político.

Tudo o que redunda num movimento ou numa tendência de transformação da reserva de lei *clássica* (que respeitava exclusivamente à intervenção restritiva na liberdade e na propriedade) em *reserva total de lei* em tudo o que, directa ou indirectamente, se referisse a direitos fundamentais.

e) Porém, o sentido linear desta evolução viria, posteriormente, a ser posto em causa quando doutrina e jurisprudência desenvolveram um movimento de reacção contra os perigos nela latentes, o que equivale a dizer, contra os excessos de uma *reserva total de lei* em que a lei parlamentar acabaria por tudo absorver, com os riscos de paralisia do Estado, de *inflação* ou *torrente* legislativa e de *burocratização* e *sobrecarga* do Parlamento. A *reserva total* redundaria tendencialmente num *monismo parlamentar* negligenciador da autonomia do executivo e desconforme à moderna equiparação democrático-constitucional das diferentes funções do Estado, bem como, sobretudo, seria, na prática, incompatível com as exigências das novas funções prestadoras pelas quais são forçados a responsabilizar-se, quotidianamente, o executivo e a administração.

De resto, a anterior *desconfiança* relativamente ao executivo monárquico perdera definitivamente razão de ser. Com efeito, os novos mecanismos de formação do Governo e de responsabilização política do executivo perante o parlamento, bem como as profundas transformações no sistema de governo, com alargamento do sufrágio, racionalização dos sistemas eleitorais e intervenção decisiva dos partidos, haviam, para o que agora nos importa, produzido uma tendencial homogeneização política das duas instâncias — parlamento e executivo—, o que, por sua vez, tornava de algum modo anacrónica a concepção de uma reserva de lei inspirada e moldada à luz da originária disputa e separação/oposição política, social e jurídica entre o legislador (parlamento) democrático e a administração não democraticamente legitimada.

Ora, se a realização da autonomia individual e da dignidade da pessoa humana no Estado contemporâneo pressupõe a manutenção do essencial das garantias de liberdade oriundas do século XIX, incluindo a da reserva de lei —pois nisso consiste a continuidade do tipo histórico de Estado de Direito, ainda que na sua nova *adjectivação* social e democrática—, os institutos jurídicos em que se expressa a sua prossecução não podem deixar de ser submetidos à crítica, reavaliação e adaptação continuamente exigidos por novas formas de conceber tanto a própria liberdade, como as relações entre o Estado e os cidadãos e os equilíbrios internos ao aparelho estatal nas condições, só limitadamente antecipáveis, do novo século.

Não faria sobretudo sentido que, já no século XXI, o Estado ficasse manietado por exigências e limites nascidos para responder às circunstâncias particulares da luta política e da garantia da liberdade no século XIX, deixando, por força dessa *cristalização* de concepções, a administração impotente para responder a solicitações inadiáveis e politicamente desresponsabilizada por força dos limites que lhe seriam impostos, em muitas dessas situações de necessidade, por uma observância estrita de uma reserva total de lei.

Então, ao mesmo tempo que se consideram adquiridos os pressupostos essenciais que viram nascer o instituto, a sua conformação em concreto continua aberta à reflexão e adaptação, mantendo-se um espaço significativo de incerteza e de controvérsia sobre o preciso conteúdo das exigências normativas que decorrem do princípio da reserva de lei.

f) Mantida inquestionavelmente, em Estado de Direito, a preferência da lei relativamente aos restantes actos estaduais como primeira dimensão do *império da lei* e do princípio da legalidade, à *reserva de lei* cabe garantir a *precedência* de acto legislativo quando tal seja material ou formalmente exigível. Por último, para além dessa precedência de acto legislativo, uma dimensão mais exigente do princípio da legalidade reserva ainda certos domínios ou conteúdos —em princípio, os mais sensíveis ou importantes, designadamente os direitos fundamentais— à regulação por lei parlamentar ou com base em lei parlamentar (o sucedâneo do já referido necessário *consentimento* dos cidadãos em tudo o que mais relevantemente os afecte).

Assim, a *reserva de lei* apresenta-se hodiernamente no centro das dúvidas sobre dois temas de separação de poderes em Estado de Direito. Em primeiro lugar, remete para uma discussão sobre repartição adequada de funções num Estado de Direito democrático, sobre a determinação do que deve caber exclusiva ou primariamente à lei (acto legislativo). Em segundo lugar, trata-se de saber, dentro dos actos legislativos, particularmente no que respeita à relação entre lei parlamentar e lei aprovada pelo executivo, o que deve e em que termos ficar *reservado* à lei aprovada pelo parlamento.

2. Modelos de delimitação da reserva de lei

Na medida em que no instituto se cruzam as tendências dissonantes que resultam de uma dinâmica evolutiva das funções do Estado e das concepções sobre a realização dos direitos fundamentais, a reserva de lei acompanha a reflexão continuamente em aberto sobre o âmbito das diferentes funções e a repartição interna do poder estatal.

Não admira, nesse sentido, que muitas Constituições, avisadamente, não fixem determinações acabadas sobre o sentido preciso a conferir aos ditames da reserva de lei e essa tarefa acabe por ser o produto de um aturado labor doutrinário e jurisprudencial naturalmente sujeito à influência das circunstâncias conjunturais envolventes e acompanhando as tendências marcantes do espírito de cada época. Mesmo quando, mais temerários, os textos constitucionais proclamam uma repartição rígida de competências entre legislador e administração ou entre parlamento e executivo, a doutrina e, sobretudo, a jurisprudência constitucional são pragmaticamente *obrigadas* a corrigir ou atenuar essa ambição.

Veja-se, assim, como na Alemanha, e sem que isso fosse determinado por quaisquer mudanças sensíveis nos textos constitucionais, a concepção da reserva de lei foi evoluindo como que obedecendo a ciclos de movimento pendular que marcam a evolução contínua do instituto.

Assim se passou da reserva só da legislação tributária e penal à reserva de toda a intervenção ablativa na liberdade e na propriedade, até chegar, posteriormente, a uma *reserva total de lei*, cuja crítica redundaria, modernamente, no movimento complexo de sentido inverso, segundo a chamada *teoria da essencialidade* desenvolvida pelo Tribunal constitucional e sobre cujo afinamento conceptual —já não tanto na dimensão *negativa* de delimitação *territorial* dos espaços de legislativo e executivo, mas mais na dimensão *positiva* relativa às densidades normativa e de controlo exigíveis e admissíveis— recaem, ainda hoje, os esforços e as dúvidas mais recentes da doutrina.

Já noutras experiências, como acontece entre nós, a resposta a estas dúvidas de fixação do conteúdo normativo da reserva de lei tendem a ser buscadas no próprio texto constitucional, alimentando-se expectativas, seguramente infundadas, de que o legislador constituinte de 1976, para além daquilo que é considerado adquirido pacificamente, dispunha ainda de certezas, de informação e de experiência suficientes para saber o que, na terceira década do século XXI e nas que se lhe seguirão, deve caber à lei, deve ser necessariamente decidido pelo legislador e com que densidade e deve ser reservado à lei parlamentar.

Com variações significativas, estas acabam por ser as duas tendências que encontramos, com maior ou menor expressão, nas diferentes experiências constitucionais: a tentativa de explicitação das consequências da reserva de lei na definição e repartição de competências e funções no próprio texto constitucional ou a remissão da respectiva conformação para um labor doutrinário e, sobretudo, jurisprudencial orientados pela teoria da essencialidade.

2.1. O modelo de conformação do alcance da reserva de lei através de normas constitucionais específicas de repartição de competências

a) Enquanto que a maioria das Constituições nada diz sobre reserva de lei e grande parte contém um número limitado de disposições sobre competências legislativas do parlamento e do executivo, alguns outros textos constitucionais ensaiam a delimitação de um conjunto de matérias especificamente enumeradas como estando sujeitas a reserva de lei ou a reserva de lei parlamentar, servindo eventualmente, neste último sentido, para repartir as competências legislativas entre parlamento e executivo.

A Constituição portuguesa pode ser considerada um exemplo desta última tentativa, tendo incluído, desde logo, um elenco pormenorizado de matérias consideradas de reserva absoluta de competência legislativa da Assembleia da República, a que acrescem outras consideradas de reserva relativa, ou seja, permitindo que, no âmbito destas últimas, o Governo possa ser autorizado condicionadamente a legislar pela própria Assembleia da República. Para além disso, em sucessivas revisões constitucionais, tem vindo a ser significativamente ampliado (praticamente duplicado) o já de si extenso leque de matérias originariamente sujeitas a reserva parlamentar.

No entanto, e ao contrário do que se possa pensar, este tipo de tentativa fica longe de resolver os problemas subjacentes à problemática da reserva de lei (seja delimitação entre legislador e administração, seja entre parlamento e executivo) e, em contrapartida, suscita outras dificuldades dificilmente resolúveis e de grande relevância prática.

b) Lida e interpretada com esse sentido rígido, a Constituição portuguesa actual seria, com efeito, um bom exemplo das dificuldades geradas por uma estratégia de textualização detalhada dos contornos da reserva de lei, mas que se confronta, inevitavelmente, com a impossibilidade ou a inadequação de resolução antecipada de todos os problemas que potencialmente surgem neste domínio . Assim, apesar do esforço doutrinário na interpretação de um extenso conjunto de disposições sobre a matéria, no domínio dos direitos fundamentais e considerando o plano da relação entre legislador e administração, tudo o que se pode apurar da profusão das respectivas normas constitucionais é que:

(i) a lei restritiva de direitos, liberdades e garantias está sujeita a limites precisos (artigo 18º, nºs 2 e 3), mas sem que se refiram as possibilidades, pressupostos e limites da intervenção administrativa não legislativa neste domínio, designadamente os que respeitam às intervenções restritivas;

(ii) o Governo não pode legislar, a não ser com autorização parlamentar, sobre direitos, liberdades e garantias, sendo certo que sobre alguns direitos fundamentais só a Assembleia da República pode legislar (artigo 165º, nº 1, alínea b) e diferentes alíneas do artigo 164º e 161º), mas sem que se resolva o problema (da

possibilidade ou da ilegitimidade), até porque sobre ele nada se diz, das actuações normativas não legislativas de Governo e administração em domínio de direitos fundamentais;

(iii) os órgãos e agentes administrativos estão subordinados à lei (artigo 266º, nº 2), mas sem referências expressas ou quaisquer orientações sobre eventual possibilidade de intervenção administrativa nos casos de ausência ou insuficiência de lei e quando esses órgãos e agentes se virem confrontados, todavia, com exigências de actuação e de decisão determinadas pela vinculação directa de todas as entidades públicas, incluindo naturalmente a administração, aos direitos fundamentais; e

(iv) as medidas de polícia são as previstas na lei (artigo 272º, nº 2), mas faltando indicações sobre o respectivo grau de precisão e densificação e não havendo qualquer indicação sobre como resolver situações graves e urgentes quando não existe previsão ou enquadramento legais da situação.

Não haveria, assim, respostas constitucionais imediatas para questões como o significado e alcance precisos dessa "subordinação à lei"; sobre o tipo de acções e a margem de actuação ou decisão que as diferentes administrações podem desenvolver no domínio dos direitos fundamentais; sobre o tipo e natureza dos regulamentos aqui admissíveis; sobre o grau de densidade normativa das leis incidindo sobre direitos fundamentais e as margens de livre apreciação e decisão que a lei aí pode conferir à administração; sobre a possibilidade de intervenções restritivas não legalmente previstas da administração ou do poder judicial e os seus eventuais limites e requisitos constitucionais; sobre a medida e alcance do acesso directo à Constituição, sem mediação ou eventualmente contra o legislador, que administração e poder judicial podem desenvolver por força da previsão constitucional da sua vinculação directa aos direitos fundamentais; sobre o significado preciso da expressão constitucional "legislar sobre direitos, liberdades e garantias" para efeitos da determinação da extensão da reserva de lei parlamentar.

Esta incerteza não significa pôr em causa o património da elaboração doutrinária e jurisprudencial sobre estes temas, embora surpreenda como, mesmo actualmente e ao fim de quatro décadas de jurisprudência constitucional, o Tribunal Constitucional decida, e inovatoriamente, a cada novo acórdão, como se fosse a primeira vez que o problema da reserva de lei se coloca e que o Tribunal se vê perante a necessidade da sua resolução.

c) Por outro lado, no que se refere à relação entre competência legislativa de parlamento e governo em domínio de direitos fundamentais, a pretensa definição constitucional é ainda mais insatisfatória.

Também aí teria consequências incomportáveis uma interpretação demasiado estrita e literal da reserva de lei parlamentar em tudo o que respeite a direitos, liberdades e garantias (segundo o artigo 165º, nº 1, alínea b), da Constituição, é da exclusiva competência da Assembleia da República legislar sobre direitos, liberdades e garantias, salvo autorização ao Governo).

De facto, atendendo ao extraordinariamente extenso catálogo constitucional de *direitos, liberdades e garantias* e de *direitos análogos*, bem como, por outro lado, à profusão de legislação emitida pelo Governo no domínio da sua competência própria, pode-se dizer que são inúmeros os decretos-leis em que, directa ou indirectamente, aspectos essenciais ou marginais desses direitos fundamentais são regulados por um ou outro artigo ou disposição isolada no todo de um diploma e sem que o Governo disponha da respectiva autorização legislativa.

De resto, basta considerarmos a tendência inevitavelmente expansiva de direitos como o direito ao desenvolvimento da personalidade, a liberdade de profissão, a liberdade de iniciativa económica, o direito de propriedade ou o direito ao ambiente —todos expressa ou potencialmente integráveis no universo dos *direitos, liberdades e garantias* e dos *direitos análogos*— para se concluir que acabam por ser raros os actos normativos (decretos-leis e até regulamentos) em que, de uma ou outra forma, mais ou menos incidental e pontualmente, não se afectem aspectos ou áreas relevantes desses direitos fundamentais sem que haja qualquer autorização legislativa.

Nessa altura, para se poder defender uma interpretação literal da reserva de lei parlamentar, ou a Assembleia da República era incomportavelmente *invadida* e paralisada por uma infinidade de propostas de lei e propostas de autorização legislativa ou, em alternativa, o órgão de controlo, designadamente o Tribunal Constitucional, e é isso que por vezes acontece, para escapar a essas consequências, é obrigado a *convalidar* os actos legislativos governamentais, eventualmente impugnados por falta de autorização parlamentar, através de estratégias de *flexibilização*, como são a qualificação das disposições legislativas aprovadas pelo Governo como consistindo em mera regulamentação ou condicionamento dos direitos fundamentais, como não afectando o núcleo essencial dos direitos fundamentais ou como sendo mera concretização dos seus limites imanentes.

Não teria, por outro lado, qualquer sentido material considerar que todos os aspectos ou conteúdos respeitantes a direitos, liberdades e garantias, sejam eles essenciais ou sejam puramente marginais e sem significado relevante, devam ser regulados legislativamente pelo parlamento ou pelo governo com a necessária autorização legislativa, enquanto que já se permitiria que aspectos, mesmo que relevantíssimos, de direitos fundamentais sociais, como o direito a um mínimo para uma existência condigna, o direito à saúde, à habitação, à aposentação ou à retribuição, pudessem ser indiferentemente regulados pelo executivo, sem necessidade, sequer, de recurso a acto legislativo.

Nesse sentido, ainda que sem o teorizar de forma aberta, o Tribunal Constitucional recorre inúmeras vezes, noutras ocasiões, à distinção, dentro da matéria genericamente reservada à lei parlamentar, entre o que é ou não matéria de conteúdo essencial do direito fundamental em causa, no que poderíamos qualificar de recurso à já referida *teoria da essencialidade* desenvolvida jurisprudencialmente na Alemanha e que consideramos no ponto seguinte.

d) Embora não haja ainda a distanciação suficiente para um balanço desapaixonado do tratamento destas questões, entre nós, durante a pandemia da COVID-19, não será, porventura, prematuro concluir que este período evidenciou da forma mais eloquente os inconvenientes e insuficiências do modelo. Havendo uma previsão constitucional tão exaustiva como a que referimos, com uma experiência de aplicação deste modelo durante quatro décadas, com largas dezenas de decisões do Tribunal Constitucional sobre o tema, seria de esperar que existisse um acordo mínimo na comunidade jurídica portuguesa sobre a questão dos limites da reserva de lei por essa forma instituídos.

Porém, dos órgãos de poder político (Presidente da República, Governo, Governos regionais) ao Tribunal Constitucional, incluindo tribunais, doutrina e academia, e sem considerar toda a plêiade de controvérsias geradas em torno da declaração de sucessivos estados de emergência, portanto, considerando apenas a situação de normalidade constitucional, bastou a existência de um vazio normativo sobre o domínio específico da emergência sanitária para que a confusão, a indefinição e as contradições se tivessem instalado. A título de mera ilustração, veja-se como, no mesmo ano (2021) em que o Tribunal Constitucional, simplesmente a partir do artigo 165º, nº 1, alínea b), proclamou a existência inequívoca de uma *reserva total* de lei parlamentar sobre *direitos, liberdades e garantias*[29], o Governo criou e impôs, durante largos meses e sem censura judicial, restrições sensíveis a vários direitos fundamentais pessoais através de resoluções do Conselho de Ministros (um tipo de regulamento administrativo que não carece, sequer, de assinatura do Presidente da República).

2.2. A teoria da essencialidade

a) Numa tentativa de síntese das razões garantísticas decorrentes do princípio do Estado de Direito e das razões de legitimação próprias do princípio democrático que fundam duplamente a reserva de lei, a *teoria da essencialidade*, tal como foi inicialmente desenvolvida pelo Tribunal constitucional alemão no início dos anos setenta, tem como base de partida o reconhecimento de que as decisões essenciais nos âmbitos normativos mais relevantes, *maxime* nos referentes à realização dos direitos fundamentais, devem ser tomadas pelo legislador democraticamente legitimado, não devendo ser deixadas ou remetidas para posterior decisão da administração.

Mais precisamente, entende-se que aquilo que é *essencial* e, em princípio, *só* o que é *essencial* —independentemente de consistir numa intervenção restritiva na liberdade e propriedade, como se pretendia na concepção *clássica*— deve ser substancialmente decidido pelo Parlamento, enquanto legislador nacional democraticamente legitimado por excelência. E ser substancialmente decidido significa, neste contexto, e

[29] Cf. Acórdão nº 474/2021.

consoante as diferentes dimensões da reserva de lei, ser primariamente regulado e suficientemente densificado através de lei.

Todavia, as dificuldades desta teoria, de resto previstas e assumidas logo na origem da sua formulação, resultam imediatamente do carácter claudicante ou da ausência de critérios constitucionais indiscutíveis para distinguir o *essencial* do *não essencial*. Quando muito, a jurisprudência constitucional avança, a título indiciário, o critério da *relevância jusfundamental*, no sentido de que essenciais são as questões principais que afectam directamente os âmbitos jusfundamentalmente protegidos e, por isso, desde logo, aquilo que, respeitando ao exercício dos direitos fundamentais, é essencial para a sua realização.

b) A *teoria da essencialidade* reflecte, assim, e relativamente à concepção tradicional da reserva de lei exclusivamente baseada no critério da intervenção na liberdade e propriedade e, implicitamente, no dever de respeito dos direitos fundamentais, um objectivo de ampliação que, de algum modo, procura compensar os défices que a construção tradicional revelava em dois domínios que assumem, no Estado de Direito dos nossos dias, uma relevância jusfundamental decisiva: o dos deveres de protecção e de promoção dos direitos fundamentais — e, logo, incluindo a administração prestacional ou assistencial—, mas também a extensão da reserva de lei aos problemas afins que surjam no âmbito das chamadas relações especiais de poder e que até então dela se consideravam excluídas.

Em contrapartida, e distanciando-se das propostas ou tendências para uma *reserva total*, a *teoria da essencialidade* significa também uma compressão do espaço da lei ou, pelo menos, um condicionamento do legislador, seja quando se distingue e releva, dentro daquilo que se situa no domínio dos direitos fundamentais e mesmo quando tem carácter restritivo, entre o que é ou não essencial, seja quando se pretendem redistribuir as imposições, que até então se dirigiam quase exclusivamente à Administração, também na direcção do legislador parlamentar sobre quem recaem, agora, aliviado que fica da regulação exaustiva das questões não essenciais, exigências cada vez mais dogmaticamente elaboradas de densificação normativa e de obrigatoriedade de regulação nos domínios *essenciais* em que se considera a sua intervenção materialmente justificada e que não devem ser abandonadas ou implicitamente remetidas para a Administração ou o Executivo.

c) Por outro lado, a indeterminação do critério do *que é essencial* permite uma maleabilidade de aplicação orientada num ou noutro sentido à luz de uma actualização tópica das razões democráticas e de Estado de Direito que justificam a reserva. Nessa sua imprecisão e simultânea abertura à evolução, a *teoria da essencialidade* da reserva de lei procura, de um lado, satisfazer os fins últimos de racionalização do funcionamento do Estado e de garantia da liberdade individual que haviam presidido ao surgimento do instituto e, de outra parte, constituir a síntese —também ela cultural e historicamente condicionada e, por isso mesmo, sujeita à crítica e à transformação— de um processo institucional e de um afinamento conceptual intrinsecamente flexíveis.

É certo que, nessa relativa indefinição, se atribui um poder eventualmente excessivo ao Tribunal Constitucional, já que, em última análise, é a esse órgão que cabe dizer o que é ou não *essencial* para este efeito, o que deve ou não ficar incluído na reserva de lei, mas as vantagens da *teoria da essencialidade* residem, precisamente, nessa sua capacidade para atender às circunstâncias relevantes da situação concreta numa avaliação em que não são as definições talhantes e abstractas, mas as questões materiais de grau e de justificação que são determinantes, no sentido de que as exigências de legitimação democrática da decisão e de selecção da forma qualificada que ela deve revestir variam, à luz daquelas razões, em função da relevância do âmbito do direito fundamental afectado e da natureza, gravidade, intensidade e extensão das intervenções restritivas nele admitidas.

d) No plano das exigências de densificação normativa das leis restritivas, são também factores desse tipo, estruturados em função do critério geral da essencialidade, que devem ser relevados para fins de graduação da densidade exigível.

Assim, serão diferentes os níveis de densidade exigidos consoante lidamos com restrição de direitos fundamentais que conferem uma protecção específica a bens precisamente delimitados ou, diversamente, direitos fundamentais potencialmente receptivos aos múltiplos condicionamentos e limitações derivados da sua necessária integração e compatibilização social com outros bens, como sejam a liberdade geral de acção ou o direito ao livre desenvolvimento da personalidade; consoante se trata da afectação de aspectos essenciais que correspondem a exigências da dignidade da pessoa humana ou, simplesmente, da restrição de faculdades marginais todavia cobertas por protecção jusfundamental; consoante está em causa uma lei que se dirige, a título principal, a restringir um direito fundamental ou, plano distinto, uma lei conformadora que, incidentalmente, contém alguns elementos restritivos; conforme uma restrição é grave e duradoura e, nesse sentido, justificadamente controversa, ou constitui não mais que uma intervenção pontual e *bagatela* pacificamente tolerada.

Por sua vez, na valoração do grau de densidade escolhido pelo legislador deverão ser ponderadas, não apenas a forma como a indeterminação normativa em apreciação afecta o direito à tutela judicial efectiva —já que uma menor densidade normativa da lei determina uma correlativa diminuição da intensidade do controlo judicial das intervenções restritivas actuadas, em consequência, pela administração—, mas também a forma como se reflecte num exercício repartido e funcionalmente adequado do poder público, na eficiência da administração ou na optimização das condições orgânicas da composição dos bens em conflito.

e) Por último, se a conclusão imediata que resulta do eventual apuramento de uma insuficiente densidade normativa é a de que a violação do dever de fixação dos critérios concretos da actuação administrativa restritiva de direitos fundamentais gera a inconstitucionalidade directa da própria lei restritiva e a inconstitucionalidade da correspondente intervenção administrativa restritiva, há, no entanto, que ter em conta que, quando se lida com restrições aos direitos fundamentais, designadamente aos direitos fundamentais sem reservas, a inibição consequente de actuação administrativa por facto da inconstitucionalidade da lei habilitante pode resultar na lesão de outros bens dignos de protecção jurídica, incluindo outros direitos fundamentais a cuja realização legislador, administração e poder judicial estão constitucionalmente vinculados.

A invalidação constitucional, por parte do juiz, de uma lei com fundamento na sua falta de densidade pode gerar um vazio ainda maior e de consequências mais gravosas para uma adequada composição dos interesses conflituantes. Só não será assim quando se admita que a Administração dispõe, então, do acesso directo às normas constitucionais, *maxime* às de direitos fundamentais, como forma de superação de um tal vazio.

Logo, a avaliação dos efeitos constitucionais da falta de densificação normativa da lei restritiva não poderá, em última análise, ser independente da resolução dessa outra questão eminente da reserva de lei que é a de saber qual a margem, se é que alguma há, de intervenção restritiva em direitos fundamentais que deve ser constitucionalmente reconhecida à administração nos casos em que, não havendo lei habilitante ou nos interstícios expressa ou implicitamente deixados por preencher pelo legislador, há, todavia, necessidade de afectar desvantajosamente um direito fundamental para fins de salvaguarda de outros bens carentes de protecção.

3. Um conteúdo normativo aberto e evolutivo do princípio da reserva de lei

A nosso ver, e se bem que devendo ter em conta as orientações que se colhem do texto constitucional, designadamente no que se refere à distribuição de competências legislativas entre parlamento e executivo, não é possível precisar o sentido concreto e fazer uma aplicação do princípio da reserva de lei sem o recurso a uma compreensão constitucionalmente adequada da teoria da essencialidade, isto é, uma compreensão que tenha em conta os dados de cada Constituição, mas que, simultaneamente, não ignore a impossibilidade objectiva de determinar o sentido de um princípio estruturante de Estado de Direito simplesmente através da *leitura* dos enunciados constitucionais. Isso é assim relativamente a qualquer outro princípio estruturante e é também assim no caso da reserva de lei.

Por sua vez, a superação das insuficiências da teoria da essencialidade passa pelo recurso à compreensão das razões que justificam a existência do princípio da reserva de lei e da reserva de parlamento nas condições do Estado de Direito dos nossos dias, para, em função dessas conclusões, determinar aquilo que, para efeito de inclusão na reserva, deve ou não ser considerado *essencial*. Ou seja, não será, normalmente, possível decidir as questões duvidosas de reserva de lei sem nos interrogarmos se as razões que justificam a existência histórica e actual do instituto são ou não invocáveis e aplicáveis no caso concreto controvertido e só a partir da resposta a essa questão será possível a fundamentação adequada da decisão de constitucionalidade num ou no outro sentido.

3.1. Razões de justificação actual da reserva de lei

a) Neste esforço de actualização do sentido do instituto, cabe, em primeiro lugar, indagar da adequação das justificações tradicionalmente invocadas para a existência de uma reserva de lei —tanto as razões de Estado de Direito como as democráticas e de separação e interdependência dos poderes— à luz das transformações institucionais entretanto verificadas no Estado democrático, para determinar qual o sentido e alcance que, no espaço de abertura delimitado pela Constituição, deve ser atribuído hodiernamente ao instituto.

As razões da existência da reserva de lei são as que, como se referiu, têm sido alinhadas, pela doutrina, numa dupla justificação. Numa primeira perspectiva dominam as preocupações garantísticas de Estado de Direito que apontariam para a exigência de reserva de lei no sentido de reserva de norma jurídica. Já numa segunda linha de fundamentação dominariam as preocupações decorrentes da importância do princípio democrático na separação dos poderes, o que, em geral, redundaria na exigência de reserva de lei no sentido de lei formal emitida pelo Parlamento.

Isto não significa que seja possível ou adequado fazer uma separação estrita dos dois tipos de razões na análise de uma situação concreta. Por exemplo, poderíamos concluir que as razões democráticas não justificavam, num dado circunstancialismo, a exigência de uma reserva de lei parlamentar, donde, concluir-se-ia, seria possível uma normação a cargo do governo, mas, em seguida, poderíamos apelar a razões desse tipo, designadamente de separação de poderes, para justificar a exigência de uma forma legislativa para a intervenção governamental em vez de uma intervenção regulamentar administrativa ou ainda, dentro dos diferentes tipos de regulamento, ser mais ou menos exigentes quanto à forma adoptada.

É que se, por exemplo, um decreto-lei está sujeito a apreciação parlamentar e a fiscalização preventiva da constitucionalidade —o que envolve a *participação* de outros órgãos, como o Presidente da República, o Tribunal Constitucional e a própria Assembleia da República no procedimento da respectiva aprovação, entrada e permanência em vigor—, tal já não acontece com um decreto regulamentar e, nesse plano de eventual *interferência* de outras entidades, menos ainda com um decreto simples ou com uma resolução do Conselho de Ministros.

b) Na argumentação de *Estado de Direito*, a importância da reserva de lei centra-se na segurança jurídica que, para os cidadãos, resulta de uma separação clara entre as funções de criação e de aplicação do Direito, entre a existência de norma e a sua aplicação. De um lado, os direitos e deveres dos particulares ficam precisamente delimitados na medida em que as possibilidades, modalidades e limites das intervenções estatais concretas que os afectem sejam prévia e suficientemente determinados em norma com carácter geral e abstracto e sentido de permanência e, em princípio, por um órgão que não se encarrega, ele próprio, da respectiva aplicação.

Da generalidade e abstracção presentes no momento de criação da lei e da sua separação funcional do momento ulterior da respectiva aplicação resultam por si só, para os cidadãos, uma previsibilidade e calculabilidade da actuação administrativa que lhes permite programar, em confiança, os próprios planos de vida, para além de que a distância e imparcialidade implicadas na previsão geral, abstracta e devidamente publicitada das eventuais intervenções restritivas e a determinabilidade normativa dos seus pressupostos são as melhores formas de assegurar a igualdade de tratamento dos cidadãos perante a lei, com exclusão do arbítrio, prevenção do abuso e da discriminação e inibição da eventual tendência de os órgãos e agentes administrativos, no seu relacionamento quotidiano com os administrados, privilegiarem os poderes fácticos mais influentes.

Por último, a prévia fixação dos critérios a que deve obedecer a futura acção administrativa é condição necessária da tutela efectiva e constitucionalmente adequada dos direitos dos cidadãos, já que, fornecendo ao poder judicial os necessários parâmetros de controlo da actuação administrativa, permite uma tutela jurisdicional plena e conforme aos limites funcionais de cada um dos poderes.

Como este tipo de argumentos se baseia, essencialmente, nas virtualidades estruturais da regulação normativa geral e abstracta, então, em princípio, e garantida que esteja a sujeição da administração executiva aos respectivos comandos, a respectiva justificação é independente de qual seja o órgão nacional donde emane a norma geral e é indiferente à forma do acto normativo, tanto mais quanto se desvaneceram, ao longo do século XX, as ilusões próprias do optimismo oitocentista sobre a pretensa racionalidade e justiça inerentes à lei emanada do Parlamento enquanto órgão da vontade geral. No entanto, essas variáveis —órgão competente e forma revestida— serão necessariamente consideradas no plano das razões democráticas e de separação de poderes a seguir analisadas.

No fundo, reserva de lei identificar-se-ia, com base nas justificações de Estado de Direito, com reserva de acto legislativo (ou normativo), no sentido de que qualquer acto normativo geral e abstracto aprovado pelo órgão competente asseguraria as garantias de Estado de Direito que se visam prosseguir nesta dimensão da reserva de lei.

Diga-se, no entanto, que, sendo a determinabilidade normativa um elemento essencial das garantias de Estado de Direito proporcionadas pela reserva de lei, está subjacente ao instituto uma dimensão competencial que se traduz em saber, em função da densidade da regulação, a quem é atribuída a última decisão sobre a afectação do direito fundamental: ou ao legislador, quando a lei restritiva está suficientemente determinada —o que, no caso, equivale *grosso modo* a dizer que ela cabe aos órgãos nacionais democraticamente legitimados—, ou se essa palavra decisiva vai caber, afinal, à Administração ou ao poder judicial, o que se verifica quando a densidade exigível se rarefaz e têm que ser, no fundo, estes órgãos a decidir os problemas de aplicação e de concretização que lhes são colocados.

c) É sobretudo nos argumentos *democráticos* (combinados e integrados com as razões de separação e interdependência dos poderes) que a dimensão competencial cobra pleno desenvolvimento, assumindo, aí, a reserva de lei parlamentar o papel de *protagonista principal*. A ideia justificativa é a de que há decisões tão essenciais para a vida da comunidade que devem ser tomadas pela instituição representativa de todos os cidadãos. Entre essas decisões contam-se imediatamente, qualquer que seja a fundamentação apresentada, as que respeitam à realização dos direitos fundamentais, mormente as suas restrições, na medida em que a excepcionalidade da sua ocorrência e a gravidade dos seus efeitos exija a participação decisiva dos representantes dos próprios interessados.

Assim, os argumentos de Estado de Direito, que apontavam para a necessidade da predeterminação normativa e com suficiente densidade da actuação administrativa, são agora orgânica e competencialmente orientados no sentido de que essa regulação seja feita sob a forma de lei aprovada pelo parlamento. Por sua vez, nesta exigência de natureza aparentemente só formal confluem argumentos de fundo relacionados, de um lado, com a legitimação democrática reforçada das decisões do Parlamento e, de outro, com a habilitação funcional qualificada que é conferida a essas decisões pelas características especiais do processo legislativo parlamentar.

De facto, qualquer que seja a avaliação que se faça da hodierna capacidade de prestação da instituição parlamentar e por mais crítica que seja a percepção pública do trabalho e papel dos deputados, a legitimidade democrática reforçada da lei aprovada pelo parlamento é um dado do Estado de Direito dos nossos dias.

Por exemplo, no caso português, a definição constitucional da Assembleia da República como assembleia representativa de todos os cidadãos, a extrema sensibilidade revelada pelo poder constituinte na regulação do sistema eleitoral e na sua eventual alteração, a garantia do sufrágio directo e universal, bem como a atribuição de uma primazia e supremacia legislativas à Assembleia da República são factores e indícios reveladores de uma indiscutível superior legitimação democrática da legislação produzida pela Assembleia da República relativamente aos restantes actos legislativos e normativos.

Assim, faz todo o sentido que em Estado de Direito democrático, não apenas a função de direcção política, como, também, a hetero e predeterminação da actividade administrativa no que respeita aos domínios mais sensíveis ou relevantes para a comunidade, *maxime* a que afecta a realização dos direitos fundamentais, se faça privilegiadamente através de decisões oriundas dos representantes directamente escolhidos para esse efeito.

Mas, para além do factor legitimidade democrática, a favor da reserva de lei parlamentar são justificadamente aduzidos, ainda, argumentos relacionados com a qualidade intrínseca do processo legislativo parlamentar, combinando-se, aí, razões que respeitam à sua maior aptidão para produzir resultados racionais e para produzir decisões que garantam integração e consensualização política e social.

Com efeito, para além das possibilidades de intervenção previstas para o Presidente da República quanto à promulgação, veto e possibilidade de fazer intervir o Tribunal Constitucional em fiscalização preventiva, o processo legislativo parlamentar garante ainda o conhecimento público da lei em preparação, com participação das oposições e da opinião pública na discussão das questões politicamente controversas antes da tomada de decisão, com consideração e ponderação, por vezes, reflectida na lei, dos diferentes pontos de vista e interesses sociais em confronto, a que acrescem as vantagens que advêm da transparência do processo quando comparado com a relativa opacidade que antecede as decisões legislativas do Governo.

d) Ora, sendo estas, genericamente, as razões que levaram o legislador constitucional a consagrar a competência legislativa reservada da assembleia parlamentar em matéria de direitos fundamentais e que subjazem à dedução da vigência de uma reserva de lei neste domínio, importa apurar em que medida elas permanecem, hoje, tão incondicionalmente válidas que justifiquem uma compreensão praticamente consensual do alcance actual do instituto nos moldes acima assinalados.

É que, como se verá, se no essencial o instituto da reserva de lei continua a cumprir os fins de garantia da liberdade individual e de repartição racional e funcionalmente adequada dos poderes do Estado que estiveram na sua origem, muitas daquelas razões, quando aduzidas em favor de um *monismo* parlamentar ou da lei em sentido formal, ou perderam o peso que apresentavam originariamente ou mantêm uma validade substancialmente condicionada.

Assim, quanto aos argumentos de *Estado de Direito*, pode dizer-se que eles são tão igualmente válidos, hoje, para a legislação emanada do Parlamento quanto para a aprovada pelo Governo. Tanto quanto a reserva de lei parlamentar, também a reserva de acto legislativo ou, até, a reserva de norma jurídica asseguram igualmente os fins garantísticos do instituto. Com efeito, não é pelo facto de a predeterminação da actuação administrativa estar contida numa lei, num decreto-lei ou num decreto regulamentar que os fins de segurança jurídica, calculabilidade, previsibilidade e controlabilidade são diferenciadamente garantidos (ainda assim, com as diferenças, note-se, da impossibilidade de fiscalização preventiva da constitucionalidade no que se refere aos decretos regulamentares e da impossibilidade da sua apreciação parlamentar para efeitos de cessação de vigência ou de alteração). Como se disse, as garantias de Estado de Direito proporcionadas pela reserva de lei são, em princípio, independentes da natureza do órgão regulador, dependendo antes da separação entre quem cria e quem aplica o Direito, da generalidade, abstracção e sentido de permanência da regulação, da sua densidade normativa e da distanciação garantida relativamente à decisão do caso concreto.

Logo, se a necessidade de norma jurídica suficientemente densa e pré-determinadora, sobretudo das intervenções restritivas da Administração, continua a fazer todo o sentido enquanto dimensão ineliminável do Estado de Direito, já os argumentos garantísticos que pressupunham uma identificação entre esse requisito e a necessidade de aprovação de lei parlamentar ou, até mesmo, de acto legislativo, por si só não colhem.

Por outro lado, não estando em causa a preferência de lei relativamente às chamadas fontes normativas secundárias, a avaliação crítica das razões de Estado de Direito justificadoras da reserva de lei servir-nos-á, em conformidade, como critério de decisão das situações *difíceis* em que a eventual ausência de lei pré-determinante da resolução de um caso concreto —seja por facto de omissão indevida do legislador, seja por impossibilidade objectiva de regulação com densidade suficiente para permitir uma decisão subsuntiva— obriga o intérprete/operador a confrontar essas razões com outras imposições de natureza igualmente constitucional que conduzem à imperatividade ou conveniência da actuação administrativa mesmo na ausência da predeterminação normativa.

Essa desvalorização relativa da associação dos argumentos de *Estado de Direito* à reserva de lei, partilhada, em diferentes latitudes, por sectores importantes da doutrina, não pode, no entanto, conduzir a generalizações abusivas. Ela vale, sobretudo, como fundamento de redistribuição da *sobrecarga* que uma concepção demasiado *fundamentalista* da reserva de lei fazia impender sobre o Parlamento — redistribuição tanto mais oportuna quando, como acontece entre nós, a Constituição atribui ao Governo poderes legislativos próprios.

Porém, nomeadamente no domínio dos direitos fundamentais, aquela relativa indiferenciação não pode servir para justificar uma *deslocalização* da competência legislativa dos órgãos de soberania para as administrações regional, autárquica ou até não territorial como, por exemplo, a universitária.

Sem prejuízo da necessidade de ponderar as exigências *clássicas* da reserva de lei com os princípios constitucionais da autonomia destas outras instâncias, há que ter em conta que o domínio dos direitos fundamentais está constitucionalmente impregnado pelas exigências inderrogáveis da universalidade e da igualdade, pelo que, com a ressalva da flexibilidade exigida por um entendimento material destes princípios, qualquer excepção ao princípio da regulação nacional e tendencialmente uniforme dos direitos fundamentais dos cidadãos, *maxime* a sua restrição e, por maioria de razão, a restrição não constitucionalmente prevista, não será, em princípio, admissível.

Em qualquer caso, as razões de Estado de Direito não permitem fundar, suficientemente, a reserva de lei em sentido formal, pelo que uma justificação constitucionalmente adequada do instituto, mormente das suas fronteiras mais difusamente estabelecidas, terá de ser procurada nos argumentos *democráticos*, de natureza competencial e de separação de poderes, cabendo aqui distinguir entre as questões de legitimidade e os argumentos relativos à *superioridade* qualitativa do processo legislativo parlamentar.

e) Quanto à legitimidade, pode-se dizer que foi esse o plano em que as transformações estruturais do Estado foram mais profundas, ainda que nem sempre devidamente traduzidas quanto aos seus reflexos numa compreensão constitucionalmente adequada da reserva de lei. Uma vez que a reserva de lei *liberal* nascera, no século XIX, da tensão entre o Parlamento *democrático* e o Executivo *monárquico* e, nessa medida, reflectia, para lá das exigências de Estado de Direito relativas à garantia das liberdades, um confronto de legitimidades com natureza distinta, é natural que a passagem do dualismo típico da monarquia limitada ao monismo que resulta da sujeição e responsabilização política do Governo perante o Parlamento (ou da legitimidade que advém da sua eleição directa nos sistemas presidenciais) altere decisivamente os dados da justificação tradicional do instituto da reserva de lei.

De facto, não é mais possível justificar a reserva de lei, designadamente a reserva de lei parlamentar, com base na superior legitimidade democrática do parlamento e na necessidade de lhe subalternizar a actuação de um executivo outrora alinhado segundo o princípio monárquico. Hoje, em termos jurídicos, são igualmente democráticas as legitimidades do parlamento e do executivo, porque, como todo o poder vem da soberania popular e da Constituição, há uma equiparação jurídico-constitucional de todas as funções estatais, como é próprio de um Estado de Direito democrático com separação de poderes e onde todos os órgãos do Estado são, em última análise, institucional e funcionalmente legitimados de forma democrática.

Mas, se isto é assim em termos puramente jurídicos, pode-se dizer que, no plano político, o Parlamento conserva a legitimação qualificada que lhe advém da eleição directa quando comparada, mas só no caso de sistemas parlamentares ou semipresidenciais, com o estado de *menoridade* institucional em que o executivo se vê colocado por força do regime constitucional da sua formação, dos limites políticos da sua subsistência institucional e da sujeição ao *indirizzo* político que resulta dos mecanismos da responsabilidade política e da exclusividade de aprovação parlamentar das leis orçamentais e de planeamento. Porém, muitas vezes esta *superioridade* é mais aparente que real, mais formal que substancial, o que, quando nos situamos no terreno das vantagens políticas, não deve deixar de ser tido em conta no momento de se extrapolar para as justificações da reserva de lei.

Com efeito, quanto à diferenciação de legitimidades por força da eleição directa ou indirecta de uns e outros, ela nem sempre ocorre. Basta considerar, para tal concluir, os regimes democráticos de matriz presidencialista. Mas, mesmo no que se refere aos sistemas de governo democráticos de matriz parlamentar ou semipresidencialista, aquela diferença é cada vez mais diluída ou mesmo inexistente. Na realidade, as eleições parlamentares (ou *legislativas*) dos dias de hoje são, sobretudo, escolhas *directas* do Governo e do Primeiro-Ministro e só *jurídica* e formalmente eleição de deputados.

Na maior parte dos casos, os eleitores desconhecem os deputados que *elegem* e exercem o seu direito de voto exclusiva ou principalmente para *escolher* um Governo (Primeiro-Ministro) ou, eventualmente, votar contra um Governo ou uma alternativa de Governo. O sentido útil do voto individual é, cada vez mais, não escolha de um *representante*, mas possibilidade —quase única— de o cidadão premiar ou sancionar um Governo ou uma política governamental. Na democracia de massas dos nossos dias, o direito de voto de cada cidadão seria um *nudum jus* se se resumisse à escolha formal de um representante no Parlamento que exercesse o seu mandato de forma livre e sem vínculos políticos ao Governo ou às oposições. É mediante a indispensabilidade da intervenção dos partidos políticos e a sua associação aos candidatos parlamentares e governos que nas eleições da democracia actual se garante o não esvaziamento daquele sentido pragmático do direito de voto.

Ora, pretender, nestas circunstâncias, que um deputado desconhecido dos eleitores (ou *muito* conhecido, mas de quem se ignoram motivações e projectos políticos e programáticos), mas que, todavia, "representa todo o país" e cujo voto pode decidir a aprovação ou a rejeição de uma lei tem mais legitimidade do que um Primeiro-Ministro ou um Presidente, cuja escolha, na realidade, mobilizou as paixões do eleitorado, é uma ficção que releva do plano puramente jurídico-formal, mas não da legitimidade política que agora apreciamos.

O mesmo se pode dizer quando se considera a subalternidade política do Governo relativamente ao Parlamento. Basta considerar, desde logo, as situações de Governo apoiados por maiorias absolutas para verificar quão formal pode ser essa *dependência* política. Na verdade, a intervenção decisiva dos partidos políticos na democracia representativa alterou radicalmente os dados do funcionamento e natureza do sistema político do século XIX. Na medida em que Parlamento e Governo são, hoje, expressão das mesmas forças políticas cujas figuras principais, em princípio, ocupam os lugares de líderes do governo ou da oposição, a linha divisória em que se traduzia o referido dualismo Parlamento/Executivo passa agora, muito mais, pela contraposição Governo/ oposição, pelo que a associação preferencial da reserva de lei à instituição parlamentar é, cada vez menos, uma justificação real de legitimidade.

Quando muito, tudo quanto se pode concluir no domínio da legitimidade democrática é que a eventual diferença de legitimação, a existir, não é uma diferença qualitativa, mas de grau. Porém, se essa diferença gradativa joga, em princípio, e numa perspectiva de análise jurídico-formal, em favor da instituição representativa e legislativa por excelência, o Parlamento, ela pode também, na prática e consoante as circunstâncias concretas, ser neutralizada ou reverter mesmo em favor do Executivo, já que, como se disse, a eleição parlamentar funciona frequentemente como *sagração* da escolha popular de um dado Governo,

Presidente ou Primeiro-Ministro e o próprio funcionamento da instituição parlamentar, sempre que há uma maioria que apoia o Governo, é, na prática, *comandado* pelo Executivo.

f) Assim, os argumentos *democráticos* de justificação da reserva de lei parlamentar reconduzem-se ao reduto que continua a conferir pleno sentido ao instituto, porque aí continua a residir uma diferença essencial entre a lei aprovada pelo Parlamento e outra normação geral e abstracta aprovada pelo Executivo, ou seja, o plano das vantagens democráticas específicas intrínsecas ao processo legislativo parlamentar.

Com efeito, a reserva de lei parlamentar justifica-se, hoje, sobretudo, pela maior força de aceitação e de integração proporcionada pelas decisões parlamentares, o que deriva da transparência, publicidade, participação e pluralismo do processo legislativo que aí se desenvolve. A possibilidade de discussão pública e aberta das leis antes da sua aprovação, designadamente estimulada pelas possibilidades de participação, acompanhamento, crítica ou denúncia por parte das diferentes oposições, são uma garantia de uma prévia reflexão aberta de todos os interesses e pontos de vista, bem como de uma busca de consenso e integração social que nenhuma outra forma legislativa proporciona.

Ainda assim, as vantagens do processo legislativo conduzido nas assembleias representativas não devem ser disfuncionalmente invocadas como pretexto para a institucionalização de um *monismo parlamentar* subversor da garantia de um âmbito nuclear do poder executivo e, consequentemente, da separação de poderes constitucionalmente instituída.

É que, por um lado, a própria responsabilidade política do executivo —um dos traços essenciais que permitiram a superação do anterior dualismo— pressupõe que ao governo seja deixado uma margem intocada de auto-responsabilização pela política que pretende levar a cabo e, por outro, a tentação para o parlamento (leia-se a confluência das oposições nas situações de governo minoritário) se substituir, através da sua pretensa omnipotência legislativa, à condução normal da política pelo Executivo rapidamente resulta em perda de *distância* e de racionalidade da lei parlamentar e de anulação das vantagens de Estado de Direito que a legislação parlamentar, em princípio, proporciona[30].

[30] Cf. J. Reis Novais, *Separação de Poderes e Limites da Competência Legislativa da Assembleia da República*, Lisboa, 1997.

g) Em todo o caso, e tendo chegado a uma precisão das justificações da reserva de lei essencialmente baseada nos ganhos de publicidade, transparência e pluralismo do processo legislativo parlamentar, para além das situações em que a Constituição expressa e inequivocamente a impõe, a reserva de lei parlamentar justificar-se-á, nas zonas duvidosas, sempre que esses ganhos, valorados em função da matéria em causa e da natureza da intervenção normativa, sobrelevarem as razões que apontem no sentido de uma normação mais rápida ou menos pluralisticamente exigente.

No que se refere especificamente aos direitos fundamentais, as razões para uma atitude dogmaticamente aberta quanto à reserva de lei são reforçadas. É que, para além da natural *abertura* das normas de direitos fundamentais, há normalmente, num primeiro patamar de regulação —o do plano constitucional—, uma inexistência de definição normativa onde os diferentes operadores jurídicos possam colher, de forma lógico-dedutiva, o sentido da resolução dos casos concretos que devem decidir. Com efeito, intencionalmente ou não, o legislador constituinte não dá solução expressa à generalidade dos possíveis conflitos ou colisões de bens constitucionais que devam, eventualmente, conduzir à cedência de direitos fundamentais, remetendo, implicitamente, para os poderes constituídos a resolução desses problemas.

Nos termos tradicionalmente aceites do princípio da reserva de lei, caberia então ao legislador parlamentar, directa ou indirectamente, antecipar as colisões de bens envolvendo direitos fundamentais e que ainda não hajam obtido integral solução constitucional e resolvê-las normativamente com uma densidade que permitisse habilitar a administração e o poder judicial à decisão, legislativamente sustentada e juridicamente limitada ou vinculada, dos correspondentes casos concretos.

Ora, se em muitas situações este procedimento pode e deve ser cumprido nestas precisas condições, há, todavia, muitas outras em que estes requisitos não foram, não podem ou não devem ser integralmente exigidos, uma vez que há sempre, para além dos casos de omissão indevida do legislador, situações de colisão não previsíveis ou, pelo menos, não antecipáveis nas específicas e irrepetíveis condições concretas em que efectivamente ocorrem, pelo que uma solução adequada dessas colisões tem ou deve ser encontrada pelos poderes constituídos que, pela sua vinculação directa aos direitos fundamentais, estão constitucionalmente obrigados a resolver a situação concreta.

É certo que, após décadas de vigência de uma Constituição, o legislador democrático vai preenchendo progressivamente as lacunas de previsão, mas, mesmo sendo esse o caso, resta sempre uma margem irredutível de incompletude que decorre do facto de a solução constitucionalmente adequada das colisões de bens que lhe dão origem dever assentar na relevância decisiva do peso relativo que apresentam as dimensões parcelares, específicas e contingentes dos bens em causa que conflituam no caso concreto.

Ora, não é pelo facto de inexistir lei restritiva, ou, pelo menos, lei restritiva com suficiente densidade aplicável à especificidade da situação, que a colisão de bens não tem de ser resolvida e, eventualmente, com restrição (cedência, compressão, ablação) de um direito fundamental. Nessa altura, o apego formalista a uma concepção rígida da reserva de lei, nos termos formulados, poderia conduzir à impossibilidade de decisão adequada do conflito ou poderia até, por omissão da protecção devida ou dos actos necessários à sua realização, acarretar a afectação inconstitucional de um bem que exigisse a compressão do direito fundamental.

Basta considerar a hipótese em que esse outro bem fosse, ele mesmo, um outro direito fundamental, para se configurar uma situação em que a Administração se veria dilacerada entre o dever de observância estrita da reserva de lei —que a inibia de desenvolver qualquer actuação— e os deveres que para a Administração resultam da sua vinculação directa aos direitos fundamentais e que, para a respectiva realização, a obrigavam a intervir restritivamente no direito fundamental aparentemente *protegido*, por defeito, pela inexistência de lei restritiva.

3.2. Reserva de lei enquanto precedência de norma jurídica

a) Numa interpretação estrita das exigências de reserva de lei no domínio dos direitos fundamentais, a doutrina dominante continua a defender a necessidade inderrogável de autorização prévia do legislador como elemento imprescindível a qualquer actuação da Administração que possa ser tida como restritiva de direitos fundamentais.

De resto, a crítica bem-sucedida que se desenvolvera a partir dos anos oitenta do século passado às doutrinas tradicionais da imanência, da interpretação restritiva da previsão normativa dos direitos fundamentais e da distinção talhante entre os conceitos de restrição e de regulamentação (condicionamento, concretização, harmonização) exigia, em contrapartida, a revalorização do instituto da reserva de lei. No fundo, as doutrinas criticadas haviam substituído a figura da *restrição* pela da *declaração* ou *revelação* dos *limites imanentes* ou *reduziam* a actuação restritiva dos poderes públicos ao que era suposto ser uma mera interpretação das normas constitucionais, pelo que, segundo essas estratégias, não havia quaisquer razões para recusar à administração aquilo que se reconhecia como sendo uma faculdade ou, até, uma obrigação funcional de qualquer operador jurídico.

Logo, a crítica aos défices de controlo caucionados por essas doutrinas envolvia, como efeito praticamente imediato, a reafirmação dos vínculos impostos pela reserva de lei e a rejeição de qualquer acesso directo da administração aos direitos fundamentais quando se tratasse de actuação restritiva.

Renovam-se, assim, em favor desta posição, os argumentos clássicos da reserva de lei, incluindo a adaptação que mereceram por parte da *teoria da essencialidade*. Com efeito, as restrições aos direitos fundamentais, quaisquer que elas sejam e exactamente porque afectam posições *fundamentais* dos cidadãos que haviam sido subtraídas à disponibilidade dos poderes públicos através da sua constitucionalização, têm uma importância que justifica a aplicação integral das exigências da reserva de lei.

De resto, os defensores da *teoria da essencialidade* indicam a *relevância jusfundamental* como indício seguro e critério de delimitação das matérias e actos sujeitos à reserva de lei. Assim, as razões de segurança jurídica, de clareza e de tutela judicial efectiva próprias do Estado de Direito, bem como as razões democráticas e as exigências de igualdade em domínios tão sensíveis como são as garantias jusfundamentais apontariam, não apenas para a conveniência, mas também para a obrigatoriedade de as decisões conducentes a restrições a direitos fundamentais serem primariamente tomadas pelo legislador democrático.

b) Sem prejuízo da concordância global com esta posição, convém, contudo, notar que ela se revela frequentemente demasiado formal ou até mesmo praticamente inaplicável. Como se disse, há sempre situações, tão mais frequentes numa época em que se acentua a rapidez e imprevisibilidade das mudanças verificada na vida quotidiana, que o legislador (ainda) não pôde ou não quis regular expressamente. Nessas alturas, a Administração vê-se obrigada a decidir, com total ou grande margem de autonomia, conflitos entre direitos fundamentais, ou entre direitos fundamentais e outros bens, cuja resolução é inadiável ou só é protelável com sacrifício desproporcional, gravoso ou irreparável de bens dignos e carentes de protecção jurídica, eventualmente os mesmos ou outros direitos fundamentais.

Por sua vez, o órgão de controlo das intervenções restritivas em direitos fundamentais que inevitavelmente surgem nesse quadro de ausência de previsão legal e que, a todo o custo, pretendesse afirmar a aplicação inflexível dos ditames da reserva de lei, ver-se-ia perante o dilema de *salvar* a inconstitucionalidade recorrendo a cláusulas de habilitação tão genéricas que tudo permitem e, portanto, na prática, em nada se distinguem de autorizações *em branco*, ou retomar as criticadas concepções de *camuflagem* da intervenção restritiva sob as vestes da pretensa identificação da actuação administrativa com mera *declaração/concretização/revelação* de limites imanentes ou com pretensa *regulamentação/conformação/condicionamento* não restritivos de direitos fundamentais. Todavia, este tipo de estratégia induz ou implica logicamente, em coerência, a análoga dispensabilidade de aplicação do controlo material próprio das restrições a direitos fundamentais a essas mesmas actuações da administração (isto é, inaplicabilidade dos controlos de proporcionalidade, de igualdade, de protecção da confiança, de garantia do conteúdo essencial). Se a intervenção administrativa não expressamente autorizada por lei era admitida através da sua não consideração como intervenção restritiva, então, nessa qualidade, se lhe faltava a *agressividade* da restrição, também não faria sentido aplicar-lhe estes últimos parâmetros *materiais*.

Acresce que, em grande parte destes casos, o legislador não pode fornecer à Administração mais critérios, orientações e parâmetros de solução do conflito que aqueles que esta pode também colher directamente na Constituição. Ou seja, estando a solução da colisão de bens essencialmente dependente das circunstâncias particulares do caso concreto e do peso relativo que aí apresentem esses bens —e são essencialmente esses factores que, no caso concreto, orientam a decisão num ou noutro sentido—, o legislador não pode, na maior parte dos casos *difíceis* e dada a extrema variabilidade das colisões possíveis, fazer mais que remeter expressa ou implicitamente a administração para ponderações que atendam à ordem constitucional de valores, ao peso relativo dos direitos fundamentais, à observância do princípio da proporcionalidade ou à necessidade de concordância prática dos bens em conflito.

Ora, se isso não significa uma autorização totalmente *em branco*, corresponde, quando muito, à enumeração de um reportório constitucional que já obrigava de qualquer modo a administração e a que o legislador nada pode acrescentar de relevante. A exigência de lei prévia redunda, nesses casos, em puro formalismo sem acréscimos de segurança jurídica, de determinabilidade normativa ou de legitimação democrática.

c) Por outro lado, na sua rigidez, uma tal posição não atribui a devida relevância aos diferentes graus e natureza que pode assumir uma intervenção restritiva, já que, sendo certo que a presença de elementos restritivos de direitos fundamentais na actuação dos poderes públicos não deve passar *impune* e isenta de controlo, as margens de que aí devem dispor o legislador, a administração e o poder judicial variam em função da intensidade da restrição e da essencialidade do bem jusfundamental afectado.

Se não há razões, nem de Estado de Direito nem democráticas ou de habilitação técnica, para reservar a competência de interpretação de uma norma constitucional, como de qualquer outra norma jurídica, exclusivamente ao legislador, já essas mesmas razões apontam claramente no sentido de atribuição ao legislador democrático de uma reserva exclusiva de determinação da eventual prevalência de um interesse público sobre um direito fundamental constitucionalmente consagrado, sobretudo quando se está perante uma situação concreta perfeitamente antecipável e corrente na vida da comunidade e em que não existem danos iminentes e gravosos que devam ser imediatamente prevenidos através de uma actuação restritiva não legalmente prevista da Administração.

d) Da nossa parte, consideramos justificar-se uma reavaliação das exigências da reserva de lei no domínio dos direitos fundamentais com base numa actualização das razões que a justificam e que, sem pôr em causa a prerrogativa e primazia da intervenção do legislador democrático, atenda à evolução constitucional do princípio da separação de poderes e, mais especificamente, à revalorização do papel do Executivo e da administração nos quadros do Estado de Direito democrático.

Há que partir de dois pressupostos basilares. Em primeiro lugar, exige-se o reconhecimento do carácter restritivo de qualquer intervenção, normativa ou de caso concreto, que afecte desvantajosamente um direito fundamental, independentemente da sua justificação, da expressa previsão constitucional ou legal ou do seu enquadramento conceptual. Em segundo lugar, deve considerar-se a *reserva de lei*, não como dogma petrificado, mas como princípio constitucional cuja activação, tanto mais quanto a Constituição não resolve expressamente, em toda a sua extensão, os pontos controvertidos, tem de ser confirmada através da actualização e adaptação das razões que deram origem ao nascimento do instituto.

Neste sentido, há toda a conveniência dogmática em distinguir claramente os dois grandes tipos de restrição a direitos fundamentais, ou seja, a restrição propriamente dita, enquanto afectação do direito fundamental traduzida na alteração geral e abstracta da sua norma de garantia (mesmo que essa alteração da norma seja prevista para durar apenas durante um tempo determinado, desde que seja um tempo significativo em termos de intensidade da restrição), e a intervenção restritiva individual, pontual e concreta que atinge o âmbito de protecção do direito fundamental, mas não altera a norma de direito fundamental em vigor.

Relativamente à restrição de carácter normativo, não há quaisquer razões para atenuar as exigências da reserva de lei. A alteração, geral e abstracta de uma norma de garantia de um direito fundamental, designadamente quando essa alteração contém elementos restritivos, é uma decisão tão essencial para a vida da comunidade que, por razões de segurança jurídica, de igualdade e de legitimidade democrática, não deve ser feita a não ser, e observados que sejam os restantes requisitos constitucionais, através de acto legislativo aprovado pelo legislador nacional.

Feita esta ressalva, há, todavia, que precisar alguns pontos. Em primeiro lugar, nada se diz, ainda, sobre a eventual repartição de competências, neste domínio, entre parlamento e executivo. Em segundo lugar, a reserva de quaisquer competências restritivas gerais e abstractas ao legislador nacional não significa que a outras entidades —Governo, assembleias regionais, autarquias locais, universidades, ordens profissionais— esteja constitucionalmente vedada qualquer intervenção normativa regulamentar no domínio dos direitos fundamentais. Simplesmente, nessa actividade regulamentar essas entidades não acedem directamente à Constituição como fundamento autónomo de habilitação, só podendo actuar as competências que lhes foram expressamente atribuídas por lei com suficiente densidade normativa.

Todavia, essa competência regulamentar não é uniforme, dependendo o seu alcance e extensão da consideração de factores de natureza material, como seja a essencialidade da matéria em causa, o dizer respeito a competências regulamentares específicas da administração expressamente previstas no texto constitucional ou se situar em domínio onde, objectivamente, mesmo tendo a lei a densidade exigível, o legislador não deve desenvolver todo o regime, em ordem a dar a devida relevância às circunstâncias particulares em que a administração vai exercer os seus poderes.

Igualmente factores de natureza formal podem condicionar a extensão da competência regulamentar da administração. Desde logo, não é indiferente o facto de a matéria sobre que incide a regulamentação ser de reserva absoluta ou de reserva relativa de competência legislativa do Parlamento. De facto, se a Constituição só para algumas matérias, também do domínio dos direitos fundamentais, instituiu um monopólio legislativo parlamentar, excluindo, em termos absolutos, a possibilidade de o Executivo legislar, não faz sentido que a administração disponha aí de qualquer competência regulamentar de efeitos equiparáveis, que vá para além da mera execução e regulação de pormenores atinentes à boa aplicação das leis.

e) Mais problemática se revela, porém, a distribuição de competências no que se refere às intervenções restritivas pontuais, individuais e concretas, não constitucional e legalmente previstas, quando levadas a cabo para solucionar colisões entre o respectivo direito fundamental afectado e outros bens dignos de protecção jurídica.

Não dispondo a administração, em Estado de Direito, de qualquer poder próprio, expresso ou implícito, para proceder à limitação dos direitos fundamentais em ordem a promover a sua articulação ou harmonização com outros bens dignos de protecção jurídica, qualquer intervenção restritiva em direitos fundamentais deve, por princípio, estar legalmente autorizada e regulada. No entanto, este princípio deve ceder quando, na ausência de norma habilitante ou com suficiente densidade normativa, a Administração se vê a braços com a necessidade imperiosa de uma promoção de bens dignos de protecção que envolva, ou como efeito necessário ou como sendo conveniente para uma adequada composição dos bens ou interesses em colisão, uma afectação desvantajosa de um direito fundamental.

f) É essa, desde logo, a situação de necessidade ou urgência administrativas, em que uma absoluta e impreterível necessidade de protecção de outros bens jurídicos, que podem ser outros direitos fundamentais do mesmo ou de outros titulares, não se compadece com a espera de uma habilitação legal ou com a remissão do problema para a esfera normativa do legislador.

Aí, a intervenção restritiva justifica-se por si, posto que se encontrem preenchidos três requisitos:

(i) o de que, pela gravidade, actualidade e relevância dos danos que se pretendem evitar, o bem prosseguido com a intervenção restritiva apresente, no caso, um valor manifestamente superior ao bem jusfundamentalmente protegido, considerando benefícios e sacrifícios marginais em causa;

(ii) o de que a ponderação em causa não tenha um sentido de decisão de tal forma controvertido —por envolver concepções referentes aos domínios sensíveis da dignidade da pessoa humana, às convicções éticas mais relevantes, à forma de conceber a integração fundamental do indivíduo na sociedade ou à compatibilização essencial dos interesses individuais e comunitários— que só deva ser decidido pelo legislador democrático e segundo o processo de discussão participada e pluralista que lhe é conferido pela aprovação parlamentar;

(iii) o de que a ausência de norma habilitante ou a sua insuficiente densidade normativa não tivessem resultado de uma intenção deliberada do legislador destinada, precisamente, a garantir o direito fundamental contra eventuais intervenções restritivas da administração.

g) Para além disso, a necessidade de flexibilização da obrigatoriedade de previsão normativa também se verifica quando a inibição de actuação administrativa restritiva de direitos fundamentais —determinada, em princípio, pela ausência de norma habilitante— produza efeitos negativos sensíveis na necessária protecção e promoção de outros bens jurídicos, sem que, tendo em conta a natureza especial da intervenção restritiva, haja razões de Estado de Direito e democráticas relacionadas com as exigências da reserva de lei que devam prevalecer sobre a prevenção ou remoção de tais efeitos negativos.

Também aqui a reserva de lei não deve ser aplicada com uma rigidez excessiva, como se a impossibilidade objectiva de o legislador prever todas as situações de colisão ou a omissão indevida dessa previsão legislativa devessem jogar invariavelmente em desfavor dos bens que colidem com os direitos fundamentais assim reflexamente protegidos por defeito, bens esses que, como se viu, podem até ser os mesmos ou outros direitos fundamentais.

Há inúmeras situações em que essa consequência seria absurda ou totalmente injustificada à luz das razões substanciais que fundamentam as exigências de reserva de lei:

(i) é assim quando a intervenção restritiva, ainda que não legalmente prevista, tem um carácter de necessidade tão óbvia e pacífica que se pode inferir, com segurança, que o legislador teria habilitado a administração a intervir com o sentido e alcance restritivos com que esta o faz, caso tivesse previsto ou podido prever a ocorrência da colisão que se procura resolver;

(ii) são essas também as hipóteses de intervenções que resultam em *bagatelas* de natureza, é certo, restritiva, mas perfeitamente toleráveis e pacificamente aceites no quadro da vida social dos nossos dias;

(iii) as situações em que os efeitos negativos da intervenção se projectam, apenas, sobre aspectos marginais do âmbito de protecção do direito fundamental ou afectam direitos fundamentais, como o direito ao desenvolvimento da personalidade, o direito de propriedade, a liberdade de profissão ou a liberdade de iniciativa económica privada que, pela natureza da sua dimensão de necessária e permanente *interacção social*, estão intrinseca-

mente sujeitos a uma multiplicidade de compressões inevitáveis resultantes das exigências da sua compatibilização com outros bens;

(iv) é também essa a situação em que a administração, por força da sua vinculação directa aos direitos fundamentais, se vê a braços com a necessidade de intervir restritivamente num direito fundamental para efeitos de protecção de um outro direito fundamental afectado pelo exercício daquele outro. Pode, com efeito, acontecer que a inibição de actuação restritiva administrativa num direito fundamental por ausência de habilitação legal resulte directamente em violação de um outro direito fundamental que careça da devida protecção estatal. A ausência de previsão legal de uma colisão com esta natureza coloca objectivamente a Administração perante o dilema de, para observar o dever de omissão relativamente a um direito fundamental, se ver forçada a violar o dever de acção (dever de protecção ou de prestação) relativamente a um outro. Necessário será, porém, poder demonstrar que a não actuação se traduziria em violação do direito que necessitava de protecção. A intervenção, aqui, do princípio da proibição do défice[31] pode revelar-se iluminante: uma coisa é uma falta de protecção afectar o direito fundamental que dela beneficiaria, outra coisa é essa falta determinar, pura e simplesmente, a violação desse direito.

h) Nestes casos, as garantias de reserva de lei próprias de Estado de Direito, que, em princípio, justificariam a inibição de intervenções restritivas não legalmente previstas, são objectivamente neutralizadas ou, pelo menos, substancialmente diminuídas, por força de razões de Estado de Direito actuando num sentido contrário e que se fundam juridicamente num direito subjectivo —quando, sobretudo, a discricionaridade de escolha ou de decisão administrativa está *reduzida a zero* e há uma única e determinada medida que pode e deve ser tomada para assegurar um mínimo exigido pelo princípio da proibição do défice— ou que decorrem imperativamente da dimensão objectiva do direito fundamental carente de protecção.

[31] Cf. *supra*, cap. V.

Esta atenuação das exigências clássicas da reserva de lei é ainda mais premente quando a omissão legislativa não resulta de uma deliberada intenção distributiva de ónus por parte do legislador, mas é apenas o resultado de um atraso estrutural do Direito face à velocidade de surgimento de novas realidades, perigos e ameaças, atraso esse que, sendo natural e cada vez mais frequente, não deve *jogar*, por defeito, em desfavor dos direitos *ameaçados*. No nosso caso, a retirada das correspondentes ilações deste fenómeno no domínio da reserva de lei justifica-se tanto mais quanto os particulares não têm possibilidade de acesso directo ao Tribunal Constitucional para protecção dos seus direitos fundamentais afectados pela omissão do legislador[32].

i) É assim, por último, naqueles casos em que, apesar de possuir elementos restritivos, a actuação administrativa se baseia numa interpretação, não mediada pelo legislador, que o aplicador faz da norma constitucional de garantia do direito fundamental e que carece objectivamente de ser feita para resolver um determinado caso concreto ou nas situações em que o aplicador se limita a concretizar limites gerais *imanentes* ao exercício dos direitos fundamentais.

Como vimos noutro local[33], tal como acontece relativamente a qualquer norma jurídica, também relativamente às normas de direitos fundamentais o labor de interpretação jurídica para determinar o que está ou não abrangido no seu âmbito de protecção deve ser acessível a qualquer operador, incluindo a administração, como não pode deixar de ser até por força da sua vinculação directa aos direitos fundamentais.

Assim, se, na ausência de mediação legal e como condição necessária para resolver um determinado caso concreto, a administração chega à conclusão, com base na interpretação que faz directamente da norma constitucional de garantia, que determinados comportamento, posição ou situação não estão compreendidos no âmbito de protecção jusfundamental e, nesse pressuposto, intervém restritivamente para salvaguardar outros bens dignos de protecção, mormente outros direitos fundamen-

[32] Cf. o nosso *Sistema Português de Fiscalização da Constitucionalidade*, 3ª ed., Lisboa, 2021, págs. 166 e segs.

[33] Cf. *As Restrições aos Direitos Fundamentais não Expressamente Autorizadas pela Constituição*, cit., págs. 396 e segs; *Limites dos Direitos Fundamentais*, cit., págs. 214 e segs.

tais, não há, em princípio violação da reserva de lei por facto de intervenção não legalmente prevista em direitos fundamentais.

De facto, encontramo-nos aí, metodologicamente, numa fase prévia à intervenção dos limites, ou seja, a fase de delimitação do âmbito jusfundamentalmente protegido, onde, porque se trata de um momento de interpretação jurídica da norma constitucional de garantia do direito fundamental, todos os operadores jurídicos, na ausência de definição anteriormente estabelecida pelas instâncias superiores, se devem considerar habilitados a *interpretar*. Há, porém, de acordo com a concepção *restritiva mitigada* ou *ampliativa mitigada* da previsão normativa dos direitos fundamentais, que defendemos, que distinguir entre a situação em que a delimitação é feita com base naquilo que está evidentemente incluído ou excluído da protecção e os chamados *casos difíceis*.

Naquela primeira situação ou momento, quando, para além das exclusões expressamente previstas, se excluem da protecção de direito fundamental os comportamentos que constituem ilícito criminal em sentido jurídico-material ou constituem comportamentos tão socialmente danosos que são incompatíveis com a vida em sociedade, não há, sequer, verdadeiro *caso* de direitos fundamentais.

Se a Segurança Social recusa a inscrição a indivíduos que declaram exercer a *profissão* de contrabandista ou de traficante de drogas ilícitas ou a Polícia impede a livre circulação de dois indivíduos que se preparam para fazer uma *competição* automobilística informal na Ponte Vasco da Gama a mais de 200 Km/hora, não há, em rigor, intervenção restritiva no direito ao exercício da profissão ou à liberdade de circulação porque aqueles comportamentos não estão, com toda a evidência, incluídos no âmbito de protecção dos respectivos direitos fundamentais ou, mesmo considerando-se abrangidos pelo âmbito de protecção do direito ao desenvolvimento da personalidade, são obviamente comprimíveis naquelas circunstâncias.

Mas, como se disse atrás, uma conclusão desta natureza só é admissível quando seja possível demonstrar racionalmente e de forma intersubjectivamente verificável que:

(i) o comportamento em causa está tão óbvia, evidente e reconhecidamente excluído da protecção de direito fundamental que o legislador constitucional se dispensou de prever especificamente a possibilidade da sua proibição; que, por isso,

(ii) qualquer operador jurídico deve poder, sem necessidade de qualquer justificação material suplementar, aceder, directa e independentemente de autorização legal prévia ou, ainda menos, de lei parlamentar, à concretização da sua proibição ou afectação; e que, consequentemente,

(iii) fica dispensado, por não aplicável, qualquer controlo próprio da protecção aos direitos fundamentais que incida sobre a medida, alcance e efeitos de tal actuação restritiva.

Já no momento interpretativo em que a delimitação do âmbito de protecção de um direito fundamental se debate com casos duvidosos, os chamados *candidatos neutrais* à inclusão ou exclusão na previsão normativa do direito fundamental, é certo que, por se tratar de interpretação jurídica, tanto legislador, administração como tribunais têm, cada um a seu modo, acesso directo à Constituição para efeitos de concretização dos direitos fundamentais, mas, no entendimento que perfilhamos, a eles incumbe demonstrar por que razão uma determinada categoria ou modalidade de exercício que, à partida, mantinha afinidades com a previsão normativa de direito fundamental foi excluída. Ou seja, temos já um verdadeiro caso de direitos fundamentais.

Todavia, o controlo deve, aí, incidir sobre as razões substanciais da *inclusão/exclusão*, seja actuada pelo legislador ou pela Administração, e não sobre razões formais respeitantes à reserva de lei. Assim, mesmo na hipotética ausência de lei interpretativa do sentido da exclusão da inviolabilidade de domicílio aquando de "flagrante delito" e "em casos de criminalidade especialmente violenta" prevista no artigo 34º da Constituição portuguesa, a polícia *pode*, com base na interpretação que faz da norma constitucional, entrar sem mandado judicial, à noite, num domicílio onde supõe verificar-se uma agressão grave, mas a ela incumbe demonstrar que, dessa forma e nas circunstâncias concretas, não violou a garantia fundamental.

j) Embora, em rigor, dogmaticamente enquadrável noutro momento e com diversa natureza —não já o momento da interpretação jurídica da norma constitucional, mas o da concretização de uma limitação geral imanente ou de actuação de uma restrição implícita aos direitos fundamentais—, deve, em nosso entender, aplicar-se o mesmo regime competencial às situações de *abuso de direito*, ou seja, aquelas situações em que independentemente ou acrescendo à lesão de outros valores dignos de protecção, um determinado exercício concreto de direito fundamental se revela como "exercício malicioso", de fraude à lei ou de aproveitamento *mal* intencionado do enunciado normativo de garantia jusfundamental para obter utilidades ou ganhos diversos dos que se contêm no seu exercício *natural* e que são nocivos para outros interesses ou direitos carentes de protecção, pelo que também aí, e independentemente de previsão legal, os diferentes operadores devem ter acesso directo à Constituição para intervirem restritivamente no comportamento abusivo.

Da própria natureza do instituto do abuso de direito decorre, por definição, que o legislador só pode, muito limitadamente e de forma abstracta, prevenir tipificadamente os comportamentos abusivos que já se verificaram ou que são antecipáveis, mas não pode esgotar o manancial de comportamentos abusivos exploráveis pela imaginação humana, pelo que, em qualquer dos casos, o essencial da avaliação e decisão do caso concreto acaba sempre por ser, mesmo havendo previsão legal, da responsabilidade da administração.

Mas, tal como acontecia na situação anteriormente abordada, também na situação de abuso de direito, e desde que o comportamento abusivo em causa não seja de tal forma evidentemente incompatível com os requisitos mínimos da vida comunitária que justifique a sua exclusão liminar de qualquer protecção jusfundamental, o ónus da demonstração da incompatibilidade constitucional de um tal exercício de direito fundamental cabe ao autor da acção que previne o abuso e que remete o abusador para os limites admissíveis do seu direito.

k) Em qualquer das diversas situações atrás mencionadas, não existe, à partida, uma posição individual jusfundamental que deva ser respeitada ou, nas circunstâncias em que ocorre, ela é tão débil ou enfraquecida que se desvanecem as razões garantísticas de Estado de Direito, nomeadamente as de segurança jurídica e de previsibilidade, que justificavam a necessidade de prévia habilitação da Administração por parte do legislador.

Não havendo, no caso, razões democráticas respeitantes à essencialidade da medida ou às exigências de igualdade que imponham a intervenção prévia do legislador nacional, *maxime* do Parlamento, designadamente quando se possa concluir, com segurança, que a mediação do legislador nada poderia produzir de diferente que não fosse a correspondente autorização da actuação administrativa, abre-se, aqui, mesmo na ausência de lei com suficiente densidade normativa, uma margem de actuação administrativa que deve ser tão mais alargada quanto mais relevante for o bem que se pretende prosseguir com a actuação restritiva.

Nessas circunstâncias, um apego obstinado às exigências da reserva de lei redundaria na própria degradação do instituto a mero formalismo desligado de quaisquer necessidades objectivas de ordem prática e estranho a qualquer dos fundamentos que justificam a sua existência em Estado de Direito democrático.

3.3. Reserva de lei enquanto precedência de lei parlamentar

a) Num outro plano, o competencial, há também que reavaliar as implicações da reserva de lei no domínio das relações entre Parlamento e Executivo no que se refere às respectivas competências legislativas para conformar o direito fundamental através de norma geral e abstracta e, eventualmente, restritiva.

A nosso ver, há restrições aos direitos fundamentais sempre que há elementos restritivos contidos em actos legislativos, independentemente das circunstâncias e objectivos que os motivam, o que impõe a necessidade de um controlo tão intenso quanto é exigido pela razão de ser dos requisitos próprios de Estado de Direito constitucionalmente instituídos.

Assim, se um controlo de proporcionalidade ou de aptidão, de indispensabilidade ou de razoabilidade, se destinam a evitar o excesso, eles devem ser naturalmente aplicados a todas as intervenções —qualquer que seja a designação ou o enquadramento conceptual que se lhes dê—, desde que a liberdade, a autonomia e o bem-estar individuais estejam a ser desvantajosamente afectadas. Não há qualquer razão de Estado de Direito que justifique que uma restrição não possa ser excessiva, mas um pretenso *condicionamento* já o possa ser; que uma intervenção restritiva não possa ser desrazoável, mas que uma dita concretização de limites imanentes já possa deixar o afectado numa situação quantitativa ou qualitativamente inadmissível, como se com a simples mudança da *etiqueta* colada ao mesmo objecto se desvanecessem as necessidades de protecção e do consequente controlo.

No mesmo sentido, não devem ser a qualificação conceptual ou os artifícios formais a decidir do alcance e do sentido da aplicação da reserva de lei parlamentar, mas antes a confrontação entre a razão de ser que preside à manutenção do instituto em Estado de Direito e a natureza da intervenção restritiva em apreciação.

Como defendemos atrás, há, desde logo, que distinguir entre matéria sujeita a reserva absoluta e matéria sujeita a reserva relativa de competência do Parlamento. Se, no primeiro caso, a decisão constituinte de instituição de um monopólio legislativo parlamentar é inequívoca e talhante no sentido de exclusão do Governo de qualquer competência legislativa, pelo que aí o intérprete não tem de distinguir, já no que se refere à matéria sujeita a reserva relativa a decisão de alguma condescendência do legislador constituinte para com o Executivo-legislador abre uma margem de interpretação condicionada por dois factores:

(i) a necessidade, já desenvolvida, de actualizar a concepção de reserva de lei parlamentar à luz de uma teoria da essencialidade adequada às razões democráticas e garantísticas que orientam a repartição constitucional de competências entre Parlamento e Governo no Estado de Direito dos nossos dias, e

(ii) as dificuldades práticas e o perigo de disfuncionamento derivados da extensão e indefinição do catálogo constitucional de matérias sujeitas a reserva parlamentar, como seja, tudo o que respeita a "direitos, liberdades e garantias" (artigo 165º, nº 1, alínea b)).

b) De facto, apesar de a norma constitucional portuguesa ser perfeitamente clara quando reserva *toda* a matéria referente a direitos, liberdades e garantias à Assembleia da República, o que abrange literalmente, não apenas as leis restritivas, mas quaisquer leis contendo norma que, de alguma forma, sobre eles incida (restringindo, regulamentando, condicionando, explicitando, concretizando, conformando, prevenindo abusos, solucionando colisões, interpretando, renovando normativamente), exige-se alguma flexibilidade na determinação de um sentido constitucionalmente adequado para a reserva instituída pelos constituintes.

Interpretada com um sentido simplesmente literal, essa norma teria como consequência imediata que não haveria, praticamente, nenhum decreto-lei, aprovado pelo Governo na sua competência própria, que, de algum modo, não padecesse de inconstitucionalidade orgânica por invasão da reserva parlamentar referida. Como se disse, em todos os actos legislativos aprovados pelo Governo, e na maior parte das vezes sem que isso suscite quaisquer objecções, há sempre, a título incidental ou principal, directa ou indirectamente, normas que, de alguma forma, respeitam a faculdades, posições ou situações abrangidas por direitos, liberdades e garantias expressamente consagrados na Constituição enquanto tal ou por direitos fundamentais ditos *análogos* a direitos, liberdades e garantias.

Basta considerar o vasto âmbito de protecção de direitos fundamentais como o direito ao desenvolvimento da personalidade, a liberdade de profissão, a liberdade de iniciativa económica privada ou o direito de propriedade para se perceber que, mesmo sem considerar as restantes matérias elencadas no artigo 165º, a reserva legislativa parlamentar constitucionalmente instituída tem de ser objecto de uma interpretação restritiva sob pena de esvaziamento da repartição constitucional de competências legislativas entre Assembleia da República e Governo (tendo designadamente em conta que, no nosso sistema constitucional, o Governo tem competência legislativa própria em tudo o que não estiver reservado à Assembleia da República).

Além do mais, procedendo-se em muita da legislação em vigor emanada do Governo a uma composição de interesses sensíveis, em princípio tida pelo Parlamento como materialmente não problemática, tanto mais que a Assembleia da República, através do instituto da apreciação parlamentar, dispõe da possibilidade de atalhar de forma expedita as decisões legislativas do Executivo, uma tal interpretação literal da reserva de lei parlamentar manteria permanentemente suspensa sobre a estabilidade daquela solução material a *espada de Dâmocles* do formalismo jurídico, já que, em qualquer altura, sob a invocação da inconstitucionalidade orgânica, a relação material poderia ser posta em causa por uma decisão judicial que, pura e simplesmente, desatendesse o facto tão elementar como é a absoluta certeza de que, se chamado a pronunciar-se, o legislador parlamentar teria decidido exactamente da forma como o Executivo o fez.

Igualmente, chamado a promulgar diplomas do Governo onde, em centenas de artigos, surge sempre uma ou outra norma que, a título meramente incidental, afecta indirectamente um direito fundamental, o Presidente da República, a seguir a mesma interpretação literal, ver-se-ia sistematicamente *forçado* a recorrer ao veto ou a suscitar a fiscalização preventiva da constitucionalidade, com perda evidente da adequação funcional desses poderes e da inviabilização sistemática da eficácia e rapidez que justificara a atribuição constitucional de significativos poderes legislativos ao Executivo.

Nesse sentido, pensamos que a solução está, também aqui, no recurso à teoria da essencialidade como critério de delimitação do âmbito da reserva parlamentar no domínio dos direitos, liberdades e garantias. Assim, para além das normas que estão integradas na reserva absoluta de competência da Assembleia da República —sobre a qual o monopólio parlamentar é indiscutível—, devem ser aprovadas pelo Parlamento todas as normas que, afectando de alguma forma os direitos fundamentais, tenham uma relevância que justifique a mobilização das mais-valias democráticas que só o processo legislativo parlamentar proporciona.

c) Significa isto que, embora partindo de uma base de incidência objectiva —a matéria de direitos fundamentais—, não é tanto a matéria em si, ao contrário do que sustenta alguma doutrina (JORGE MIRANDA), mas o conteúdo da norma que sobre ela incide que determina a eventual exigência de intervenção parlamentar.

Assim, por exemplo, se uma norma constante de decreto-lei se limita a regular o obviamente necessário, seja porque facticamente não há alternativas de regulação, seja porque, juridicamente, a vinculação às imposições constitucionais aplicáveis não as admite, não parece haver lugar à invocação de qualquer inconstitucionalidade orgânica, pois, como já se dizia no Parecer nº 24/80 da Comissão Constitucional, "*falece aqui a razão de ser de uma tal inconstitucionalidade —a defesa da reserva de competência legislativa da Assembleia da República— na medida em que o Governo não legislou sobre qualquer matéria de forma diferente, ainda que minimamente diferente, daquela que a Assembleia poderia ter eventualmente legislado*"[34].

[34] Cf. *Pareceres da Comissão Constitucional*, 13º vol., pág. 133.

Analogamente, uma norma que num decreto-lei de desenvolvimento de uma lei de bases aprovada pela Assembleia da República se limite a reproduzir textualmente norma de direitos fundamentais dela constante, porque só dessa forma se garante a plena inteligibilidade do respectivo regime jurídico, não tem de ser sujeita a autorização legislativa parlamentar prévia. Admite-se, e só nesse sentido se segue Jorge Miranda, que em determinados contextos a mera renovação normativa envolva consequências jurídicas de fundo justificativas de activação da reserva parlamentar, mas, em última análise, isso só acaba por confirmar que não é a *matéria em si*, mas antes o conteúdo concreto da norma que é decisivo.

O mesmo se diga relativamente a normas que prevejam a proibição de comportamentos criminosos ou de grave danosidade social, mesmo quando esses comportamentos reclamem constituir exercício de direito fundamental. Nesta situação, aquilo que o legislador faz é a concretização da delimitação constitucional da garantia de direito fundamental, interpretando concretizadoramente a norma constitucional, mas fazendo-o num sentido tão consensualmente partilhado que, mesmo possuindo essa interpretação uma eficácia externa, não há razões de reserva de lei que justifiquem a convocação do legislador parlamentar.

d) Um critério de delimitação da reserva parlamentar assim concebido envolve uma aplicação tópica essencialmente dependente da concreta valoração das circunstâncias e conteúdo da norma em questão, mas, em todo o caso, podem e devem ser induzidas generalizações que confiram a necessária previsibilidade àquela aplicação. Por sua vez, o sentido dessas generalizações deve ser orientado, em primeiro lugar, pela distribuição constitucional de competências, mas flexibilizada e complementada pela consideração dos referidos factores da relevância jusfundamental e da *diferença específica* introduzida pelo processo legislativo parlamentar.

É que, como se viu, a justificação material da reserva de lei parlamentar assenta, hoje, quase exclusivamente, não tanto numa maior legitimidade democrática do Parlamento, que, todavia, ainda existe, mas, sobretudo, nos *ganhos* de transparência, pluralismo, participação e integração proporcionados pelo processo legislativo parlamentar relativamente à legislação oriunda do Executivo nacional. Por isso, a relevância jusfundamental não se esgota numa valoração abstracta da matéria em causa, mas determina-se essencialmente numa apreciação tópica em que, como se disse, a reserva de lei parlamentar se justificará, nas zonas duvidosas, sempre que esses *ganhos*, valorados em função da importância do que está em causa e da natureza lesiva ou controversa da intervenção normativa em apreciação, sobrelevarem as razões que apontem no sentido de uma normação mais rápida ou menos pluralisticamente exigente.

Concluindo, dir-se-á, em primeiro lugar, que a reserva de lei parlamentar —com a possibilidade de autorização legislativa formalmente concedida ao Governo— deve ser activada sempre que, independentemente de previsão constitucional expressa, se trate de legislação intencionalmente destinada a proceder, a título principal, ao desenvolvimento global ou à restrição de um direito fundamental, ou seja, quando a legislação vise a materialização ou a conformação geral e primária de um direito fundamental ou a alteração restritiva da respectiva norma de garantia. A relevância jusfundamental dessa intenção normativa justifica, desde logo pelas mais elementares razões de superior legitimação democrática, o recurso à decisão parlamentar.

Isto significa que não seria pelo facto de a nossa Constituição falar apenas em reserva relativa de competência no que respeita a "direitos, liberdades e garantias", que, por exemplo, um diploma que cria ou que restringe significativamente direitos sociais, como o rendimento social de inserção (rendimento mínimo garantido) ou o direito à retribuição dos funcionários públicos ou o direito à pensão de aposentação não deva ser aprovado pelo Parlamento ou pelo Governo desde que habilitado com a necessária autorização legislativa.

Interpretar de modo diverso significaria diminuir a protecção conferida pela nossa Constituição aos direitos fundamentais sociais relativamente a Constituições que não os consagram nessa qualidade, como a Constituição espanhola ou a Constituição alemã. É que, pela sua extrema relevância para a realização dos direitos fundamentais, diplomas com aquele conteúdo seriam necessariamente incluídos no âmbito de previsão de direitos (*direitos, liberdades e garantias*) como o direito ao desenvolvimento da personalidade ou o direito de propriedade, caso a nossa Constituição não tivesse consagrado direitos sociais, beneficiando, então, da reserva de lei parlamentar prevista no artigo 165º, nº 1, alínea b), da nossa Constituição. Ou seja, o acréscimo de protecção que a

Constituição portuguesa garante àquelas garantias, por força do acolhimento dos respectivos direitos sociais, redundaria, sem a interpretação aqui defendida, em frustração e diminuição da sua protecção comparativamente ao que acontece nas ordens constitucionais em que eles não vêm consagrados como direitos fundamentais.

Ao invés, não há quaisquer razões democráticas ou decorrentes da especificidade qualificada do processo legislativo parlamentar, e muito menos, como se viu, razões garantísticas de Estado de Direito, que justifiquem a mobilização do legislador parlamentar em várias outras situações, algumas delas, de resto, já atrás evocadas como exemplos de atenuação das exigências da reserva de lei no plano das relações entre legislador e administração, mesmo quando, não obstante, se esteja a *legislar* sobre direitos fundamentais.

Deverá ser esse o regime aplicável, não apenas à regulação de minudências ou de aspectos puramente marginais, mas também ao desenvolvimento não controverso, não inovatório ou meramente incidental de direitos fundamentais, designadamente no que se refere a direitos — como o direito ao desenvolvimento da personalidade, da iniciativa económica privada ou do direito de propriedade— intrinsecamente dependentes de materialização ou configuração a levar a cabo pelo legislador ordinário, como resulta de resto, por vezes expressamente, da própria norma constitucional de garantia, desde que, obviamente, o contexto normativo da remissão para a "lei" não deva ser interpretado como referindo-se a "lei parlamentar".

e) Há, porém, entre estes campos extremos, toda uma área de situações duvidosas ou *difíceis* onde, verdadeiramente, cobram sentido útil os critérios atrás enunciados. Será o caso das normas interpretativas ou delimitadoras do âmbito de protecção constitucionalmente reconhecido aos direitos fundamentais, através das quais, por definição, alguns comportamentos, posições ou situações resultam excluídos, sem que essa exclusão tenha um carácter óbvio ou resulte de imposições jurídicas vigentes; das normas que previnem o abuso de direito ou que pretendem remeter o *abusador* para os limites do seu direito; das normas essencialmente materializadoras ou configuradoras de direitos fundamentais, mas onde há a presença simultânea de elementos restritivos; das normas objectivamente restritivas de direitos fundamentais quando vêm incidentalmente contidas em *leis gerais* não sujeitas a reserva parlamentar; das normas solucionadoras de colisões de bens em que o legislador se limita a remeter para decisões de ponderação *ad hoc* realizadas de acordo com os princípios e valores constitucionais.

Resta então, aí, avaliar a situação concreta em função dos factores atrás referidos. Se a normação em causa reveste um carácter consensual ou razoavelmente pacífico à luz da ideia de Direito ou do entendimento prevalecente dos princípios estruturantes da ordem jurídica, eventualmente confirmado pela forma reiterada como o legislador parlamentar ou os tribunais, quando chamados a pronunciar-se, resolvem idênticos ou análogos problemas, não há razões para convocar obrigatoriamente a intervenção do legislador parlamentar.

Como dissemos, o critério decisivo para o reconhecimento de uma reserva parlamentar deve ser o da essencialidade, não no sentido unilateral da relevância jusfundamental abstracta da matéria, mas da essencialidade do conteúdo jusfundamental da norma, no sentido de um conteúdo que, por respeitar a opções críticas da vida comunitária, por remeter para decisões fundamentais e inovatórias na relação entre o Estado e os indivíduos, por se situar num domínio de preservação e promoção da dignidade da pessoa humana, por afectar valores éticos fundamentais da vida em sociedade ou as convicções e reservas mais íntimas, por poder constituir ou desencadear ameaças sérias à liberdade individual e à igualdade ou, pura e simplesmente, pelo seu carácter conjunturalmente controverso convoca a necessidade ou a conveniência de uma legitimação, participação, debate pluralista e transparência que só o processo legislativo parlamentar pode proporcionar.

Esta posição baseia-se parcialmente numa aplicação do critério do "politicamente controverso" (Kisker) como tópico construtivo da teoria da essencialidade, no sentido das questões respeitantes à realização dos direitos fundamentais que, por suscitarem a controvérsia entre vários pontos de vista de matriz politicamente inspirada, são susceptíveis de encontrar uma decisão substancialmente enriquecida e uma adesão social mais alargada através de um processo de argumentação racional e de debate pluralista aberto à opinião pública e por ela partilhado.

Logo, sendo certo que é sobretudo nas restrições aos direitos fundamentais actuadas directamente e a título principal que são preenchidos estes pressupostos, a reserva de lei parlamentar deve, também, ser activada em todas as restantes situações em que a presença de elementos restritivos apresenta estas características de essencialidade, independentemente da natureza e enquadramento conceptual que se dê à respectiva actuação do legislador.

BIBLIOGRAFIA SOBRE O PRINCÍPIO DA RESERVA DE LEI

JORGE REIS NOVAIS, *As Restrições aos Direitos Fundamentais não Expressamente Autorizadas pela Constituição*, Coimbra, 2003 (3ª ed., 2021), págs. 821 e segs;

M. REBELO DE SOUSA/A. SALGADO DE MATOS, *Direito Administrativo Geral*, I, 2ª ed., Lisboa, 2006, págs. 164 e segs.

LUÍS CABRAL DE MONCADA, *Lei e Regulamento*, Coimbra, 2002

MANUEL AFONSO VAZ, *Lei e Reserva de Lei*, Porto, 1992

SÉRVULO CORREIA, *Legalidade e Autonomia Contratual nos Contratos Administrativos*, Coimbra, 1987

Capítulo VIII
Princípio da Determinabilidade

1. A autonomia do princípio da determinabilidade enquanto princípio estruturante

a) Em Estado de Direito, baseado na dignidade da pessoa humana e nos direitos fundamentais, o reconhecimento da inevitabilidade de a autonomia, liberdade e bem-estar individuais constitucionalmente protegidos poderem ser restringidos vem a par da necessidade de o sentido e o alcance da restrição, bem como a medida concreta da sua potencial aplicação, serem determináveis com suficiente precisão, possuírem um conteúdo normativo suficientemente denso e, como tal, identificável pelos destinatários e afectados, virem estritamente recortados em função dos fins que os justificam e serem, portanto, exigíveis pela realização dos fins prosseguidos, reconhecíveis no seu conteúdo e previsíveis nos seus efeitos.

Isso não significa que à administração deva ser negado qualquer discricionaridade ou margem de livre decisão no domínio dos direitos fundamentais, mas significa que, proporcionalmente à relevância das matérias em causa, à intensidade da afectação da liberdade e em função das circunstâncias concretas da previsível aplicação da lei restritiva, a restrição deve ser, tanto na previsão normativa quanto nas consequências jurídicas, tão estrita, clara e precisamente enunciada quanto possível, de forma que o particular —no princípio da determinabilidade a perspectiva do particular é a decisiva— possa conhecer o sentido e alcance da lei e, consequentemente, prever com elevada probabilidade que tipo de intervenções restritivas pode a administração levar a cabo e até onde ela pode ir.

b) A multiplicidade de razões de Estado de Direito em que se sustenta a exigência de determinabilidade das normas de direitos fundamentais, particularmente das restritivas, repartidos que esses fundamentos estão pelo conteúdo normativo de diversos outros princípios (como veremos, são especialmente o da segurança jurídica, o da separação de poderes e reserva de lei e o da proibição do excesso), é, por outro lado, a razão que explica o tradicional não reconhecimento da autonomia do princípio da determinabilidade enquanto princípio estruturante de Estado de Direito. Na prática constitucional, as deficiências de determinabilidade das normas são atalhadas, e podem sê-lo, com recurso a cada um daqueles outros princípios, normalmente o princípio da segurança jurídica, menos frequentemente o princípio da reserva de lei e da separação de poderes e, já muito raramente, pelo menos na Europa, o princípio da proibição do excesso.

Da nossa parte, consideramos que a sistematização e tratamento autónomos do princípio da determinabilidade se justificam, seja pela relevância e frequência da sua potencial invocação, seja pela vantagem da apreensão conjunta dos respectivos fundamentos, como, sobretudo, pelo facto de que a sua análise repartida pelo estudo dos diferentes princípios com que mantém afinidade ou onde se integra reduz e afecta objectivamente a percepção da importância das exigências de determinabilidade das normas de direitos fundamentais em Estado de Direito.

Assim, procederemos aqui ao tratamento conjunto e autonomizado dos comandos normativos do princípio da determinabilidade, mas, antes de o fazermos, a complexidade do tema exige uma prévia tentativa de clarificação mínima dos conceitos utilizados.

2. Indeterminabilidade, vaguidade e precisão

a) O tema da determinabilidade normativa encontrou, entre nós, maior eco e incidência no estudo dos chamados *conceitos jurídicos indeter-*

minados no terreno da elaboração administrativista orientada, sobretudo por influência alemã, para a delimitação das margens de livre apreciação e decisão administrativas e dos limites funcionais do seu controlo judicial. Se bem que mantendo pontos de contacto com essa abordagem, o plano do nosso interesse é qualitativamente distinto, já que o nosso foco incide, primariamente, sobre a eventual legitimidade ou inadmissibilidade constitucional, em Estado de Direito, de recurso a enunciados legais de que resulte indeterminabilidade normativa, sobretudo quando nos encontramos em domínio de restrição ou de afectação desvantajosa de direitos fundamentais.

Ora, este interesse remete, especialmente, para questões como as de saber se a indeterminabilidade normativa nestas situações é compatível com as exigências do Estado de Direito, se é conveniente ou até necessária para corresponder a essas exigências, ou se, e em que circunstâncias, é inconstitucional por violação dos direitos fundamentais e dos princípios estruturantes de Estado de Direito. Neste plano, para além das abordagens próprias da chamada teoria analítica da norma jurídica, podem ser da maior utilidade para a necessária clarificação conceptual, os contributos oriundos da teoria da linguagem jurídica e da filosofia do Direito que se têm desenvolvido com particular incidência na literatura anglo-saxónica dos últimos anos[35].

b) Do que aqui tratamos é da indeterminabilidade que tem origem na indeterminação semântica da linguagem e dos enunciados jurídicos, quando se trata de apurar o sentido normativo dos comandos ou prescrições jurídicas a fim da sua posterior aplicação aos casos concretos.

A indeterminabilidade irrompe aí por diferentes razões: utilização de conceitos em si mesmos indeterminados, vaguidade da linguagem, polissemia (vários sentidos legítimos para o mesmo termo), ambiguidade lexical (dificuldade em conhecer qual dos sentidos possíveis está a ser utilizado), nível excessivo de generalidade ou de abstracção e, mesmo

[35] Cf., por todos, ANDREI MARMOR, *Language and Law*, Oxford, 2014, págs. 85 e segs, págs. 131 e segs; A. MARMOR/ S. SOAMES (orgs.), *Philosophical Foundations of Language in the Law*, Oxford, 2011; TIMOTHY ENDICOTT, "The value of vagueness" *in* A. MARMOR/ S. SOAMES (orgs.), *Philosophical Foundations...*, cit., págs. 14 e segs; T. ENDICOTT, *Vagueness in Law*, Oxford, 2000.

quando a linguagem do respectivo enunciado é precisa e inequívoca, a indeterminabilidade pode ainda resultar do próprio contexto de aplicação da norma.

A questão interessa-nos aqui especialmente quando, em domínio de afectação negativa ou desvantajosa de direitos fundamentais, não é possível ou é muito difícil fixar o sentido preciso daquilo que está a ser normativamente imposto, proibido ou permitido ou, pelo menos, quando essa dificuldade, não afectando toda e qualquer aplicação da norma em causa, surge ou pode surgir num conjunto significativo de casos ditos de transição. No âmbito das normas restritivas de direitos fundamentais, o problema suscita-se, sobretudo, quando a referida indeterminabilidade pode, em si mesma, vir arguida de inconstitucionalidade por resultar, em última análise, em violação desses direitos fundamentais.

Não é uma questão de saber se existe indeterminabilidade no Direito, porque essa, em maior ou menor grau, é inevitável. Desde logo, há alguma indeterminação legal sempre que não há uma única resposta simples correcta na resolução de um caso jurídico previsto numa norma ou que envolva a respectiva aplicação a um caso concreto, mesmo que na generalidade dos casos essa dificuldade não surja.

Mas, para além dessa virtualidade, sempre presente, o verdadeiro problema que aqui nos confronta é o de saber qual o grau constitucionalmente admissível de indeterminabilidade normativa numa situação em que se impõem obrigações ou proibições que afectam o exercício de direitos fundamentais sem que seja possível perceber adequadamente o respectivo conteúdo e condições de aplicação. Trata-se, portanto, de um défice que irrompe naquelas situações em que as exigências de segurança, de previsibilidade e de autonomia aconselhariam, ao invés, a máxima precisão possível das obrigações e proibições genericamente impostas.

c) Sendo a vaguidade da linguagem utilizada a mais comum causa de indeterminabilidade que resulta dos enunciados normativos, diríamos que, em sentido rigoroso, uma prescrição normativa pode ser qualificada de vaga quando há casos de fronteira relativamente aos quais não é seguro dever aplicar-se e sem que essa insegurança tenha origem em ignorância sobre os factos subjacentes (Endicott).

Se o legislador proíbe a admissão nas Forças Armadas profissionais a pessoas *baixas*, o aplicador pode conhecer todos os factos, designadamente a exacta altura de uma pessoa candidata à admissão, sem conseguir dizer se ela é ou não, para o efeito, *baixa*. A vaguidade é, portanto, uma característica do enunciado que gera indeterminabilidade da norma na sua aplicação aos casos e situações concretas, reais ou imaginadas, e, como acontece no exemplo citado, chega à linguagem jurídica desde logo porque se usam aí termos da linguagem natural quando esta é, ela própria, indeterminada.

d) A linguagem é vaga, num plano da relação semântica entre os sentidos dos termos utilizados e os objectos a que eles se pretendem referir, quando embora permita, em princípio, definir um conjunto claramente incluído no tipo representado e um outro conjunto claramente excluído, deixa, contudo, todo um restante campo de transição não definido, seja porque não é possível chegar a uma conclusão a propósito, seja porque, ainda que sendo objectivamente possível chegar a uma conclusão, há dificuldades epistémicas em conhecê-la.

Mas, a dificuldade da vaguidade semântica não é, note-se, apenas o facto de haver casos de transição, mas de não ser possível saber e determinar onde eles começam e acabam, já que, havendo uma continuidade entre os três tipos de casos (claramente incluídos, claramente excluídos e de transição), não é aí possível atribuir um significado preciso a um termo para saber se ele inclui ou não o objecto em dúvida. Ou seja, como diz ENDICOTT, a própria extensão daquilo que é determinado é, em si, indeterminada.

A vaguidade vem, em primeiro lugar, associada ao gradualismo imanente a alguns conceitos ou condições estabelecidos e à consequente impossibilidade de estabelecer aí fronteiras claras, como no chamado *paradoxo de sorites* ou do *monte de areia* (acrescentando ou retirando grão a grão de areia nunca se altera a qualidade de existência ou de ausência de *monte* relativamente à situação que existia antes e, no entanto, acrescentando ou retirando um grão de cada vez, o *monte* forma-se ou desaparece, respectivamente). No exemplo atrás referido de proibição de admissão de pessoas *baixas* nas Forças Armadas, percebemos a dificuldade considerando a existência de um universo de candidatos com diferenças de 1 cm de altura entre si. Se alguém com 1,95 m de altura não é *baixo*, também não o será alguém com 1,94 m e, a seguir, com 1,93 m e assim sucessivamente, não sendo sequer possível estabelecer, com base no critério em causa, quem se pode definitivamente candidatar e quem está definitivamente excluído.

Em segundo lugar, há vaguidade no recurso a conceitos cujas propriedades não são inequivocamente reconhecíveis, pelo que se torna difícil saber se um comportamento ou uma situação se integra ou não, já que tem qualidades que o afirmariam como tal, mas outras que o excluem (por exemplo, que tipo de crença pode ser considerada *religião*, que tipo de comunicação pode ser considerada *imprensa*).

Em terceiro lugar, a vaguidade tem a ver com a textura aberta dos termos linguísticos, o recurso a conceitos jurídicos indeterminados, as cláusulas abertas, a utilização de conceitos controvertidos (*justiça, democracia, interesse público*).

Por último, a vaguidade deve-se ao uso de adjectivos ou de conceitos avaliativos (*apropriado, adequado, razoável*) que apelam a preferências subjectivas, juízos de prognose ou avaliações naturalmente diversas e potencialmente divergentes feitas pelos destinatários da norma. A dificuldade já não advém aí da existência de *casos de fronteira* ou da densificação material do termo, mas deriva antes da multidimensionalidade dos elementos avaliativos activados pelo conceito e dos problemas de incomensurabilidade, de avaliação subjectiva dependendo de ponderação holística de todos eles.

e) A apreciação jurídico-constitucional da indeterminabilidade normativa associada à vaguidade revela-se, ainda, de maior complexidade quando uma análise mais aprofundada conclui que ela é, não apenas inevitável, pois, como se disse, mesmo normas aparentemente precisas podem revelar indeterminabilidade no contexto sistémico da sua aplicação, como a própria vaguidade pode ser circunstancialmente intencional e desejável, podendo constituir uma vantagem admissível no enquadramento e decisão de questões jurídicas relativamente à alternativa que consistiria no recurso a enunciados mais precisos.

Por outro lado, a vaguidade pode ser mesmo um recurso necessário nas situações cuja decisão adequada está fundamentalmente dependente do contexto concreto e demasiada precisão, sobretudo em normas de direitos fundamentais, induziria incapacidade de atender às necessidades da situação concreta da aplicação da norma e, logo, algum risco de arbitrariedade. No mesmo sentido, a exigência de indispensabilidade da restrição obriga a remeter para as circunstâncias do caso a avaliação do que é ou não exigível; uma previsão da restrição muito precisa e estritamente baseada na verificação de pressupostos determinados impede uma avaliação que casuisticamente possa determinar o que é ou não indispensável em cada momento para a realização dos fins visados.

O recurso a padrões normativos mais vagos ou que recorrem a termos descritivos ou conceitos mais indeterminados pode ser aconselhado pela multiplicidade de fenómenos imprevistos e distintos a que as respectivas normas vão ser aplicadas, exigindo-se, aí, a utilização de fórmulas de alto nível de abstracção sem o que não conseguiriam funcionar como normas de conduta viáveis, seja para a administração seja para os particulares.

A vaguidade intencionalmente adoptada vem também estreitamente ligada à garantia de duração e de continuidade do direito vigente e da sua possibilidade de adaptação a situações novas ou não previstas, o que é especialmente exigível no Direito constitucional e nas normas constitucionais de direitos fundamentais com vocação natural para perdurarem no tempo, com capacidade de flexibilidade e poder de adaptabilidade a realidades em permanente mutação. Enunciados mais abertos e menos precisamente determinados são aconselháveis nessas circunstâncias.

Por outro lado, se é certo que a vaguidade tem a vantagem de permitir, por parte dos aplicadores do Direito, a inclusão e a apreciação casuística, flexível e contextualizada, ela apresenta, todavia, a contrapartida do risco de uma aplicação que determine exclusões injustificadas, de ser objecto de uma utilização arbitrária, insegura, imprevisível. Porém, exactamente o mesmo se pode dizer da opção alternativa de recurso a enunciados normativos precisos: tal qualidade pode contribuir para excluir a arbitrariedade e a desigualdade de tratamento na aplicação, mas também pode induzir outro tipo de arbitrariedade, porque sempre obriga a distinções e diferenças de tratamento que podem não corresponder às razões que justificavam a norma na sua racionalidade originária.

Cabe, em princípio, ao legislador fazer uma opção justificada por um ou outra solução, considerando vantagens e inconvenientes recíprocos e inevitáveis. Por exemplo, no direito ao voto, será mais vantajoso optar por estabelecer limites de idade precisos, atribuindo o direito a todas as pessoas com mais de 18 anos, ou recorrer a conceitos indeterminados como seria, por exemplo, a exigência de maturidade? No estabelecimento das pensões de alimentos concretamente devidas, deve-se recorrer a uma percentagem do rendimento para fixar o montante da pensão ou devem utilizar-se fórmulas abertas que remetem para juízos de avaliação concreta? Na determinação do que é excesso de velocidade, devem-se fixar limites quantitativos de velocidade precisos ou remeter para critérios de prudência?

O problema é que, quando se fazem essas opções, o legislador está simultaneamente, de forma intencional ou não, a afectar a distribuição constitucional de poderes, a delegar ou não na administração e nos tribunais a decisão substancial de casos de direitos fundamentais. Todo o problema constitucional da indeterminabilidade residirá em saber quando essa delegação ou afectação é ou não constitucionalmente legítima ou admissível em Estado de Direito.

3. Os fundamentos específicos da inconstitucionalidade por indeterminabilidade das leis

O ideal regulatório que aqui integramos no conceito geral de determinabilidade, é recomendado ou imposto por uma confluência de exigências decorrentes de princípios próprios do Estado de Direito que já foram atrás especialmente tratados, como sejam os da segurança jurídica, da reserva de lei e da proibição do excesso.

Como vimos no estudo do princípio da protecção da confiança, a exigência de determinabilidade, clareza e suficiente densidade das normas legais e, particularmente, das normas restritivas é, em primeiro lugar, um factor natural e imediato de garantia da segurança jurídica, uma vez que o cidadão só pode conformar e desenvolver autonomamente os próprios planos de vida se souber com o que pode contar, qual a margem de liberdade de acção que lhe está garantida, o que pode legitimamente esperar sobre eventuais intervenções do Estado na sua esfera de autonomia pessoal.

Logo, aí, a determinabilidade das normas restritivas vai objectivamente no sentido da redução da incerteza, da insegurança jurídica e até da própria proscrição de aplicação retroactiva dessas normas. De facto, se, na ausência de determinabilidade normativa, acabam por ser os tribunais a definir os verdadeiros critérios de decisão do caso no próprio momento em que o julgam, então, na falta de enquadramento normativo que a predetermine, essa decisão judicial apresentará carácter retroactivo, no sentido em que decide situações de vida como se, na altura em que ocorreram, estivessem em vigor normas que, na realidade, só agora foram efectivamente *criadas* (MARMOR, LAPORTA).

Neste mesmo último sentido, a exigência de determinabilidade tem, em segundo lugar, uma dimensão competencial ligada à separação de poderes, incluindo a reserva de lei e o princípio democrático, já que uma limitação ou possibilidade de limitação dos direitos fundamentais não suficientemente determinada no plano legislativo transfere, inevitável ou tendencialmente, do legislador para outras instâncias, e desde logo para a administração, a fixação concreta do essencial do sentido, grau e alcance das intervenções restritivas na autonomia, liberdade e bem-estar individuais.

Por outro lado, ainda em domínio de separação de poderes, a indeterminação da lei restritiva reflecte-se no alcance da sindicabilidade judicial da decisão e na incerteza quanto à intensidade do respectivo controlo, já que, na ausência de pressupostos legais bem definidos para a actuação administrativa, a previsibilidade quanto à natureza do respectivo controlo judicial dilui-se proporcionalmente à consequente plasticidade dos parâmetros de controlo a que o juiz vai poder recorrer.

Finalmente, e em terceiro lugar, a determinabilidade normativa é também uma exigência da proibição do excesso, na medida em que uma restrição de contornos não antecipadamente bem firmados gera efeitos inibitórios no *lado* do exercício das liberdades, ampliando potencialmente a margem de actuação restritiva dos poderes constituídos a um plano não consentâneo com os princípios de *repartição* de Estado de Direito e de proibição do excesso. Com efeito, uma restrição de enunciado vago, não precisamente determinado ou mais ampla que o exigível abre a possibilidade de os efeitos das intervenções restritivas justificados com a prossecução de outros bens dignos de protecção irem, eventualmente, muito para além do que é estritamente requerido pela salvaguarda desses outros bens.

3.1. Determinabilidade e segurança jurídica

A primeira e mais imediatamente perceptível consequência negativa da indeterminabilidade das normas restritivas é a insegurança jurídica que lhe vem directa e objectivamente associada.

De facto, a insegurança gerada por normas pouco claras, vagas ou indeterminadas, sobretudo quando se trata de normas restritivas, pode ser considerada a primeira, mais imediata e talvez a dimensão mais relevante da exigência de determinabilidade da lei. Por outro lado, é também a dimensão de apreensão menos complexa e mais pacífica, dispensando maiores desenvolvimentos. Simplesmente, sem determinabilidade, particularmente das normas restritivas, não há verdadeira previsibilidade na aplicação do Direito e, sem esta, não é possível aos particulares conformarem e desenvolverem planos próprios e pessoais de vida com verdadeira autonomia.

É essa associação da maior relevância entre garantia de autonomia pessoal e determinabilidade das normas que confere, em primeiro lugar, a natureza de princípio estruturante de Estado de Direito ao princípio da determinabilidade: sem a previsibilidade garantida por normas suficientemente determinadas, gerais e abstractas, sobretudo nos domínios vitais da existência, não há verdadeira capacidade de exercício de autonomia pessoal e, logo, não há Estado de Direito.

Basta imaginar o que seria um mundo *jurídico* sem suficiente determinabilidade das normas restritivas mais graves, *maxime* as de tipo sancionatório, para se ter imediata noção da relevância decisiva do que está em jogo nesta dimensão. De alguma forma, como se referiu, a indeterminabilidade neste domínio teria como consequência directa a própria retroactividade da norma em causa, já que ela só passaria a adquirir sentido normativo verdadeiramente delimitado em momento posterior à prática do acto, ou seja, no momento em que fosse objecto de aplicação judicial concreta, e, nesse sentido, teria produzido na esfera jurídica dos afectados efeitos restritivos retroactivos que são, em si mesmos, inadmissíveis em Estado de Direito.

3.2. Determinabilidade e separação de poderes

a) Importa, aqui, indagar da desconformidade constitucional das leis não suficientemente determinadas por eventual violação da reserva de lei ou dos limites jurídico-funcionais decorrentes da repartição constitucional de poderes entre legislador, administração e juiz. Mais especificamente, e uma vez que está sobretudo em causa a conformidade constitucional de uma lei restritiva, interessa-nos apurar a partir de que patamares é que o legislador, com uma lei habilitante insuficientemente densa ou determinada, subverte os ditames da separação e interdependência dos poderes.

Como se viu no capítulo anterior sobre reserva de lei, é próprio da separação de poderes de Estado de Direito reservar para a assembleia representativa dos cidadãos e para os actos legislativos (designadamente a lei parlamentar) a regulação dos termos, condições e pressupostos segundo os quais direitos fundamentais constitucionalmente reconhecidos podem ser restringidos, incluindo, igualmente, a habilitação da administração para proceder às consequentes intervenções restritivas nesses direitos fundamentais. O estabelecimento dessa regulação primária é tão mais importante quanto a própria Constituição só muito rara e excepcionalmente fixa, ela própria, essas condições.

Então, nessa relativa indefinição constitucional, passa a ser responsabilidade do legislador, especialmente do legislador parlamentar, a competência para restringir e/ou para habilitar a administração ou o poder judicial a intervirem restritivamente nos âmbitos protegidos pelos direitos fundamentais. Porém, se a respectiva lei não for suficientemente determinada —no sentido de permitir aos seus destinatários uma compreensão precisa do que podem ou não fazer, do que lhes é imposto ou é vedado—, essa falta de densidade normativa repercute directamente na distribuição de poderes entre legislador, administração e poder judicial, e, indirectamente, na segurança jurídica e nas garantias dos particulares

Em termos de separação de poderes, só com leis suficientemente densas e determinadas se garante que é o próprio legislador que toma as decisões essenciais. Se, dentro das possibilidades e circunstâncias fácticas existentes, o legislador deixa à administração e ao poder judicial uma margem de apreciação, de avaliação e de decisão não substancialmente pré-determinadas e praticamente incondicionadas e ilimitadas quanto à eventual prevalência ou cedência dos interesses jusfundamentalmente protegidos nas circunstâncias concretas da vida, então isso significa que as questões de fundo relativas aos direitos fundamentais em causa acabam por ser materialmente decididas, não pelos representantes dos cidadãos através das correspondentes leis, mas pela administração e o poder judicial no momento da aplicação aos casos concretos e da solução dos conflitos emergentes.

b) Por sua vez, no próprio domínio das relações entre administração e poder judicial, mais concretamente quanto ao controlo da actividade administrativa pelos tribunais, se a lei em causa não contém suficientemente determinados os critérios e parâmetros materiais que deveriam condicionar a actuação da administração, ao juiz ficam a faltar pontos de apoio jurídicos para o controlo judicial, forçando-o objectivamente ou a uma autocontenção que não corresponde às responsabilidades que lhe cabem no equilíbrio dos poderes e na garantia dos direitos dos cidadãos ou, em alternativa, a um activismo judicial que tende a extravasar os limites jurídico-funcionais do poder judicial em Estado de Direito.

Por último, como já se viu, não apenas as exigências de segurança jurídica própria de Estado de Direito, como também o direito à tutela judicial efectiva do direito fundamental afectado ficam, em consequência, significativamente prejudicados.

c) Porém, quando se consideram estes problemas, e particularmente o da definição dos patamares precisos da eventual inconstitucionalidade, não podem deixar de ser tidas em conta as pressões objectivas divergentes com que o legislador se defronta na observância do comando da determinabilidade e da densidade das normas restritivas.

Desde logo, as restrições aos direitos fundamentais ocorrem quando a respectiva observância se confronta com a necessidade de os poderes estatais garantirem uma realização adequada a outros bens igualmente dignos de protecção jurídica e que podem, até, ser direitos fundamentais dos outros ou ainda, embora excepcionalmente, do próprio titular.

Ora, perante a extrema multiplicidade e imprevisibilidade de todas essas eventualidades e perante a impossibilidade de dominar antecipadamente as circunstâncias e contextualização concretas em que se desenvolvem os referidos confrontos e colisões, o legislador restritivo está, em grande parte das situações, colocado perante solicitações de natureza divergente quanto à determinabilidade das normas restritivas que aprova.

Nos casos em que o legislador antecipa normativamente a solução de eventuais colisões mediante a consequente restrição de direitos fundamentais, a lei habilitante de futuras intervenções restritivas a realizar pela administração, mesmo quando possui a densidade normativa exigível, muitas das vezes, seja por impossibilidade fáctica seja por imposição da devida observância do princípio da indispensabilidade da restrição ou por razões de flexibilização próprias do fim de realização de uma justiça de caso concreto, não pode ou não deve ir além de uma habilitação subjectiva genérica, de dimensão essencialmente organizatória e interna à própria administração, ou de uma vaga orientação programática só muito limitadamente condicionante da margem decisória e do sentido da posterior intervenção restritiva.

À pretensão de densidade normativa da lei restritiva contrapõe-se, frequentemente, um *comando de flexibilização* correspondente a uma exigência de protecção *dinâmica* dos direitos fundamentais na relação com outros bens jurídicos igualmente carentes de protecção. Significa esta exigência que o quadro de soluções abstractas das colisões típicas de bens deve ser tão ampla e genericamente modulado que permita uma sua concretização constitucionalmente adequada, ou seja, esse quadro deve apontar para uma harmonização prática flexível e aberta, porque só assim é susceptível de se ajustar à mutabilidade das circunstâncias de facto, permitindo optimizar a realização dos diferentes interesses conflituantes cuja premência de satisfação só no caso concreto é possível apreciar devidamente.

d) Com efeito, da exigência de densidade normativa não pode pretender extrair-se uma imposição de o legislador esgotar toda a ponderação que haja a fazer no domínio da aplicação e realização concreta dos direitos fundamentais e de retirar, consequentemente, à administração qualquer margem de decisão nesse domínio.

De facto, uma concepção de reserva de lei que identificasse abusivamente quaisquer poderes discricionários ou margem não heterodeterminada da administração como um *mal* incompatível com o Estado de Direito ou que nele só seria tolerado residualmente, conduziria, não apenas a uma violação da dimensão positiva do princípio da separação de poderes por sobrecarga do legislador —e, consequentemente, do poder judicial— relativamente à administração, como conduziria, em última análise, à violação das exigências da proporcionalidade e da justiça de caso concreto. No fundo, impediria a administração de discernir, porque isso só pode ser feito no caso concreto, quando e quanto é necessário restringir um direito fundamental para salvaguardar um outro direito fundamental ou bem carente de protecção jurídica em ordem a uma adequada composição dos bens em conflito.

Neste sentido, a flexibilidade na predeterminação legislativa da administração surge como forma de impedir que uma excessiva densidade de programação constitua um obstáculo à protecção dinâmica dos direitos fundamentais.

e) Com efeito, as mesmas razões de essencial concretude das colisões de bens jusfundamentais, que determinam a indispensabilidade do recurso à metodologia da ponderação na dogmática das restrições aos direitos fundamentais, implicam igualmente a necessidade de o legislador, na busca de uma solução constitucionalmente adequada dos casos concretos, remeter para a administração a responsabilidade de realização das correspondentes valorações e ponderações em que venham a assentar a própria decisão de activar ou não a possibilidade de intervenção restritiva, a escolha do meio restritivo exigível ou a determinação do seu alcance e intensidade.

Daí o frequente recurso, na normação habilitante, à utilização de conceitos jurídicos indeterminados com remissão, expressa ou implícita, para juízos de prognose, prerrogativas de avaliação e ponderações de caso concreto, bem como a outorga de significativas margens de decisão administrativa num domínio que, à partida e segundo os ditames clássicos da reserva de lei, lhes seria tendencialmente avesso.

A norma habilitante procura, em última análise, propiciar a realização ulterior de um equilíbrio entre os bens ou interesses conflituantes, o que obriga o legislador a uma abertura —seja no *lado* dos pressupostos de facto, seja no *lado* da estatuição ou na conjugação de ambos— capaz de permitir, consoante as circunstâncias concretas da colisão, soluções que dêem prevalência ora a um bem ora a outro, o que, para além de um mínimo de previsibilidade da responsabilidade do legislador, acaba por ser tarefa que, expressa ou implicitamente, o legislador deixa essencialmente dependente dos juízos de valoração e ponderação do intérprete/aplicador da norma restritiva.

f) Assim, apesar de as questões competenciais constituírem uma dimensão importante do processo de racionalização do recurso à metodologia da ponderação de bens no domínio das restrições aos direitos fundamentais, não se pode, sem mais e com mero apoio na concepção clássica da reserva da lei, concluir que, aqui, tudo quanto haja a ponderar é tarefa do legislador, restando à administração a mera execução das restrições previstas na lei.

Da validade do princípio da legalidade da administração e da reserva qualificada de lei que, em Estado de Direito, vigora em matéria de direitos fundamentais —e, por maioria de razão, vale para as suas restrições— e do princípio da separação de poderes decorre, em nosso entender, que, a existir lei, e a não ser que esta seja uma violação dos direitos fundamentais flagrante, ostensiva e pacificamente reconhecível, a administração esteja obrigada ao seu cumprimento, nele se incluindo a assunção das valorações e juízos de ponderação realizados pelo legislador, mesmo quando eventualmente por ela considerados incorrectos ou controvertidamente inconstitucionais.

Porém, a natureza do tipo de problemas práticos *difíceis* que aqui se suscitam, a sua dependência estrutural de avaliações caso a caso e de ponderações *ad hoc*, bem como a própria vinculação directa de todas as entidades públicas, incluindo a administração, pelos direitos fundamentais determinam uma inflexão da visão clássica da reserva de lei, com uma revalorização substancial das funções da administração e reconhecimento do seu papel activo, seja na interpretação de leis que, apesar de cumprirem os requisitos de densidade exigíveis, abrigam diferentes possibilidades de interpretação, seja na realização de valorações e ponderações de bens que vêm implicadas na utilização, por parte do legislador, de conceitos jurídicos indeterminados, de atribuição de poderes discricionários ou de remissão expressa para avaliações de caso concreto.

g) Em quaisquer destes casos, a ocorrência de intervenções restritivas em direitos fundamentais derivadas destas margens de interpretação, apreciação e decisão administrativas justifica-se na eventual impossibilidade ou inadequação, intencionalmente assumidas, de uma programação plena e exaustiva da actuação administrativa por parte do legislador que aprova a lei restritiva de direitos fundamentais.

No fundo, seja na previsão normativa seja no plano da estatuição ou em ambas, a lei restritiva de direitos fundamentais tem frequentemente um grau de *abertura* normativa que dota a administração de significativas margens de cognição e de volição dificilmente compagináveis com a visão clássica dos ditames da reserva de lei neste domínio.

A lei pode, por exemplo, atribuir à autoridade policial a garantia da ordem e paz públicas nos recintos onde decorram competições desportivas; mas não pode, sob pena de hipertrofia de normação e de incorrer em restrições excessivas e não exigíveis, pretender uma previsão integral dos pressupostos de facto de todos os potenciais conflitos que aí se podem verificar, bem como da sua prévia resolução normativa com estatuição de todas as medidas restritivas a que a administração pode recorrer e a regulação exaustiva das circunstâncias e requisitos do seu uso. Por mais densa que seja essa normação, ela nunca dispensará, sob pena de resolução inadequada, o carácter decisivo dos juízos de prognose, valoração e de ponderação que a autoridade policial, no local e perante as circunstâncias concretas, terá de realizar.

Saber se a exibição de um determinado dístico por um espectador pode ou não desencadear reacções hostis e violentas da multidão e se é preferível confiscá-lo preventivamente ou aguardar o desenrolar dos acontecimentos, se é preferível proteger a todo o custo a liberdade de expressão desse espectador ou preservar a paz pública, se a intervenção policial pode gerar maiores tumultos do que aqueles que se procuravam evitar, são questões a que um legislador avisado não pode responder antecipadamente; só pode dar indicações sobre os elementos a relevar nos juízos de ponderação e prognose, indicações essas que serão tanto mais adequadas quanto menos ambiciosas.

Com efeito, num determinado ambiente a exibição de um símbolo nazi pode ser absolutamente inócua porque ignorada no seu sentido de *fighting word* ou de *hate speech* e, como tal, consequentemente desvalorizada, enquanto que, num outro, a exibição de uma *ingénua* caricatura de um dirigente do clube local pode despertar a ira incontrolável da multidão. A responsabilidade sobre a decisão da eventual intervenção restritiva, bem como sobre os juízos de valor que a justificam devem caber, quase exclusivamente, à autoridade policial.

A liberdade de reunião e o direito de manifestação estão constitucionalmente garantidas sem necessidade de qualquer autorização e sem previsão de qualquer possibilidade de restrição. Parece, assim, excluída qualquer intervenção restritiva da administração ou do poder judicial sobre a realização de reuniões ou manifestações concretas, assegurado que esteja o seu exercício pacífico e sem armas.

Porém, é óbvio que inúmeras razões, como sejam as de preservação da ordem pública, do direito à segurança das pessoas e dos seus bens ou até da própria fluidez do tráfego, podem e devem conduzir, em determinadas circunstâncias impossíveis de prever em toda a sua extensão por parte do legislador, as autoridades administrativas a interromper a sua realização ou a alterar trajectos e datas previstos ou a autoridade judicial, eventualmente, a impedir preventivamente a respectiva realização como forma de garantir a preservação de bens considerados, no caso, de maior peso relativo. A lei sobre liberdade de reunião e manifestação deverá dar indicações, tanto quanto possível precisas, sobre o sentido, alcance e pressupostos deste tipo de intervenções restritivas, mas, para permitir decisões adequadas ao caso concreto, estará sempre obrigada a deixar parte substancial da avaliação e ponderação dos interesses conflituantes ao intérprete/aplicador.

É assim que a nossa lei sobre liberdade de reunião e manifestação[36] prescreve que "[a]s autoridades competentes só poderão impedir as reuniões cujo objecto ou fim contrarie o disposto no artigo 1º [isto é, sejam contrárias "à lei, à moral, aos direitos das pessoas singulares ou colectivas e à ordem e à tranquilidade públicas"]; que "[a]s autoridades só poderão interromper a realização de reuniões, comícios, manifestações ou desfiles [...] quando forem afastados da sua finalidade pela prática de actos contrários à lei ou à moral ou que perturbem grave e efectivamente a ordem e a tranquilidade públicas [...]"; que "[a]s autoridades deverão tomar as necessárias providências para que [...] decorram sem a interferência de contramanifestantes que possam perturbar o livre exercício dos direitos dos participantes [...]".

[36] Decreto-Lei nº 406/74, de 29 de Agosto, respectivamente no artigo 3º, nº 2, artigo 5º, nº 1, e artigo 7º.

Ora, o regime jurídico aplicável, bem como a margem de decisão que é deixada à administração e ao poder judicial por este tipo de normas, seriam praticamente os mesmos se não houvesse lei ordinária ou se, havendo, ela não previsse este tipo de situações. Imagine-se, neste sentido, a ocorrência de uma situação de duas manifestações *não amigáveis* convocadas para o mesmo local e hora; a lei nada prevê, mas a administração deve resolver o problema e deve fazê-lo com a mesma margem de decisão que possui nos casos expressamente previstos e regulados, em ordem a compatibilizar os interesses conflituantes e em observância dos fins prosseguidos pela norma constitucional e pelas normas ordinárias expressamente citadas.

h) Tal como noutras ocasiões, também nestes exemplos se poderia tentar iludir a evidência da margem de autonomia restritiva concedida à administração recorrendo às referidas construções dos limites imanentes ou recorrendo à *camuflagem* do carácter restritivo das intervenções através da sua qualificação conceptual como figuras afins da restrição. Assim, pretensamente, aquilo que a autoridade policial teria a fazer não seria uma intervenção restritiva na liberdade de expressão do espectador ou na liberdade de manifestação, para a qual não possuía uma específica habilitação legal expressa, mas tão só uma concretização ou declaração de um limite imanente destes direitos fundamentais ou, na outra perspectiva, um mero condicionamento do seu exercício ou uma harmonização de bens em colisão.

Em termos materiais, porém, essas qualificações em nada alteram a margem de decisão efectivamente reconhecida à administração e, para além da falta de clareza e transparência de procedimentos, apresentam o inconveniente prático de indução de défices de sindicabilidade da actividade restritiva levada a cabo pelos poderes públicos. Com efeito, se não é de verdadeiras restrições aquilo de que aí falamos —como pretendem estas estratégias de *ocultação*—, então não há lugar para lhes aplicar os controlos tipicamente aplicáveis às restrições, designadamente os atinentes ao preenchimento dos requisitos materiais.

Assente, nestes termos, a inevitabilidade ou até a conveniência ou necessidade da abertura normativa de grande parte das normas jusfundamentais, não se trata agora, para nós, e apesar da importância sucessivamente renovada dessa questão, de enveredarmos pelas vias inesgotáveis da discussão sobre a natureza da discricionaridade administrativa e sobre a amplitude e limites do controlo judicial do seu exercício, já que, mesmo quando se admite que a indeterminação normativa habilita a administração a ponderar, a comum vinculação aos direitos fundamentais e a habilitação constitucional do poder judicial para a respectiva garantia dão aos juízes, até como compensação do défice de garantias de Estado de Direito que vem implicado na indeterminação normativa, a possibilidade de um controlo pleno das decisões de ponderação que a administração possa ou deva tomar neste domínio.

De resto, se essa é a conclusão mais adequada relativamente às decisões de quaisquer poderes constituídos —incluindo as do legislador democraticamente legitimado— que determinem a cedência de bens jusfundamentalmente protegidos, não faria sentido que, relativamente à administração, não se reconhecesse a plenitude do controlo judicial. Mais ainda, atendendo a tais razões de legitimidade, mesmo os controlos que incidam sobre a proporcionalidade das medidas restritivas actuadas neste contexto pela administração deverão ser tão mais densos e exigentes quanto mais intensa for a restrição ou mais sensível for a área de liberdade individual afectada pela intervenção restritiva.

i) Falta, porém, ainda no plano da indeterminação normativa, retirar as consequências constitucionais da falta de cumprimento, por parte do legislador, dos seus deveres de densificação exigível da lei restritiva, ou seja, que consequências se devem atribuir a uma ausência de pré-fixação normativa de critérios de actuação administrativa restritiva de direitos fundamentais nas situações em que essa densificação era adequada, objectivamente possível e realizável em termos técnico-legislativos. Sendo certo que essas consequências se projectam quer na eventual inconstitucionalidade —por esse facto— da lei restritiva quer na inconstitucionalidade da posterior actuação administrativa nela fundada, não se trataria, então, de mero controlo do exercício de poderes discricionários da administração, mas de controlo da atribuição desses poderes por parte do legislador à luz dos limites constitucionais que derivam da reserva de lei.

Tal como acontece em praticamente todas as questões relevantes de direitos fundamentais, em vão se procurariam critérios que permitissem, também aqui, soluções extraídas de definições talhantes e através de raciocínios lógico-dedutivos em ordem a habilitar uma conclusão inequívoca sobre quando se extravasam, neste plano, os limites admissíveis em Estado de Direito.

A densidade normativa exigível varia em função de diferentes parâmetros só definitivamente valoráveis nas circunstâncias do caso concreto. Mais que controlo abstracto da presença de determinado grau ou patamar de densidade normativa numa lei restritiva de direitos fundamentais, aquilo que o órgão de controlo deve primariamente apreciar é se, nas circunstâncias do caso concreto actual ou antecipado, se justifica a margem de apreciação e de decisão que o legislador deixa expressa ou implicitamente à administração, ou seja, se é exigível, no sentido não apenas de ser objectiva e tecnicamente possível, mas, também, constitucionalmente adequado, que o legislador dote a lei restritiva de uma maior densificação ou determinação normativas. Nesses termos, o problema da densidade normativa é, sobretudo, um problema de justificação da específica necessidade de flexibilidade normativa numa dada situação e de determinação dos critérios orientadores da respectiva valoração.

Desde logo, o *suficientemente* denso ou a determinação normativa *exigível* são objectivos a realizar *tanto quanto possível* e cuja natureza remete para critérios construtivos com uma maleabilidade adequada à relevância diferenciada das circunstâncias concretas da realidade subjacente ao âmbito normativo do direito fundamental em questão, apreciadas em função das razões materiais, actualizadas, que justificam a reserva de lei.

Ora, neste plano, bem como no da dilucidação das *questões* difíceis da reserva de lei que já abordámos, a referida *teoria da essencialidade* tem-se revelado —enquanto a síntese mais feliz do legado histórico da *reserva de lei* e mais apta a acompanhar as novas solicitações determinadas pelas mutações do Estado de Direito democrático— capaz de orientar o controlo constitucional da densidade normativa exigível.

Assim, haverá inconstitucionalidade por indeterminabilidade das normas de direitos fundamentais quando as questões essenciais, nucleares, ou mais importantes de realização dos direitos fundamentais sejam por esse facto, na prática, deixadas à decisão substancial de administração ou do poder judicial sem que haja razões de peso atinentes à protecção dinâmica dos direitos fundamentais que aconselhem ou imponham a respectiva delegação ou transferência práticas de poderes.

3.3. Determinabilidade e proibição do excesso

a) Nesta específica dimensão de exigência de clareza e precisão das regulações restritivas dos direitos e liberdades, o princípio encontrou noutras latitudes, designadamente nos Estados Unidos da América, um desenvolvimento doutrinário e jurisprudencial pioneiro, expresso na exigência de não *demasiada* —o que remete directamente para a associação semântica ao princípio da proibição do excesso— abrangência ou amplitude da lei restritiva. Especialmente nesse domínio, traduziu-se, com alguma frequência, em correspondentes decisões judiciais de inconstitucionalidade de restrições aos direitos fundamentais com base em *overbreadth* (ultra-abrangência), *vagueness* (vaguidade, indeterminação) ou *chilling effect* (efeito inibitório).

Designadamente no domínio das liberdades comunicativas, entende-se que uma lei tem de ser clara e precisa (sob pena de *void for vagueness*) e não demasiado abrangente (*overbroad*), isto é, não deve ser redigida em termos tão latos que possa ser interpretada como incluindo na sua previsão proibitiva, tanto comportamentos não protegidos por normas jusfundamentais, como comportamentos protegidos, dado que, num e noutro caso, seja por ser vaga seja por ser demasiado abrangente, ela corre o risco de desenvolver, objectivamente, mesmo se essa não foi a intenção originária do legislador, efeitos inibitórios ou intimidatórios junto dos seus destinatários (*chilling effect*). Ou seja, o destinatário da norma proibitiva ou sancionatória, não podendo prever, com segurança, se o comportamento em causa está ou não incluído na previsão da proibição, tende a inibir-se de o praticar, mesmo que não tivesse sido essa a intenção do autor da norma.

Isto não significa que qualquer efeito inibitório ou dissuasor desenvolvido por uma lei seja inconstitucional. Obviamente, qualquer lei sancionatória possui um efeito dissuasor benigno que visa prevenir a prática considerada ilegítima. Porém, no sentido perverso que aqui se procura excluir, ocorre *chilling effect* quando alguém é dissuadido de se envolver em actividades jusfundamentalmente protegidas apenas por causa do carácter vago ou excessivamente amplo de regulações restritivas que, não se dirigindo especificamente a proibir ou restringir tais actividades, acabam objectivamente por afectar o respectivo exercício.

b) Em síntese, considera-se, em primeiro lugar, que uma lei restritiva vaga, imprecisa ou demasiado abrangente, para além de restringir actividades que não merecem a protecção constitucional conferida pelos direitos fundamentais, pode, também, afectar o exercício de actividades constitucionalmente protegidas.

Em segundo lugar, a existência da simples ameaça de sanção não suficientemente determinada quanto ao sentido e alcance da actividade proibida inibe excessivamente e, por isso, inconstitucionalmente, o exercício das liberdades, já que os seus destinatários se sentem constrangidos a limitar os seus comportamentos estritamente àquilo que está inequivocamente protegido, inibindo-se de práticas que, à partida, estariam cobertas pela protecção dos direitos fundamentais, o que, sobretudo no específico domínio das liberdades comunicativas, equivale a uma autocensura imprópria de um Estado de Direito democrático e resultante em perda de vitalidade, pluralismo e abertura da discussão pública.

Com efeito, se o destinatário da lei receia não haver sinalizado com suficiente rigor o objectivo, o âmbito ou o sentido da proibição, a tendência natural será a de se auto-restringir nos comportamentos que possam ter alguns pontos de contacto com as actividades proibidas. Assim, a lei em causa, na medida em que acaba por afectar a liberdade individual muito para além do que seria uma restrição justificada, é, por razões de *ultra-abrangência* ou de *vaguidade*, excessiva e, como tal, inconstitucional.

Por último, do facto de a indeterminabilidade da norma remeter objectivamente para os aplicadores do Direito o essencial da determinação do seu conteúdo efectivo resulta, tendencialmente, em ameaça para os grupos mais débeis, minoritários, impopulares ou perseguidos. Com efeito, sujeitos à pressão, muitas das vezes avassaladora, da opinião pública maioritária, os aplicadores do Direito, habilitados pela indeterminação da lei a uma opção praticamente discricionária sobre o que entendem ser exercício da liberdade jusfundamentalmente protegido, tendem a fazer uma densificação normativa de carácter mais restritivo, até porque, na ausência de preceitos normativos garantistas, claros e precisos, não dispõem de qualquer *alibi* que possam invocar contra a pressão e a animosidade social dirigida contra as minorias impopulares. Assim, a indeterminação da lei acaba por abrigar, também, uma possibilidade de aplicação discriminatória da lei, mesmo quando não era essa a sua intenção originária.

BIBLIOGRAFIA SOBRE O PRINCÍPIO DA DETERMINABILIDADE

JORGE REIS NOVAIS, *As Restrições aos Direitos Fundamentais não Expressamente Autorizadas pela Constituição*, Coimbra, 2003 (3ª ed., 2021), págs. 769 e segs.

M. REBELO DE SOUSA/A. SALGADO DE MATOS, *Direito Administrativo Geral*, I, 2ª ed., Lisboa, 2006, págs. 187 e segs.

SÉRVULO CORREIA, *Direito do Contencioso Administrativo*, I, Lisboa, 2005, págs. 375 e segs.

BERNARDO DINIZ DE AYALA, *O (Défice de) Controlo judicial da Margem de Livre Decisão Administrativa*, Lisboa, 1995, págs. 121 e segs.